世界最高峰の経営学教室

〈1　理論編〉

広野彩子＝編著

日経ビジネス人文庫

CONTENTS

目次

〈2 実践編　目次〉

【解説】

本書を読むにあたってのガイダンス：信じられないほどの最高水準の知見がこの一冊に

入山章栄　早稲田大学大学院、早稲田大学ビジネススクール教授

本書は、私が最も信頼している経済ジャーナリストである日経ビジネス副編集長広野彩子氏（現在は慶応義塾大学の特別招聘教授も兼任）が、2019年春から最近まで、経営学の世界における超トップクラスの研究者・経営学者に最新の知見を尋ねてきた取材成果をまとめたものだ。より正確に言えば、この文庫版では、元々の原初版からさらに二人が追加され、合計19人のトップクラス研究者のビジネス、経営、テクノロジーなどに関する最先端かつ骨太な知見がまとめられている。文庫版のために内容もアップデートされている。

1 なぜ本書を読むことに価値があるのか？

私はこの本をビジネスパーソンなど多くの方々に、ぜひ手にとってほしいと考えている。それはこの本がそれだけ希有な本であり、今後もこのような本が出る可能性は低いからだ。

その最大の理由は、なんといっても、本書に出てくる19人の世界的な経営学者・経済学者の豪華さだ。まさにドリームチーム！　よくぞ、これだけのメンバーを集めたものだ。「世界最高峰」という書名に恥じない、現代の必読書である。

現代のビジネス環境は変化が激しく、またネットメディアなどを通じて様々な情報や視点・意見が行き交う。逆に言えば、その中で「本物の知見」だけを選んで、しかも経営学、経済学、ファイナンス、テクノロジーなど様々な領域を超えてその知を学んでいくことは至難の業だ。特に、アカデミア（学問の世界）と実務を往復している経営学者・経済学者は、一般のビジネスパーソンからは遠い存在にも感じられ、その知見を学んでみたいものの、誰が「本物」なのかは分かりにくい。

加えて言えば、研究者が著した本で取り上げる内容は、多くの場合はその研究者の専門分野に限定される。それだけ深い知見は得られるが、ビジネスに必要な知見の全体像を、様々な領域をまたいで1冊で網羅するのは、かなり難しい。

しかし本書は、広範に経営学者・経済学者と付き合ってきた広野氏だからこその視点で、ビジネスに示唆のある最高峰かつ最先端の論考を、研究領域の垣根を越え、大御所か気鋭か、アカデミア寄りか実務寄りかといった違いにまったく忖度《そんたく》することなく、1冊にまとめて網羅してしまったのだ。

このような本は、世界を見渡しても他には恐らくないだろう。唯一無二の1冊なのだ。登場する19人の人選は、「ビジネスに示唆のある最先端の知見を持つ、最高の研究者をノンジャンルで集めた」という意味において、まさにスーパードリームチームだ。だからこそ、ビジネスに携わるあらゆる人に、ぜひ読んでほしい1冊なのだ。

繰り返しになるが、本書の最大の特徴は19人の大物学者の人選であり、その目利きである。この目利きを様々な領域を超えて行うことは、想像以上に難しい。しかも英語でこれら多様な大御所にそれぞれの専門的知見のインタビューをするわけだから、そのハードルの高さは皆さんも想像がつくだろう。そして私はまさに広野氏だからこそ、この仕事ができたと理解している。

広野氏は、実は経済学分野を中心に、日本の若手研究者からの敬意と感謝を集める存在である。

広野氏は朝日新聞社を経て、日経BPで『日経ビジネス』記者として活躍しながら、米プリンストン大学大学院（Princeton School of Public and International Affairs）に私費留学し、公共政策修士号を取得した2005年以降、アカデミックな研究の情報発信に力を入れてきた。

特に、2009年から2016年まで『日経ビジネス』および『日経ビジネスオンライン』で連載されたコラム「気鋭の論点」の編集担当者として、経済学の若手研究者を多く起用し、認知度を高めてきた。その代表は、大阪大学大学院経済学研究科教授の安田洋祐氏（当時は政策研究大学院大学助教授）であり、また東京大学大学院経済学研究科の渡辺安虎教授（当時はノースウエスタン大学ケロッグ経営大学院助教授、その後、アマゾンジャパン経済学部門長などを経て現職）などだ。

欧米の学界を中心に実績を残しながら、日本のメディアではなかなか注目されにくかった若手に、積極的に情報発信の場を提供したのだ。その人選も、しっかりとした業績の審査に裏打ちされた納得のいくものであり、結果として、日本中の気鋭の実力派研究者、中でも若手経済学者から喝采をもって迎えられたのだ。

かく言う私自身も、「広野氏に発掘してもらった一人」といえるかもしれない（私は経営学者だが）。2012年、米ニューヨーク州立大学バッファロー校ビジネススクールでアシスタント・プロフェッサーを務めていた私は、1冊目の著書となる『世界の経営学者はいま何を考えているのか』（英治出版）の刊行を準備していた。その本の担当編集者が刊行前の原稿の査読を依頼した識者の中に広野氏がいて、読み終えた彼女からある日突然、米国にいる私に電話がかかってきた。

「これはいい！　連載をしましょう。本の宣伝にもなりますよ！」――こうして2012年末、1冊目の本を刊行してから始まった『日経ビジネスオンライン』での連載は、2015年11月に私の2冊目の本である『ビジネススクールでは学べない世界最先端の経営学』（日経BP）として結実した。もちろん編集は広野氏である。同書は5万部を超えるベストセラーとなり、「ハーバード・ビジネス・レビュー読者が選ぶベスト経営書2016」の1位にも選ばれた。広野氏はこの本を提案・編集した成果で、勤務先の日経BPから社長賞を受賞している。

このように、広野氏は「現代の日本における経済学・経営学の目利きの達人」であり、しかもその視点は世界で活躍できる日本の有力若手研究者から、海外の大御所や気鋭にまで行き渡っている。言うまでもなく英語での専門知見の取材力もある。現在では、その広い知見を評価されて、慶応義塾大学の特別招聘教授まで務められている。繰り返しになるが、このような方は日本の経済ジャーナリストの中にも、そうはいない。その人脈と、洞察力と、好奇心の広さにはいつも驚かされる。その広野氏が選ぶ世界のトップ研究者19人の論考をまとめた本書だからこそ、信頼できるし、私も強く推薦できるのである。

2 19人のスーパースター研究者の紹介・位置づけ

さて、このように広野氏の目利きによる超豪華メンバーの知見がまとめられた本書だが、他方で、その領域は多岐にわたり、また各研究者に個性があるのも事実だ。

そこでここからは、私・入山章栄の独断で、各研究者の研究領域（①）と、立ち位置（②）を整理させていただこう。各研究者に確認をとったわけではないし、もしかしたら私の整理に異論がある専門家もいるかもしれない。しかし、多くの読者が本書を読み進めていくうえでのガイダンスとして有用と考えるので、あえてこのような整理をする非礼をご容赦いただきたい。

①　研究領域による整理

言うまでもなく、経営・ビジネスと関わりのある研究分野は、多様である。その代表は経営学かもしれないが、その中身も多様である。加えて、そもそもはより広範な「経済」を扱っていた経済学でも、近年はビジネスに示唆のある理論や研究成果が多く出てきている。マーケティングも同様だし、ファイナンス分野はそもそも経済学の影響が非常に色濃い。

本書は、そのような「ビジネス、経営、ビジネス関連の経済学、マーケティング、ファイナンスなどに関する研究分野」の様々な領域全体から、できるだけ広範に、トップ研究者を選び抜いているのが特徴である。あえて本書における19人を領域別に分けると、以下のようになるはずだ。

【経営学】　経営者・リーダーの視点

マイケル・ポーター（CEO論とCSV／第3講）

ナラヤン・パント（リーダーシップの経営心理学／第10講）

【経営学】経営・戦略の視点

野中郁次郎（「人間的」経営論／第1講）

デビッド・ティース（ダイナミック・ケイパビリティ／第4講）

チャールズ・オライリー（両利きの経営／第5講）

ヘンリー・チェスブロウ（オープンイノベーション／第6講）

【経営学】テクノロジーの視点

デビッド・ヨフィー（ネットワーク効果で読み解くプラットフォーマー／第12講）

マイケル・ウェイド（デジタルトランスフォーメーション（DX）／第13講）

マイケル・クスマノ（日本のイノベーション力／第16講）

【経営学】新時代の経営への視点

ジャズジット・シン（社会的インパクト投資／第7講）

ウリケ・シェーデ（新時代の日本型経営／第18講）

ヘンリー・ミンツバーグ（資本主義論／第19講）

【経済学】経済学からビジネスを解き明かす視点

スコット・コミナーズ（マーケットデザインで読み解く起業マネジメント／第11講）
スーザン・エイシー（AIとアルゴリズムの進化論／第15講）

【マーケティング】

フィリップ・コトラー（新しい資本主義のマーケティング／第2講）
ドミニク・テュルパン（デジタルマーケティング／第17講）

【ファイナンス】

ロバート・ポーゼン（ステークホルダー理論／第8講）
コリン・メイヤー（パーパス経営／第9講）

【AI・機械学習】

マイケル・オズボーン（AIと雇用の未来／第14講）

これだけを見ても、この本一冊でいかに多様な領域がカバーされており、いかに豪華メンバーであるかが分かるだろう。

② 各研究者の現在の立ち位置による整理

さて、もう一つの整理は各研究者の立ち位置だ。筆者はアカデミアにいるので事情が分かっているつもりだが、経営・ビジネスの研究者や経済学者といっても、その立ち位置は人によって異なる。実は今回の19人も、学界におけるその個性や立ち位置は異なっており、そのような背景を理解したうえで本書を読んでいただくことで、本書の醍醐味をより深く味わえるのではないかと考える。こちらは①以上に、私感が強いかもしれないが、ご容赦いただきたい。

私としては、以下の二つの軸でこの19人を整理すると皆さんに分かりやすいのではないかと考える。

第1の軸 アカデミアvs.実務

経営・ビジネスに関わる研究者には二つの相反する方向性がある。

第1は、アカデミア・学界への貢献を重視する方向性だ。理論を磨き、統計分析などの手法も駆使しながらそれを検証し、質の高い学術論文を一流の学術誌に投稿し、掲載されることを目指す人たちだ。自身の知的好奇心を満たし、学界で注目を浴びて成功を目指すパターンだ。とはいえこういう研究者の知見も長い目で見れば、やがて多くの研究者・実務家から多く引用・参照されるようになり、社会によいインパクトを与えることもあるだろう。

もう一つの方向性は、実務への直接的な貢献を重視する方向性だ。例えば、ビジネススクールの教壇に立ち、実業界の未来を担うエグゼクティブを教育する。実務に使えそうなフレームワークを提供したり、企業におけるケースを分析して書く。あるいは、民間企業に助言やコンサルティングをすることで、現実のビジネスをより良いものに変えていくことを目指すスタンスの方々だ。

両方とも価値ある貢献だが、1人の研究者がこの二つを両立させることは、現実には非常に難しい。私の場合、米国の大学に所属していた2013年まではきわめてアカデミア寄りだったが、日本に帰国してからこの10年はかなり実務寄りにシフトしてきた。その経験からも、アカデミアへの貢献と実務貢献のバランスをとる難しさは痛感するところだ。

逆に言えば、いかなる知の巨人といえども、基本的には「アカデミアへの貢献」と「実務への貢献」のどちらかに比重を置くことになる。研究者の言説に触れるとき、どちら寄りの立ち位置にいるかを念頭に置くことは、少なからず理解の助けとなるはずだ。

第2の軸 大御所vs.気鋭

昔からその名を知られた大物学者か、あるいは、最近になって注目を集めるようになった、比較的若い気鋭の研究者か。本書は、その両方によく目配りした人選がなされている。その中で見逃せないのは、本書が取り上げるのが「ただの大御所」「ただの気鋭」ではない、ということだ。

本書の特徴の一つは、大御所ならば誰でもいいというわけではなく、「アップデートを続ける大御所」に絞りこんでいるところだ。

大御所というと、何か「終わった人」のようなイメージを抱く人もいるかもしれない。そのような大御所も現実にはいることを私は否定しない。しかし、本書におけるマイケル・ポーター教授、フィリップ・コトラー教授、ヘンリー・ミンツバーグ教授などの論考を読めば、その考えは一変するはずだ。時代の変化を鋭く捉え、既に高い評価を得ている自らの理論をアップデートし、現代でも知的刺激と実践に役立つ示唆に満ちた論考を提供する。そのダイナミックな知のあり方には、興奮と尊敬の念を覚える。

一方の「気鋭」も単なる若手ではなく、「真の実力者」を厳選しているのが本書のすごみ

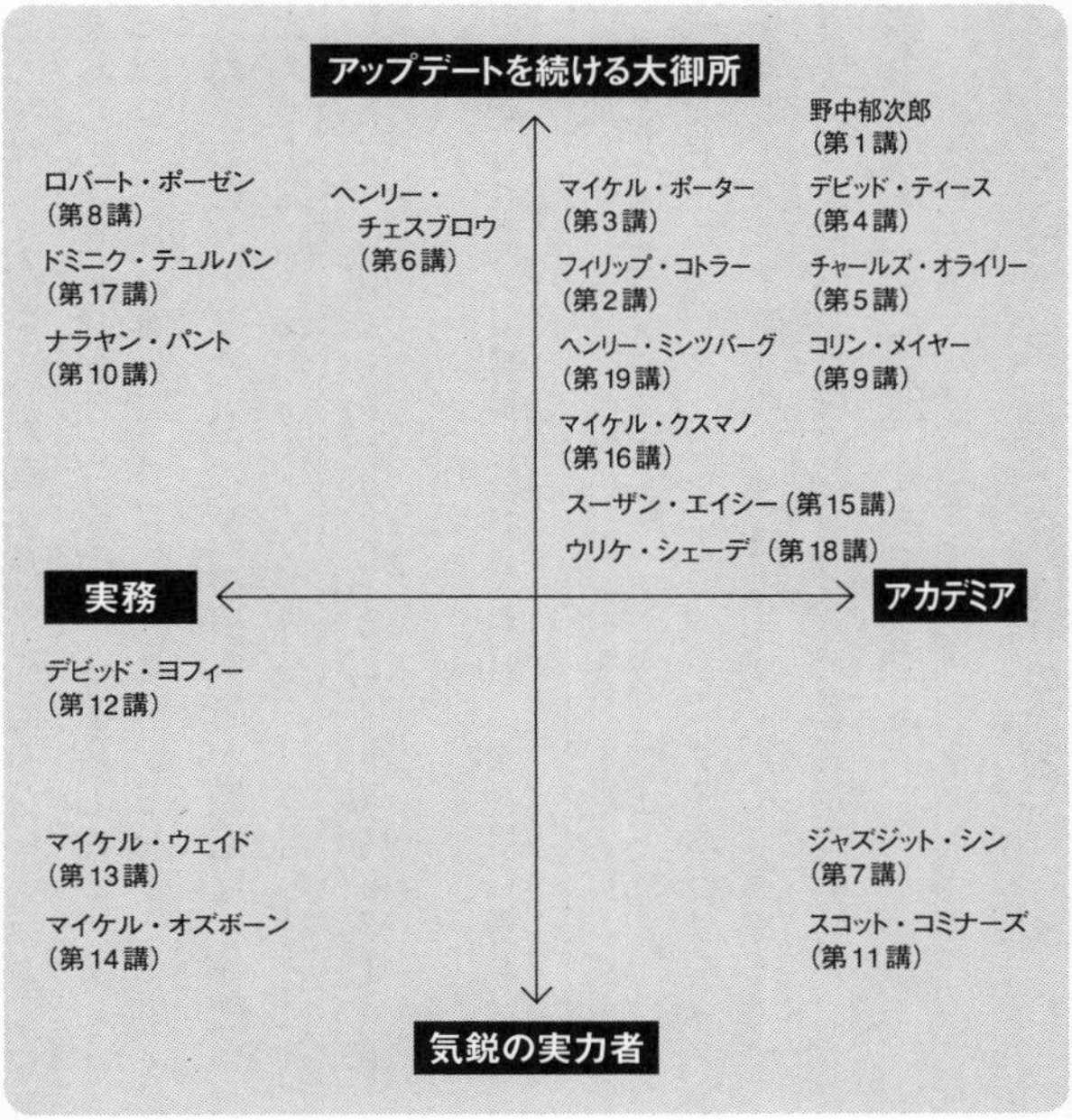

といえる。誤解を恐れずに言えば、気鋭の研究者は「有象無象」の世界だ。実力を伴わないうちに、ちょっとした偶然から注目を集めてしまう若手もいるかもしれない。そのような混沌とした中から、アカデミアの世界でしっかりとした実績を残している研究者、あるいは実務の世界で本当に評価されている若手を選んできているところは、「さすが広野さん」と私もうなるところだ。

ゆえに本書を理解する軸

としては、「大御所vs.新進気鋭」というだけでは言葉が足りない。ここでは「アップデートを続ける大御所vs.気鋭の実力者」と表現したい。

さて、この2軸を基に本書に登場する19人をマッピングしたのが、前ページのマトリクスだ。このマトリクスに19人の研究者が満遍なく配置されることから、本書が非常にバランスよく構成されていることが分かる。本書の読者にはこのマトリクスを地図のように使いながら、本書で知の巨人たちが導く世界を探索してほしい。

参考までに、4象限に分けて、19人を再度一覧してみよう。

【大御所】×【アカデミア】

デビッド・ティース（ダイナミック・ケイパビリティ／第4講）
チャールズ・オライリー（両利きの経営／第5講）
コリン・メイヤー（パーパス経営／第9講）
野中郁次郎（「人間的」経営論／第1講）

※アカデミアでも、やや実務寄りの大御所

フィリップ・コトラー（新しい資本主義のマーケティング／第2講）
マイケル・ポーター（CEO論とCSV／第3講）
マイケル・クスマノ（日本のイノベーション力／第16講）
ヘンリー・ミンツバーグ（資本主義論／第19講）

【大御所】×【実務】

ロバート・ポーゼン（ステークホルダー理論／第8講）
ナラヤン・パント（リーダーシップの経営心理学／第10講）
ドミニク・テュルパン（デジタルマーケティング／第17講）

※実務でも、ややアカデミア寄りの大御所
ヘンリー・チェスブロウ（オープンイノベーション／第6講）

【気鋭】×【アカデミア】

ジャズジット・シン（社会的インパクト投資／第7講）
スコット・コミナーズ（マーケットデザインで読み解く起業マネジメント／第11講）

【気鋭】×【実務】

マイケル・ウェイド（デジタルトランスフォーメーション（DX））／第13講

マイケル・オズボーン（AIと雇用の未来／第14講）

【大御所と気鋭の中間】×【アカデミアと実務の中間】

スーザン・エイシー（AIとアルゴリズムの進化論／第15講）

ウリケ・シェーデ（新時代の日本型経営／第18講）

【大御所と気鋭の中間】×【実務】

デビッド・ヨフィー（ネットワーク効果で読み解くプラットフォーマー／第12講）

3 各講・各研究者の紹介

最後に、本書の「ドリームチーム」を構成する19人のスター研究者について、私なりの解説を簡単に加えておこう。本書は各講の冒頭で、広野氏が書く「講義の前に」という部分があり、そこで彼女から見た教授たちの素顔が記されていて面白い。そちらはそちらで楽しんでいただくとして、ここでは私から見たそれぞれの教授の立ち位置と、各講の論考の読みどころを駆け足で紹介したい。本書はどこから読んでもいい構成になっているので、以下をざっと読んで、興味があるところから読み始めるためのきっかけにしていただきたい。

第❶講　野中郁次郎　一橋大学名誉教授

日本が誇る、経営学の知の最大の巨人。もし経営学にノーベル賞があったら、間違いなく受賞するだろう。この文庫版冒頭に野中教授を持ってきた意義は大きい。それは以下の三つによる。第一に、イノベーションが足りない日本企業にはいまこそ同教授の代名詞と言える知識創造理論（SECIモデル）が不可欠だからだ。

私からみれば、日本企業の多くのイノベーション創出プロセスには知識創造理論が不足している。だからこそ、いまデザイン経営などがもてはやされているともいえる（デザイン経営とは暗黙知を形式知化することなので、知識創造理論そのものだ。詳しくは、手前味噌になるが拙著『世界標準の経営理論』〈ダイヤモンド社〉なども参考にしてほしい）。その意味で、改めて我々は野中教授の言説に注目すべきなのだ。

第二に、いまIT業界やデジタルトランスフォーメーションの潮流で日本でも注目される「スクラム・アジャイル」の源流が野中教授にあるからだ。この点は本書で解説されているのでぜひ一読いただきたい。

そして最後に、野中教授は自身の理論を昇華させた集大成として、「知恵（Wisdom）による経営」を提唱しており、本講でも解説されている。チャットGPTなどAI技術が発展する中で、人類に最後に残るのは知恵（Wisdom）である。その意味で、野中教授の本書の思考こそまさに最先端であり、最高水準なのだ。この第1講は必読だろう。

第❷講 フィリップ・コトラー 米ノースウェスタン大学ケロッグ経営大学院名誉教授

言わずと知れた「マーケティングの神様」。ただ、フィリップ・コトラー教授のすごさは、常に自身の考えを、最先端の現実を踏まえて、アップデートしていることでもある。私もコトラー教授とは何度かご一緒しているが、その度にアップデートされている最新知見にはただただ驚くばかりだ。結果、教授のマーケティング理論は現在、「5・0」までバージョンアップされている。本稿では専門のマーケティングにとどまらず資本主義論まで展開し、経営者・ビジネスパーソンが知るべき視点を網羅している。「神様」が語る新しい資本主義のマーケティング論、貴重な論考である。

第❸講　マイケル・ポーター　米ハーバード大学教授

経営戦略の神様。1980年代から競争戦略論を切り開いてきた、世界で最も高名な経営学の教授とさえ呼べる。その功績で注目すべきは、SCP（構造‐遂行‐業績：structure-conduct-performance）という経済学の理論を経営学に応用し、学術的な知見を実践への示唆があるように提示していったことにある。マイケル・ポーター教授はSCP理論を前提として、ファイブフォースなどの競争戦略論のフレームワークを提示したのだ。最近では、CSV（共有価値の創造：Creating Shared Value）など、社会の変容を踏まえて新しい視点を提示しているのもすごい。文庫版の本稿では、その「開発秘話」とでもいえる特別インタビューが収録されており、資料としても大変貴重である。まさにアップデートする大御所の代表といえるだろう。また「CEOの時間の使い方」という、これまた新しく興味深いテーマで実践的な視点を提示している。

第❹講　デビッド・ティース　米カリフォルニア大学バークレー校経営大学院教授

1980〜90年代の経営学の黎明《れいめい》期に、その基礎を打ち立てた重鎮の一人。日本のビジネスパーソンの間での知名度は分からないが、経営学のアカデミアでは、誰もが知る〝巨人〟である。なかでも、1997年に『ストラテジック・マネジメント・ジャーナル』誌で初めて提示した「ダイナミック・ケイパビリティ」という考え方は、今も世界の経営学における最重要な視点の一つである。ダイナミック・ケイパビリティは、現代でもますます重要な視点である一方で、抽象的で実践化が難しいとも言われる。しかし実は、デビッド・ティース教授自身が、この考え方をどんどんアップデートさせているのだ。文庫版で新たにアップデートした本稿の後半では、昨今の米中対立に端を発する経済安全保障についても積極的に提言し、ダイナミック・ケイパビリティを軸に日本が考えるべき論点を提供している。この第4講では、現代における必須の経営視点の提唱者による、最先端のダイナミック・ケイパビリティ論を紹介する。

第❺講 チャールズ・オライリー 米スタンフォード大学経営大学院教授

今、日本で最も注目されている経営学の用語は、「両利きの経営」ではないだろうか（余談になるが、これはそもそも英語で「Ambidexterity」と表現される学術用語であり、「両利きの経営」という言葉は私が2012年に出版した先の本で初めてそう翻訳したものだ）。この理論の精緻化と実践化を推し進めた世界的な第一人者がチャールズ・オライリー教授である。実は日本通でもあるオライリー教授が、日本でも話題の著書『両利きの経営』（東洋経済新報社）の内容を超え、日本企業の事例を交えながら、「両利きの経営」の最新論を語ってくれる。イノベーションが求められるこれからの時代に不可欠な両利きの経営の最新視点を、その第一人者から得たい。

第❻講　ヘンリー・チェスブロウ　米カリフォルニア大学バークレー校経営大学院特任教授

日本でも定着してきたオープンイノベーション。その概念を初めて提示した、世界的に著名な教授である。様々なオープンイノベーションの事例を見てきた第一人者であり、「オープンイノベーションの権化」とも呼ぶべき存在だろう。本書では、「オープンイノベーションが、なぜつまずきやすいのか」から説き起こし、日本企業が成功するための示唆を示す。オープンイノベーションに取り組みながらも、悩む企業は今、日本に多い。それだけに実例を熟知する提唱者による論考は、一読の価値があるだろう。

第❼講　ジャズジット・シン　仏インシアード経営大学院戦略教授

世界の経営学では、研究者間の激しい研究競争があり、結果としてアカデミックな世界と実務への関わりを両立することは難しい。しかしながら、今、気鋭の若手からは、学術的な実績を上げつつも実務にも影響を与える実力者たちが台頭している。その代表格の一人がジャズジット・シン教授だ。特に同教授の専門の一つは、いま日本でも注目されているＥＳＧ投資（環境や社会、統治を重視する投資）である。世界では注目されているものの、日本ではまだ深く語られない社会的インパクト投資について、最新の知見を交えて語る。

第❽講　ロバート・ポーゼン　米マサチューセッツ工科大学（MIT）経営大学院上級講師

ファイナンス界、ガバナンス界の超大物。先の「アカデミアvs.実務」の軸でいえば、ポーゼン氏は実務を極めた大御所だ。米証券取引委員会（ＳＥＣ）顧問や、フィデリティ投信社長を歴任するなど、政府機関や民間におけるファイナンスやガバナンスの実践において第一線に立ち続けてきた。そのロバート・ポーゼン氏が「株主中心の資本主義を変えなければならない」と主張しているというのは、まさに傾聴に値するだろう。

第❾講　コリン・メイヤー　英オックスフォード大学サイード経営大学院教授

アカデミアでも、実務でも実績ある超人。ファイナンスの研究者として世界的な権威であり、この分野を研究する者で彼の名前を知らない人はいないのではないか。同時に、欧州のコーポレートガバナンス（企業統治）制度の中心人物であり、実務にも強い。そのコリン・メイヤー教授が、今、一番重要であるとする「パーパス経営」とは何か。日本への提言も交えながら語る。

第⑩講　ナラヤン・パント　仏インシアード経営大学院マネジメント実践教授

欧州の超名門ビジネススクール、仏インシアードで今、最も人気のある教員の一人。もともとは戦略論を専門とし、米ニューヨーク大学スターン経営大学院、カナダ・アルバータ大学、シンガポール国立大学などで教鞭をとってきたが、近年は、実践的なリーダー教育に軸足を移している。心理学の要素を多分に取り込みながら、禅的な色彩も帯びる包括的なリーダーシップ論は、日本人との相性もいいだろう。

第⑪講　スコット・コミナーズ　米ハーバード経営大学院教授

先に述べたように、ビジネスに応用される学術分野は、経営学だけではない。近年ではむしろ若手を中心に、経済学研究のビジネスへの応用が急速に進んでいる。そのような若手経済学者の代表的な人物の一人が、スコット・コミナーズ氏である。彼の専門分野はマーケットデザインである。マーケットデザインは聞き慣れない言葉かもしれないが、米グーグルや米ウーバー・テクノロジーズが手掛けるプラットフォームの構築により、新しい取引の仕組みが作られている現代、これらのビジネスを理解するのに役立つ概念である。

コミナーズ氏はこういった新しい取引の仕組みの専門家であり、本講では、これからのビジネスを考えるうえで示唆に富む論考を展開する。

第⑫講 デビッド・ヨフィー 米ハーバード経営大学院教授

コミナーズ氏とは逆に、経営学、それも実務の視点を存分に取り入れた経営学の立場から現代ビジネスを語れる第一人者が、デビッド・ヨフィー教授だ。ハーバードビジネススクールでおそらく最も多く企業のケーススタディを書いている一人であり、同校の学生で、ヨフィー教授の手になるケーススタディを読んだことのない人はいないのではないか。私も米国で教鞭をとっていたときは、ヨフィー教授のケーススタディを頻繁に使ってい た。そんな「企業事例の超エキスパート」が語るプラットフォーマー論は、実に示唆に富んでいる。

第⑬講 マイケル・ウェイド スイスIMD教授兼DBTセンター所長

日本でも注目が集まっているキーワードである、デジタルトランスフォーメーション、略してDX。世界で今、DXに通じる教授といえば、マイケル・ウェイド教授。DXについて知りたければ、まずはウェイド教授に話を聞け、ということになっている。本書では、実は日本通でもある彼から、日本でDXが進まない理由を尋ね、そこから浮かび上がる、日本企業がDXを進めるための手がかりをつかんでいく。

第⑭講　マイケル・オズボーン　英オックスフォード大学工学部機械学習教授

本書の中で、唯一、ベイズ統計による機械学習など、ビジネスではなくテクノロジーそのものを専門にしているのが、マイケル・オズボーン教授だ。同氏は2013年に発表した共著論文で、「AIが米国の雇用の47%を自動化する」というショッキングな数字を示し、世界で一躍、注目を集める存在になった。ただ、筆者の見るところ、オズボーン教授の真意は十分に伝わっていないように思う（私はオズボーン教授とご一緒したことがあるが、たいへんに優しい性格で、誠実・真摯な方だった）。「雇用の47%を自動化する」の本当の意図とは何か。実は、そこには単純な恐怖や危機感ではなく、「我々は未来に向けて、どのような仕事をしていけばいいのか」についての展望がある。本講では、世界で最も注目される機械学習の専門家の真意に耳を傾けたい。

第⑮講　スーザン・エイシー　米スタンフォード大学技術経済学教授

ノーベル経済学賞の登竜門とされるジョン・ベイツ・クラーク賞を2007年、女性として初受賞した実力派経済学者。米マイクロソフトのチーフエコノミストとして、自身の専門分野である「オークション理論」を、オンライン広告の入札の仕組みに応用するなど、理論と実務をつなぐ研究を続けてきた。本講では、IT企業の競争力の源泉とも言えるアルゴリズムの進化について、最前線の知見を披露する。近年は全米経済学会（AEA）会長など要職も務める。マイクロソフトやグーグル、アマゾンなど、プラットフォーム型のビジネスを模索する米国のIT企業が、エイシー教授をはじめ、経済学における一流のアカデミア人材を以前から積極的に登用してきたことにも、注目したい。

第⑯講 マイケル・クスマノ

米マサチューセッツ工科大学（MIT）経営大学院
『スローン・マネジメント・レビュー』主幹教授

世界的な経営学者の中で、最も日本通といっていい人物ではないか。マサチューセッツ工科大学で「MITメディアラボ」を立ち上げ、組織の大変革を成し遂げた経験を持つマイケル・クスマノ教授は、学者として超一流であると同時に、優秀な実務家の顔も持つ。そんなクスマノ教授が日本に提言するのは、「単純なものづくりから脱却せよ」。このメッセージは実に重い。また、文庫版ではAIと経営の関係についても考察を披露する。

第⑰講　ドミニク・テュルパン　スイスIMD教授・前学長

エグゼクティブ教育の権威にして、大変な日本通。所属するIMDは、世界屈指のビジネススクールであると同時に、エグゼクティブ教育に特化したユニークな存在として知られる。特に、忙しい人たちが気軽に参加できるオープンプログラムには定評があり、フィナンシャル・タイムズ（FT）紙によるランキングで9年連続、世界1位の評価を得たこともある。つい最近までIMDの学長を務め、2022年からは中欧国際工商学院（CEIBS）のプレジデント（欧州）も務めているドミニク・テュルパン教授は、まさに世界のエグゼクティブの考え方を熟知する第一人者だ。本書では日本通である彼が、日本が苦手とする、デジタル活用を進めるリーダーの条件を語る。

第⑱講　ウリケ・シェーデ　米カリフォルニア大学サンディエゴ校教授

世界的に活動する海外の経営学者の中で、最も日本企業をよく知る一人。私も彼女とは以前からの知人だが、彼女ほど日本企業を丹念かつ熱心に調査している人はいない。日本中の様々な企業を訪れ、経営者とも徹底議論している。学者としても一流だが、実務家の視点を持てているのが彼女の特徴だろう。

そんなシェーデ教授の本書での論説は極めて興味深い。それは日本企業の今後の改革に、前向きな視点を提供してくれるからだ。「日本的な総合職兼業は興味深い仕組み」「日本が直面する高齢化とDXはチャンスでもある」「日立に代表される日本企業の再興は始まっている」など、悲観的な我々からみると目から鱗の視点である。普段はアメリカに拠点を置くドイツ出身の経営学者だからこそ、かえって客観的に日本企業の現状を見ることができているのかもしれない。みなさんの企業の未来を前向きに捉えるためにも、ぜひ目を通してほしい。

第⑲講 ヘンリー・ミンツバーグ カナダ・マギル大学デソーテル経営大学院教授

1980年代の黎明期から、世界の経営学を支えてきた一人である、知の巨人。一方で、筆者の見解ではヘンリー・ミンツバーグ教授の言説は、1990年代から2000年代の初頭まで、科学的な手法を重視する現代の経営学のメインストリームからややずれる存在であったようにも思う。だからこそ、逆に今、彼の言説はとてつもなく重いのだ。中でも今回、本書で示された主張は、単純な経営のあり方にとどまらず、国家のあり方にまで鋭いメスを入れ、米国的な資本主義を礼賛する視点が、いかに現実からずれているかということを、我々に問う。そんなミンツバーグ教授の第19講は、本書の中でも特に必読である。ビジネスに携わるすべての人に読んでほしい。

いかがだろうか。繰り返しになるが、本書はどこから読んでも面白い。気になったところから、ぜひ読み進めてほしい。本書を通じて、現代ビジネスの知の巨人から、様々な知的興奮を得てほしい。

注

本稿の執筆にあたって、一部の経済学者の知見に関し、大阪大学の安田洋祐教授の助力をいただいた。ここに感謝したい。しかしながら、本稿で紹介した経営学者・経済学者の紹介・グルーピングの責任はすべて私にある。

はじめに

世界トップクラスの研究者が経営論壇で議論している内容を、日本のビジネスパーソンのためにかみ砕き、語りおろした「バーチャル特別講義」。

本書の内容を端的に表現すれば、こんな感じになるだろう。

その概要と読みどころは、入山章栄氏による巻頭の解説に書き尽くされている。ゆえに読者には、筆者自身によるこの「はじめに」は読み飛ばし、本題に入っていただいて一向に構わない。ここでは筆者の来歴や、本書を著した理由とその狙いを記したい。

本書は筆者が、週刊ビジネス誌『日経ビジネス』で、2019年3月からほぼ毎週掲載してきた欧米のトップクラスの経営学者らへのインタビュー連載「世界の最新経営論」に大幅な加筆、修正を加えてまとめたものである。文庫版ではさらに、理論編・実践編それぞれ1人ずつ、計2人の経営学者のインタビュー連載を新たに追加し、他のインタビューの多くについても未収録部分やその後のインタビューを追加し、情勢の変化を踏まえて大幅にアップデートした。冒頭は、日本を代表する経営学者である一橋大学の野中郁次郎名誉教授の論考を新たに収録したのが大きな特徴といえよう。

経営学の理論だけを取り上げているわけではないし、実践論やケースのみに注目しているわけでもない。ひたすら、現在、日本の企業経営で課題となっているテーマについて、その分野の第一人者、記者風に言えば限りなく「一次ソース」といえる専門家に当たり、話を聞いていった。

結果として、最先端の有力な理論あり、実践論あり、ケースあり、時事的な話題ありと盛りだくさんのラインアップになった。「企業経営」を論じる本ではあるが、「経営理論」の解説書ではない。学術入門書のようでもあり、使い方次第では実用書でもある。あるいは、自身の生き方について気づきを得る学びの書にもなり得る。読む人によっていかようにも活用できる。文庫版は、さらに使い勝手が良くなるよう「理論編」「実践編」の2分冊とした。

入山氏が「解説」のマトリクスで示しているように、必ずしも、経営学で博士号を取って、査読学術誌で大量の論文を発表するような学術系の経営学者ばかりではないことも、本書の特徴である。経営学というより経済学で目覚ましい業績を次々と積み上げている経済学者もいるし、機械学習の研究者もいる。実務家出身のプロフェッショナルもいる。

日本人が経営論を学ぶとき、この国に特有の言語の壁や専門家の層の薄さがネックになると、かねがね感じてきた。デジタル化が急速に進展する中、その壁はますます高く、日本人にとって不利になっていると思う。世界の経済論壇の主流を形成する経営学者や経済学者などの論が、相対的にもよりリアルタイムで入りづらい情報環境になっている。こうした専門家が活発に対外発信をしていたとしても、英語でしかしないことがほとんどであり、英語の大手媒体にすら、頻繁に登場するわけではない。

世界の論壇で大きな変化があれば、日本にも「点」の情報は入ってくる。だが、ある程度まとまった後で入ってくるので、議論のプロセスや思考過程が分からない。当然ながら日本人とは、全く違う前提で考えたり、意思決定したりしている場合も多々ある。ゆえに筆者は、それぞれの分野で世界トップクラスの実績を誇る専門家に、英語で直接、取材し、自ら翻訳して書くのを旨としてきた。

企業は、今を生きる人々が明日以降も安心して幸せに生きる糧を得るための存在で、人々の日々の営みをケアすることこそが大義であると思ってきた。ここのところ、「XX for good」という表現がトレンドだ。世界的な大御所である米ハーバード大学のマイケル・ポーター教授（第2講）も、米ノースウェスタン大学ケロッグ校のフィリップ・コトラー教授（第3講）も、近年は社会や人のための「善き経営」にフォーカスしている。社会的インパクト投資の必要性を説く仏インシアードのジャスジット・シン教授（第7講）や、「企業が存在する目的は、社会の課題解決だ」としてパーパス経営の重要性をガバナンス視点から捉える英オックスフォード大学のコリン・メイヤー教授の話（第9講）を聞いたときは、これこそが今後のビジネス潮流だと感じたものだ。

企業も変化し続ける「生き物」である。環境に適応しながら姿や形を変え、それを説明するための「理論」が生まれ、組織を動かす「仕組み」や「ツール」が発展してきた。これら様々な要素が、企業経営に変数として影響してくることになる。

企業は、堅実に運営してさえいれば巡航速度で成長していけるものではなく、世界の政治経済の大きなうねりであったり、その時代を生き、リーダーシップをとる人々が期間限定で共有した集合知であったり、どこか漠然としたものの影響を大きく受ける。その結果として生まれる成功や失敗、そして変革がある。そうしたダイナミックな変容をどう乗り越えていくかについては、米カリフォルニア大学バークレー校のデビッド・ティース教授による「ダイナミック・ケイパビリティ」（第4講）や、米スタンフォード大学のチャールズ・オライリー教授の「両利きの経営」（第5講）に関する論考を読めば、きっと大きな気づきがあるだろう。

筆者はビジネス誌の記者兼編集者という職業柄、そうした「時代の空気」から得られた「独特のにおい」に導かれるような形で取材を重ねてきた。

そのため、本書の中には、必ずしもアカデミックな「経営理論」ではないものが多く含まれる。例えば、株主第一主義の変化（第8講、第9講）であるとか、デジタルトランスフォーメーション（DX）（第13講）に関する研究者の見解などは、企業経営に必要な価値観をひもといたものではあるが、取材時にちょうど話題になっているからという時事的な好奇心からフォローしたものでもあり、多分に時事的で、雑誌的だ。だがこれらの話題は、取材から時間が経過した今でも日本の企業経営の課題であり続けており、本質的なテーマであると思う。

また、「ダイナミック・ケイパビリティ」（第4講）や「両利きの経営」（第5講）といった、最近の経営理論を概観する講義でも、学術的な厳密さや価値、論争というより、その理論が生まれた背景や、個々の研究者が関心を持つに至った価値観などを掘り下げることに注力した。それによって、より普遍的に、日々の生活や実務のヒントになりそうな視点や問題意識を得ようと試みた。

そもそも筆者は記者なので、理論や数式のエレガントさや学問的な詳細より、「トップクラスの俊英が何を見て、なぜそのような理論を思いついたのだろう」というところに関心の中心がある。そのため、いわば「言い出しっぺ」の人になるべく話を聞いた。その関心を満たすような明快な答えを必ずしも得られたわけではないが、世界最先端の経営理論のエッセンスから、今必要な現場改革の中身ややり方まで、それぞれに現場を持ち働く人たちが、明日からすぐ世の中を読み解くヒントとして使えるような clues や tips を集めたつもりである。

筆者は、約8年にわたり大手全国紙記者として取材に携わった後、2001年から『日経ビジネス』の記者に転じた。当初は、主に膨大な有利子負債を抱えて経営破綻した企業の経営者の行動を検証し追う〝危機モード〟のニュース取材に日々、従事していた。利害関係者の多い大企業の経営破綻は、その企業一社にとどまらない甚大な社会的インパクトがあった。時間の経過とともにじわじわと負の影響が広がって、少しずつ日本社会をむしばんでいく様子を目の当たりにした。

そうした中、自らの世間知らず加減と視野の狭さ、知識のなさに嫌気がさし、何かに突き動かされるような思いで、学際的な知識が得られる公共政策を学ぶことを志した。CWAJ(College Women's Association of Japan)から返済不要の奨学金を受け、米国のハーバード大学、プリンストン大学、コロンビア大学の各政策系大学院が設ける社会人向け修士課程から入学を認められた中で、学費免除に加え、生活費や医療保険の支給が受けられたプリンストン大学国際・公共問題大学院(旧ウッドローウィルソンスクール)に約1年間、休職して留学した。俯瞰的に世の中を理解するために必要だと自分が考えた、定量・定性、様々な分析手法を貪欲に学び、公共政策で修士号(Master in public policy)を取得した。

だが帰国後はがらりと役割が変わり、引き続き『日経ビジネス』に所属しながら、オンラインメディア『日経ビジネスオンライン』(現『日経ビジネス電子版』)の立ち上げに編集者として従事することになった。

『日経ビジネス』本誌と兼務で新規事業に関わりながら、留学中に出会った米国トップスクールで学ぶ多くの優秀な日本人大学院生の姿を思い出していた。「世界で通用する優秀な日本人がこれほどいて、国外で活躍している」とリアルに知ったことが、留学で得た重要な知見の一つであった。

彼らが博士号(Ph.D.)を取得したころを見計らい経済学の企画を試行し始め、『日経ビジネス』本誌で「気鋭の論点」というアカデミックなコラムを立ち上げた。のちオンラインに移設したこのコラムを拠点に、主に海外で活躍する日本人の若手経済学者に、世界最先端の経済学研究の成果を紹介いただく活動を10年以上続けた。

留学時、政策にしろ経済学にしろ、米国で普通とされている議論と日本に入ってくる議論の質の違いに大いに衝撃を受けた。しかも、海外で活躍する日本人が、その知見を日本で発信しない。このままでは、日本で普通の社会人が学べるアカデミズムの水準が、足踏みしたままになってしまうのではないか、という大きな危機感を覚えた。少しでも内外の社会的な知的ギャップを埋めたいと思ったのが、経済学に基盤を置くアカデミックな企画を長い間、担当し続けた理由である。

その流れの中で、ジョセフ・スティグリッツ、ゲイリー・ベッカー、アルビン・ロス、リチャード・セイラー、ポール・ミルグロム、エスター・デュフロ、ジェームズ・ヘックマン各教授などといった、世界に深いインパクトを与えたノーベル経済学賞（アルフレッド・ノーベル記念スウェーデン国立銀行経済学賞）を受賞した経済学者へのインタビューも数々経験した。その多くを含めたインタビューの数々を再編集し、解説などを大幅に加筆して収録したのが、2023年7月に出版した『世界最高峰の経済学教室』である。

経済学に関しては学部、大学院を含め長年ウオッチしてきたが、経営学に関しては知識がまだ浅かった。そのため本書は冒頭に述べたように「企業経営」というキーワードだけが共通項で、後は野次馬的な立場から「これは面白い（知的に刺激的、という意味である）」と思ったものを片っ端から取材している。そこで自らに課したハードルは、理論的なテーマにおいてはトップスクールで世界トップクラスの実績がある理論家・イノベーター・論客に直接話を聞く、ということだ。自ずと、取材をお願いする教授陣は「大物」ばかりになった。

当時、直感的に面白くて取材したことが往々にして、ほどなく社会を動かす言論の潮流に発展した。学術の世界で話題になり研究が積み上がったものが、一般社会に広がるまでには数年単位、時に十年単位の年月がかかることが多いが、それを体感するところだ。

2023年の文庫版刊行に当たって、当時書いておきながら完全に忘れていたものの、今に生きる形で思い出される気づきがとても多い。手前味噌だが、むしろ今のほうが、改めて日々の執筆活動に生かせる場面もあるほどだ。トップレベルの知のエッセンスを世界から厳選して集めた、ビジネス思考の「考えるヒント」として楽しんでほしい。

第1章 経営でいちばん大切なこと

第1講 野中郁次郎の「人間的」経営論

野中郁次郎 *Ikujiro Nonaka*
一橋大学名誉教授

「暗黙知」と「形式知」の動的な相互作用プロセスを組織的イノベーションの基本原理としてモデル化し、知識創造理論を提唱した、日本を代表する経営学者、野中郁次郎一橋大学名誉教授。本稿では、「野中理論」を網羅的に論じる。まずは研究者としてのスタートとなった博士課程における概念・理論創造の作法の修得に始まり、日本的経営の実証研究を通じた集合知創造の動的プロセス（ＳＥＣＩモデル）の理論化までを解説。さらには日本軍の「失敗の本質」や米海兵隊の「成功の本質」も考察する。本稿は、共通善に向かって未来を創造する国家論の探究などに挑んできた野中教授の「生き方」の物語でもある。

第1講　野中郁次郎の「人間的」経営論

すべては人間の創造性から始まる

野中郁次郎　*Ikujiro Nonaka*　一橋大学名誉教授

1935年東京都生まれ。早稲田大学政治経済学部を卒業。富士電機製造（現富士電機）を経て、1967年に米カリフォルニア大学バークレー校経営大学院に進学、1972年博士課程修了。1982年に一橋大学産業経営研究施設教授。「ナレッジマネジメント」「SECIモデル」といった理論を広めた。エーザイ、富士通、三井物産セブン&アイ・ホールディングスやトレンドマイクロの社外取締役を歴任。2017年にはカリフォルニア大学バークレー校最高賞の生涯功労賞を授与された。（写真＝吉成大輔）

▼講義の前に――「暗黙知の巨人」の横顔

『知識創造企業』など組織が生み出す「知」に焦点を当てた研究を世に打ち出した功績で、日本だけでなく世界の経営学界に名をはせてきた一橋大学の野中郁次郎名誉教授。本稿では、その理論と実践、考察の道のりなどについて網羅的に紹介する。不確実な時代を生き抜こうとする読者の考えるヒントとなるに違いない。

野中教授は、言葉や数式では明示できない、人の経験知のような「暗黙知」こそが価値創造の源泉であることを経営学で初めて提唱し、SECIモデルという形でモデル化したことが知られている。では、野中教授は暗黙知の着想を、どこから得たのか。

暗黙知の概念を打ち出したのはマイケル・ポランニーだ。ポランニーは、1891年、ブタペスト生まれの医学博士かつ化学博士の科学哲学者である。知識に対する新しい考え方を追究した。1958年、「個人的な経験や知識の共有の仕方が、科学的発見に大きな影響を与える」とする『*Personal Knowledge*』（翻訳書は長尾史郎訳『個人的知識　脱批判哲学をめざして』ハーベスト社）を発表し、一世を風靡した。米国のパロアルト行動科学研究所という研究機関（現在のスタンフォード大学CASBS＝行動科学先端研究所）で研究生活を送った後、1965年からウェスリアン大学に滞在し、1966年に『暗黙知の次元』を出版した。着想した当初は Tacit Knowing、暗黙的に知ること、と表現していた。

当初会社員だった野中教授は修士号、さらには博士号取得を志して1967年に米カリフォルニア大学バークレー校に入学した。

当時は経営学における実証研究の黎明期で、野中教授も最初は、情報処理モデルの探究をしていた。経済学にも、市場における情報の不完全性などに目を向ける「情報の経済学」、実証的な心理学の知見などを生かして人間のバイアスや認知に目を向ける「行動経済学」「実験経済学」といった領域がある。いずれもその源流となる概念が、学際的な探究を規範としていたパロアルト行動科学研究所で盛んに研究されていたようである。

行動経済学や実験経済学は、ノーベル賞経済学者ハーバート・サイモンが1947年に著書『経営行動』で提唱した「限定合理性」の概念を経済学の理論で捉えて、徐々に発展・進化させていったものがルーツだ。経営を科学として捉えていたサイモンは、行動より認知を、人の判断より機械の処理を、目的より手段を、そして暗黙知より形式知を重視したとされる。サイモンはAIの創始者の1人としても広く知られる。

明示的に認識できない知は共有されない。人間の認知できることには限界があり、計算能力にも限界がある。サイモンは、その状況では最適な意思決定にはつなげられず、せいぜい満足のいく水準を目指すしかない、と捉えた。

野中教授も当初、サイモンの「情報=処理するもの」というアプローチから、情報をめぐる経営学の探究をスタートしたが、やがて「知識=人がつくるもの」という、人の創造性に注目するスタンスにより考察する形で、知識をめぐる経営学のアプローチを取るようになった。

ポランニーの『暗黙知の次元』を知った野中教授は、暗黙知の概念を使った経営学の探究を始めることになったのである。

失われた30年を過ごし、少子高齢化による試練を乗り越えなければならないことが確定した日本社会。これから社会を背負っていく層にとっては、「バブル経済」などそもそも全く遠い過去の出来事だ。「人の創造性」に注目し、国家論にまで及ぶ野中流の「人間くさい経営学」は、このような時代だからこそ輝きを増す。「イノベーションは人の思いありきだ」と説く野中教授の言葉は、言葉にできない思いを抱え、未来へのかすかな希望を目指して人知れずもがき続ける、すべての現代日本人への贈り物だ。

人間とアリは何が違うのか？‥革新の源泉をめぐる論争の始まり

「知識創造企業」「SECIモデル」……。企業が創り出す知識をめぐる理論で、日本企業の発展を支えてきた野中郁次郎教授。これまでの変遷をたどりながら、野中教授の思いを「追体験」。読者が自身の「経営論」を編み出すヒントにしたい。野中氏の探求の旅は、「革新はどこから生まれるのか」から始まった。

「現在展開している『知恵（Wisdom）による経営』について論じる前に、最初の『知識創造企業』について着想した背景についておさらいをしておきたい。私が米カリフォルニア大学バークレー校に留学した当時、日本では経営学という分野はまだ黎明期にあった。当時は、『ドイツ経営学』と『文献解釈学』が大勢を占める中で実証研究に目を向ける新しいタイプの研究者が出始めた時期であった。私は後者だった」

革新の元は「思い」である

当初は情報処理モデル、環境適応（コンティンジェンシー）論という分野を研究した。しかし、環境を変革する、つまり新しい価値創造、イノベーションを説明するとなると、『意味づけ』や『価値づけ』の問題が出てくる。情報自体は、ある意味無味乾燥なものだ。人間の温かみはなく、まさにビットで測定できる世界だ。

だが、イノベーションの研究事例にいくつか取り組むうち、イノベーションの源泉は大体、最初に分析ありきというより、直接経験を通じた「いま、ここ、私だけの」主観ありきなのだと気づいた」

日本企業の課題とされるイノベーション、すなわち革新の出発点は、それぞれの人の「思い」と考えたわけだ。

「「新しい意味や価値の創造」を理論化するには、『知』の問題を掘り下げなければいけない。知の本質を取り上げてきた学問は哲学だ。『知とはなんぞや』を探るため、30歳後半になってから哲学を学び直した。

この時、哲学者マイケル・ポランニーの『暗黙知』という概念に突き当たったことから、全部哲学を学び直さなければならなくなった。そのため、『知識創造企業』の前半は、プラトンから入った、哲学の考察になっている」

概説でも触れたが「暗黙知」は、言葉で説明できる「形式知」の対になる概念のこと。経験的に知っていても、簡単に言葉では説明できない知識である。マイケル・ポランニーが１９６６年に打ち出した。

ちなみに１９６５年頃、米ランド研究所で哲学者のヒューバート・ドレファスが第一世代の人工知能（ＡＩ）研究に着手していた。いずれも、野中氏がバークレーに留学していた前後の話である。

「イノベーションは、極めて人間くさいもの。そして日本的経営は、暗黙知を活かす経営だ。私はそれを富士電機という会社に９年勤めて実際に経験した。米国に行っていったん、情報処理理論に影響を受けた。同時に理論をつくる方法論を徹底的に鍛えられた。そして、まず人の思いがあって、そこからコンセプトや理論ができていくのではないかと考え直したわけだ。

情報は処理するものか、つくるものか？

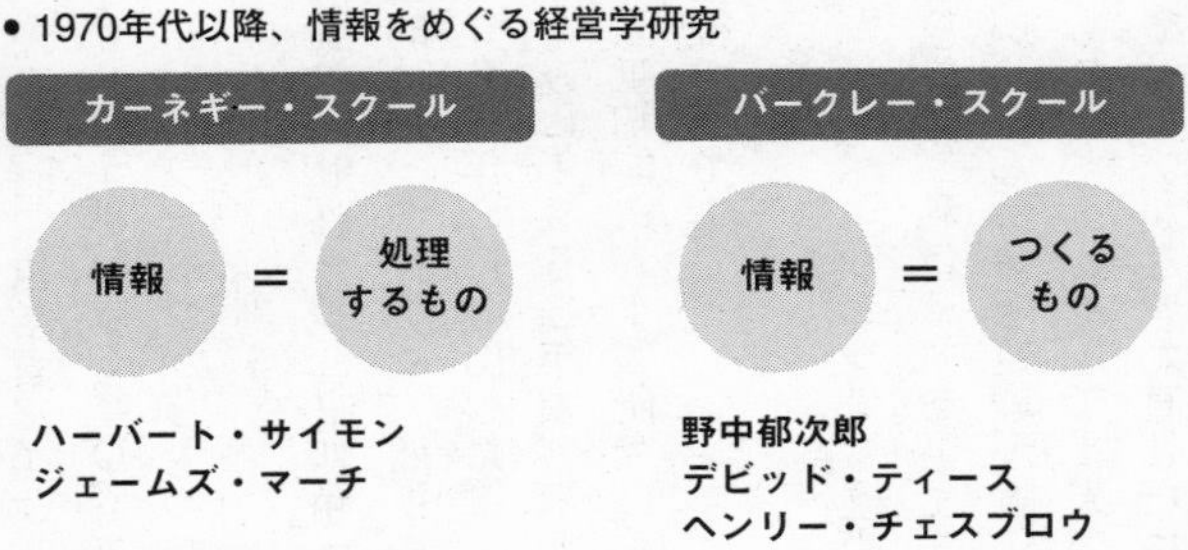

出所：野中教授の話に基づき作成

思いには人間の主観、感覚的なものが必ず入る。事例研究を重ねる中、数値化ありきの演繹的なアプローチでなく帰納的な、現場、現実で本質を直観し、そこからさらに仮説をつくり出し普遍化する、という方向が見えた」

「理論ありき」の定量的な分析が主流になりつつあった当時の米国経営学界で、哲学や帰納的なアプローチにこだわった野中教授。とはいえ中には、一見考え方が近い学派もあった。

「世界の、とりわけ米国の経営学で哲学から始まる学派は、今もほとんどない。唯一、『人間』に着目していたのが、米カーネギーメロン大学のいわゆる『カーネギー・スクール』だ。人間の『限定合理性（bounded rationality）』を理論化した貢献でノーベル経済学賞を受賞したハーバート・サイモンがリードした」概説でも触れたが、サイモンは近代経営学の始祖であるだけでなく、認知心理学やコンピューター科学の分野でも多大なる貢献があることで知られている。人工知能（AＩ）の概念の創始者ともされている。

人が認識できること、すなわちキャッチできる情報、計算する能力には限界がある――。社会経験を積んできた者であれば、言われなくても分かっていることだろう。それでも人は、日々、大事なことを決めなければいけない。しかし「限界がある」のはなぜか、それによって何が起こるのかを認識すること自体が、様々な難題を考察するうえで役立つのではないか。

ただし、サイモン自身にとって、革新が生まれる過程は「意思決定の科学的なプロセス」であり、人間の思いや生き方は捉えなかった。

「結局、サイモンは情報処理モデルの考察に終始した（編集部注：経営学系の研究の後に工学系に転じ、ロボットの研究などに携わっている）。例えばサイモンは、人間の認知能力をアリのメタファー（比喩）で説明した。アリが海岸の上を歩いた跡を見ると、非常にジグザグな形をしている。これを見ると、アリが大変複雑な認知情報処理能力を持っているのではないか、と思えてくるだろう。

だがアリは実際、こんこん、こんこん、あちこちにぶつかりながら歩く方向を都度変えて前に進んでいるだけである。アリには、進んでいる前方の直線上のものしか、実は見えていない。

歩いた後を見ると一見複雑なことを認知しているかのように見えるけれども、アリの認知情報処理能力には限界がある。サイモンの限定合理性とは、人間もアリと同じように、認知に限界がある情報処理能力しかないと考えるモデルで、人間の創造性を全く説明しなかった」

サイモンの打ち出した限定合理性を踏まえつつ、野中教授は、人の思いや主観こそが限定合理性を超える意味や価値を生み出すはずだと考えた。その意味で人間は、行き当たりばったりでしか前に進めないアリとは根本的に違うというわけだ。

人は思いを実現していく存在

「人は何かやりたいことがあり、その思いを実現していく存在なのではないか。人間は、未来に向かって意味をつくる存在だ。米国から日本に帰国して、日本企業のイノベーションの事例をそれぞれ見ていくうち、ますますそれを確信した。

『知識創造企業』のモデルをつくったときにとても面白かったのが、ホンダや松下電器産業（現パナソニック）の開発事例だった。情報から知識へという考え方を基本に、私はそれらイノベーションの事例を『知識創造モデル』と呼んだのである」

バークレー校卒業式の野中郁次郎夫妻

刺し身とスクラムが革新の源：日本のかつてのお家芸

人がつくる「知」に注目した野中郁次郎教授は1980年代、新たなイノベーションモデルを提唱し世界への突破口を開く。その多くは、革新力不足がささやかれて久しい日本企業が改めて学ぶべき、「古くて新しい視点」でもある。「知識創造理論」で米国の経営学界にデビューした野中教授だが、当時は、「知識」に着目する経済学や経営学の研究者がいなかった、と野中教授は言う。

ノーベル賞理論の「欠陥」

「情報や知識という概念は、そもそも欧米から来たものだ。だが、ノーベル賞経済学者ハーバート・サイモンが率いる『カーネギー・スクール』による、『情報は処理するもの』という認識が経営学研究の方向性を支配していたため、『知をつくる』という発想が希薄だった。それはカーネギー・スクールの理論の限界そのものだと分かってきた」

野中教授が新しい研究を英語で世に出すうえでは、共著者の存在が大きかった。当時出会った、米ハーバード経営大学院の竹内弘高教授である。

「竹内教授は当時、米カリフォルニア大学バークレー校でPh.D.（博士号）を取った後、米ハーバード経営大学院に就職していた。そして1982年、竹内教授がハーバードから日本の私を訪ねてきた。ハーバード大学のウィリアム・アバナシー教授から依頼があるという。イノベーションがテーマの会議を開くから、日本の事例を発表してほしいという話だった。

これを受けて一橋大学の産業経営研究施設所長（現イノベーションセンター）だった今井賢一氏と3人で分析したのが、富士ゼロックスのFX-3500やホンダの1200ccのシティなどの開発事例だ。発表したら、面白いと大変評判になった。

1986年、竹内教授がこの発表内容をマネジメント学術誌『ハーバード・ビジネス・レビュー』（HBR）に、私との共著の形で、英語で発表した。"The new new product development game"がそれだ。ここで取り上げた事例は、今で言う『クロス・ファンクショナル・チーム』の話だ。論文でリレー型、刺し身型、ラグビー型（スクラム型）という表現を使ったら、大変話題になった」

リレー型は文字通り、企画立案→試作→試験・評価→量産化と、各工程の部門がバトンを受け渡しながら製品を形にしていくやり方だ。一つの工程が完結すると次の工程に進む。当時既に、この開発方式は、魅力的な製品開発につながりにくいとの見方が主流になりつつあった。

そこで開発の新潮流として定義したのが刺し身型とスクラム型だ。前者は、皿に重ねて盛られる刺し身のように、前後の工程を重なり合わせる進め方。一方、後者は、ラグビーのスクラムのように、複数の工程が入り乱れて同時進行し、ぶつかり連携しながら進める。

「富士ゼロックスの3500という複写機開発は、刺し身システムの典型的なモデルで、各工程間の意思疎通を密接にし、情報をオープンにしていた（下図）。これが開発のスピード、柔軟性と創造性を高めたのである。

一方、ホンダはスクラム型だった。コアなプロジェクトメンバーは不変で、最初から最後まで責任を持ち、要所で関与し続ける。このコアメンバーが、取引先を含むチーム全員とのコミュニケーションを密にしながら、一団となって製品化までプロジェクトを進めるスタイルだ。

この論文をきっかけに、日本型のイノベーション手法が、経営学の世界で大きく注

世界が注目したイノベーション手法

● 「リレー」「刺し身」「スクラム」のイメージ

新製品開発 New Product Development

リレー（タイプA） vs 刺し身（タイプB）とスクラム（タイプC）
開発フェーズ Phase of development

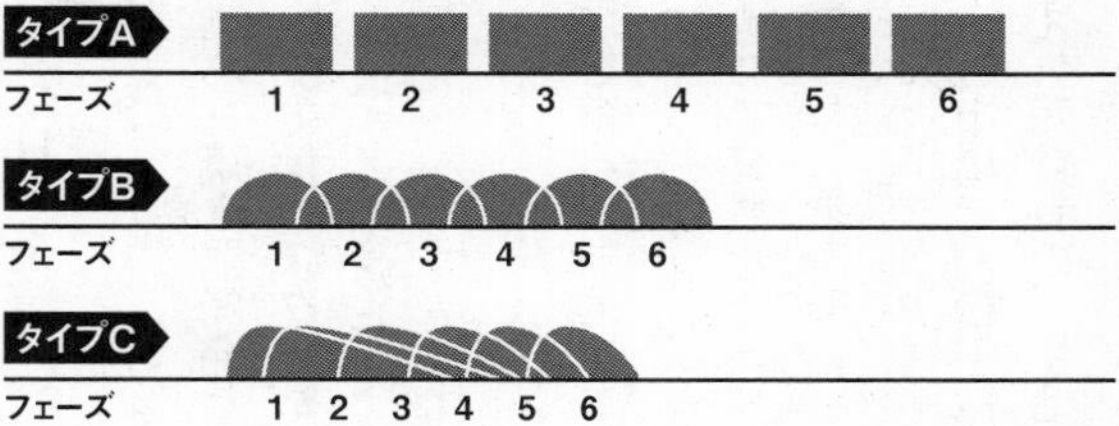

出所：Hirotaka Takeuchi and Ikujiro Nonaka, "The new new product development game: Stop running the relay race and take up rugby", *Harvard Business Review*, 1986.

目されるようになった。のちにジェフ・サザーランドが展開した、今、話題のソフトウエア開発手法である「アジャイル開発」の主流を占める『スクラム』の考え方も、後から知ったのだが、われわれの考えをベースにして発展したものだった」

その後、知識創造について、野中教授が日本語で書いた代表作の一つが1990年の『知識創造の経営』（日本経済新聞出版）である。1996年には竹内教授との共著『知識創造企業』（東洋経済新報社、1995年『The Knowledge Creating Company』の日本語訳）により、日本で本格的に一世を風靡することになった。

暗黙知に着目した日本企業

『知識創造企業』では、ホンダのシティ、あるいは松下電器産業（現パナソニック）の家庭用自動パン焼き器開発といった事例を取り上げている。

例えばホンダでは、スクラム型開発の手法の一つとして、経験を共有することにより暗黙知を創造する例として、『タマ出し会』と呼ばれる非公式な合宿に注目した。暗黙知を獲得するカギは『共体験』だからだ。

暗黙知で言えば、松下電器の家庭用自動パン焼き器開発では、熟練パン職人が持つ、パン生地を練る暗黙的なコツが含まれるプロセスを、機械の機能に含める必要があった。そこでメンバーの一人がおいしいパンを作る職人に弟子入りし、観察・模倣・訓練によって暗黙知を『共同化』した。

ホンダのスクラム型開発は、ホンダのシビックとアコードがもはやありふれたクルマになったという経営陣の意識が背景にあった。家庭用自動パン焼き器は、成熟し始めた日本の家電市場で、松下電器が家電からハイテク・産業用製品へと移す戦略転換の象徴といえ、消費者の、生活の質の向上を狙った製品の先駆けだった」

刺し身型・スクラム型開発、暗黙知共有の様々な工夫……。革新の源流を追求する野中氏の回顧からは、イノベーション創造におけるかつての日本企業の独自性が伝わってくる。その多くは、革新力不足がささやかれて久しい日本企業が改めて学ぶべき、「古くて新しい視点」でもある。

今も「暗黙知」こそが革新のカギ

1960年～70年代に野中教授が「暗黙知」に着目した当時の理論は、もう一度立ち戻るべき、革新の原点でもある。当時、ノーベル賞経済学者ハーバート・サイモンと米スタンフォード大学名誉教授だったジェームズ・マーチらが「人間は限定的な情報処理システム」との考え方を提唱していた。こうした見方に違和感を覚えた野中教授は世界に先駆けて、人間は「思い」こそが重要であり、「思い」の結集こそが革新を起こすとの理論を打ち出した。

『知識創造の経営』を日本語で出版し、竹内弘高に英語にするうえでのサポートを頼んだ。こうしてできた要約版が『The Knowledge-Creating Company』である。1991年に『ハーバード・ビジネス・レビュー』誌に掲載された（書籍は竹内と共著で出版)」

この「The Knowledge-Creating Company」こそ、今ではビジネスパーソンの間で普通に使われている「暗黙知」という概念を一躍、有名にした著作である。理論のベースとなったのは、松下電器産業(現パナソニック)やホンダ、キヤノン、NEC、シャープ、花王といった日本を代表する企業の1980年代のイノベーションだった。

マニュアルや図で説明しやすい「形式知」と、言語にしづらい「暗黙知」の2種類がある。この「暗黙知」こそが革新の源になる——。これが野中理論の基本だ。

おいしいパンとはどんなパン? パン職人の暗黙知を商品化

実際、当時の日本企業は「暗黙知」をベースに様々なヒット商品を開発していた。前述した松下電器の自動パン焼き器はその典型例だ。

「売れる自動パン焼き器を開発するには当然、『おいしいパン』をつくれる機能を搭載しなければならない。だが、おいしいパンとは、果たしてどのようなパンなのか。『ふわふわした』とか『しっとりした』とか漠然とした説明はできても、定数的にはなかなかその意味や価値の本質が表現できない。まさにパン職人の『暗黙知』だったのだ。
松下電器は、社員をパン職人の下で修業させ、この『暗黙知』を『形式知』に転換することで、自動パン焼き器の開発に成功した。技術やシステムでなく人間の『思い』こそがこの商品の本質的な価値を発見したのだ」

もっとも、こうした日本企業の活躍のうわさが広がるにつれて、当時、世界の経営学界には、野中氏と同様の問題意識を持つ学者も増えつつあった。

「1990年、欧州の中では『ハイアラキー』（階層）に対する『ヘテラキー』（無階層）の提唱者である（スウェーデンの学者）、故グンナー・ヘドランドのプロジェクトに参加した。『新しいグローバル経営』がテーマだった。半年の研究を終え帰国すると1992年、ヘドランドの研究仲間のブルース・コグートが『Knowledge of the firm, Combinative Capabilities, and the Replication of Technology』という論文を発表した」

仮に、この論文が野中氏の「The Knowledge-Creating Company」より早く世に出ていれば、野中教授は極東の一研究者として埋もれかねなかった。だがその後の経営学界の流れを振り返った結論からいえば、それはなかったといえる。

「（コグートが提唱した）経営理論は、背後にイノベーションのロジックがあるわけではないことがポイントだ。あくまで既に存在する（人材、立地、物理的な技術など）『資源』が利益の源泉だ。（知を『情報』と捉えるのと同様）結局は人もモノ扱いなのである。人が新たに生み出す（私の）知識創造プロセスとは根本的に違った」

野中理論は、「暗黙知」を「形式知」にすること（表出化）が価値を生むという指摘にとどまらない。複数の「形式知」を融合したり（連結化）、「形式知」を逆に「暗黙知」に転換したりする（内面化）ことで、企業の創造力が一層高まる事実まで指摘していた。例えば連結化の好例としたのが、キヤノンが1980～90年代に推し進めた複写機の価格戦略だ。

「当時、キヤノンは、家庭用複写機を開発すべく、製造や販売などの各部門が個別に蓄積した『形式知』をベースに、低コスト化を検討していた。しかし、製造部門が生

暗黙知と形式知の相互変換

暗黙知と形式知の相互変換、「知」がダイナミックに創造されていく知識創造理論の「SECIモデル」

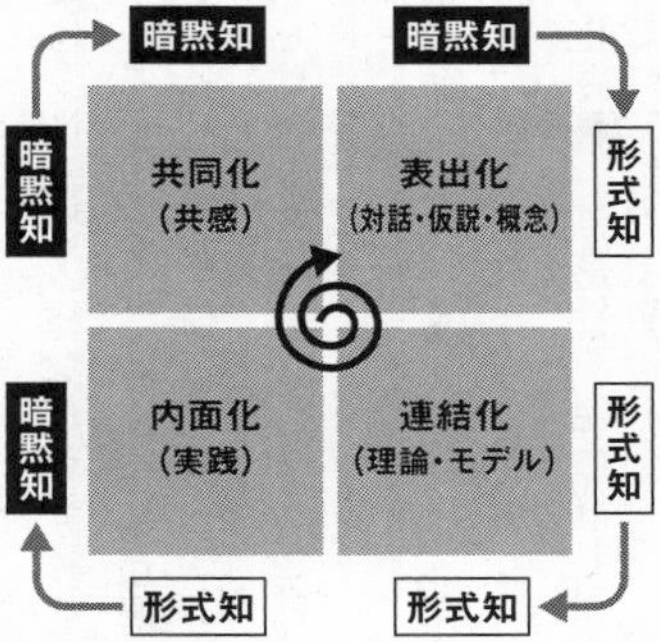

出所：野中教授の資料より作成

産手法を工夫し、開発部門が新素材を検討し、販売部門が効率的な売り方を考えても、低価格化へのヒントがなかなかつかめない。そこで大規模合宿を開き、関連部門がそれぞれの『形式知』を持ち寄り、ゼロから低コスト化の足掛かりを考えることになったのだ」

「故障してもいい」という発想

その結果、生まれたのが、今では当たり前になっている「使い捨てカートリッジ」という発想だ。

当時の複写機はカートリッジが頻繁に故障し、高コストの大きな要因になっていた。ここで普通なら、故障を防ぐにはコストをさらにかけて頑丈な設計に変えるしかないと考える。しかし〝形式知の融合〟は、「故障したら新品に換えてもらう」という全く新しい発想を生み出したのだ。

「今では（情報や人材などをモノと見なす）資源ベースの経営論はすっかり時代遅れになり、ここにきて、（日本企業が得意な）知識創造が再び注目されてきている。知識創造理論を突き詰めて私が生み出したSECIモデルは、個人、集団、組織、社会というあらゆる存在論のレベルを包含するダイナミック（動態的）なモデルである」

松下電器にせよ、キヤノンにせよ、30年以上前の古い事例ではある。だが、「消費者の暗黙知の具現化」や「社内外の形式知の結集」は今も通用する、革新の起こし方の基本だ。AIが実用化され、創造性不足に悩む日本企業はいま一度、こうした基本動作ができているか確認すべきではなかろうか。

「場」の力で勝つ

ここまで、野中郁次郎教授が日本企業のイノベーションから「暗黙知」を着想するまでを追った。ここからは、本書でも取り上げ、現在経営学の世界で最も注目を浴びる概念の一つ「ダイナミック・ケイパビリティ」に、野中教授が「場」を生かす助言を送る。

企業の価値は所属する人の「思い」から生まれる。暗黙知をはじめとするその「思い」を有効活用すれば、企業は自らの力で価値を生み出せるし、変革もできる——。野中教授が1980～90年代に確立したそんな考え方は、当初は目新しいものだった。

当時の経営学はいわば「静的な産業構造論」。多くの学者は「既存の価値をいかに保護するか」という研究に終始し、その価値をどう創造するか、増幅させるかといった「能動的な視点」を持つ研究者は少なかったのだ。

だが今では経営学の主流は、静的な状況分析などではなく、企業の変革のやイノベーションをいかにして起こすかを考えるようになってきており、まさに野中教授が唱えてきた「動的な戦略論」に移りつつある。現在最も注目を浴びている概念で、スウェーデンのイケアや富士フイルムなどの具体例でも知られる「ダイナミック・ケイパビリティ（以後DC）」もその一つだ。

イケアの変化力は「トップの力」

野中教授は、経営学という世界の中で主流派に向き合った「アンチ」同士として、本書にも登場するDC提唱者、米カリフォルニア大学バークレー校経営大学院のデビッド・ティース教授と深い親交を持つ。

「ティースはもともと、『取引コスト理論』でノーベル賞を受賞した経済学者オリバー・ウィリアムソンの弟子で、厳密には経営学者ではなく経済学者だ。もともと多国籍企業や国際ビジネスを研究していたティースは、米スタンフォード大学の助教授時代、（師が確立した）取引コスト理論は、基本的に『価値をいかに保護するか』という理論であり、『価値をいかに創造するかという理論になっていない』と気づき、DCを着想した。彼の論文がなかなか学術界で認められなかったとき、励まし合った日々のことは忘れない」

ミドル・アップダウン・マネジメントのプロセス

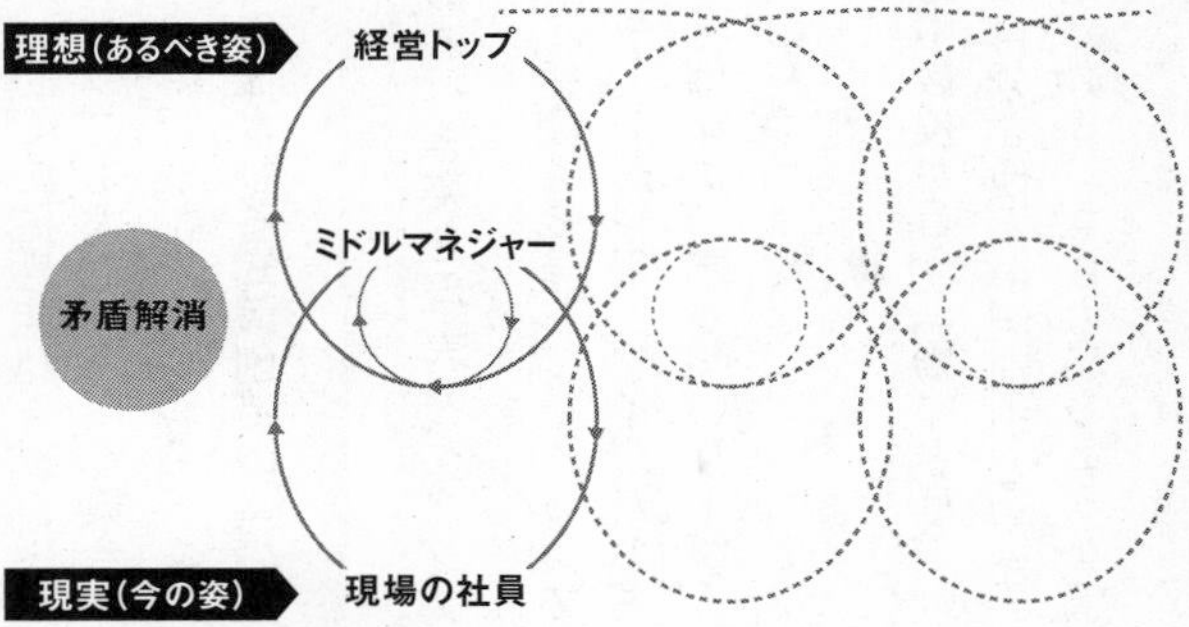

出所：野中教授の資料より作成

DCは「環境や状況が変化する中で、経営資源を再構成しながら変化に対応し自己変革する能力」を指す。それはさらに感知（センシング）と捕捉（シージング）、変革（トランスフォーミング）に分解でき、これらにたけた企業は、適切なタイミングで新たな組織への変革を実現できる、とする。

米ウーバー・テクノロジーズや米リフトは、ライドシェア事業の需要をいち早く感知した。一方、米ゼロックスの研究組織はマウスやイーサネットなどパソコンの技術が既にあったのに、変化を「捕捉」できず投資を怠り、パソコン革命に乗り遅れた。

DCはトップダウン型のリーダーシップに注目する。一方、野中教授は、盟友ティース氏の理論を深める提案があるという。

「DCの問題点は、結局トップのリーダーシップ次第という結論に陥りがちな点だ。トップ1人だけでなく集合知にする必要がある。だから、リーダーシップの自律分散や、『ミドルアップダウン』（中間層を通じたトップダウンとボトムアップの両立）が発揮される知識創造の『場』の考え方が入れば、DCも大きく変わるだろう」

あるべき姿と現実のギャップを埋めるミドル

「組織を変革していくうえで、トップダウンで進めるイケアのイングヴァル・カンプラード氏や富士フイルムの古森重隆氏のような強いリーダーシップがあるにこしたことはない。だが強いリーダーが不在でも、知識創造の『場』があれば、変革は可能なのだ」

野中教授が言う「場」とは、野中理論における革新の源「思い」を共有でき、共感を媒介に自分と他人の区別がなくなり、「率直に他者と向き合って対話する知的コンバット」の場である。コロナ禍のような状況で対面が難しい中でも、「場」はつくれるのだろうか。

「最近では、1年間で1000種類の新商品を生むアイリスオーヤマが、毎週月曜日に開くプレゼン会議が『場』だ。開発から納品までの全工程の責任者がプレゼンをする。経営トップから生産技術、品質管理、応用研究、知的財産まで関係者がすべて参加、真剣勝負で議論し、その場で即断即決し、会議終了後はすぐに関係部署の全員が動き出す。根回しは禁止で、社内政治は排除され、成功はチームの成果、失敗は会社の責任だ。コロナ禍でもアイリスは人数を制限しながらも、マスクを着けてこの『場』を継続した」

DCではセンシング、事業機会を感知することから始まるが、感知を一人称で分析する。一方、野中教授のSECIモデルは、最初に人やモノ、環境に対する無意識の「共感」から始まる。

知は「二人称」で創造する

「人は、現実の場面における体験で暗黙知を獲得したり、相手の立場に立ったりすることで、暗黙知を共有する。そこから『私とあなた』の二人称で、無意識的・意識的に意味や価値を共につくり出すことが知の創造プロセスの基点になる」

「バークレー・スクール」では他にも、野中教授が刺激し合う研究者がいる。「オープンイノベーション」の提唱者として知られるヘンリー・チェスブロウ氏や、「両利きの経営」のチャールズ・オライリー氏だ。いずれも本書に収録している。

「チェスブロウ氏は、自分のアイデアにオープンイノベーションと名付けて発表したところ、見事に当たった。DCもオープンイノベーションも大変魅力的な概念だ。オライリー氏はバークレーの博士課程で一緒だった。彼は、両利きの経営の中でDCを継承し、(事業の)『深化』と『探索』を両立させる組織行動に、独自のモデルを展開しつつある」

こうした米国発の最先端の経営論は今後も、野中流SECIモデルと融合し、より企業の現場で実践しやすいものに発展していくのかもしれない。知識創造の「場」により、暗黙知を集合知にする全員経営は、その足がかりになるだろう。

野中理論「SECI」モデルの実践：エーザイの挑戦

野中郁次郎・一橋大学名誉教授の「SECIモデル」を、経営に取り入れている企業の代表格がエーザイだ。経営の現場で実践することを通じて、野中教授の理論の進化に貢献している。

「経営学に長年携わってきたが、いつまでたっても自分のモデルや理論には、改良の余地が多々ある。経営の現場と関わるたびに、アイデアがどんどん出てくるのだ。エーザイ創業家からのトップ、内藤晴夫CEO（最高経営責任者）は、ある意味で同志だ。内藤氏は、日本企業で最初に知識創造理論を経営に取り入れた経営者だ。私は最近、人間的な戦略、『ヒューマナイジング・ストラテジー』を提唱しているが、その実践例がエーザイである。

内藤氏と知り合ったのは、彼と同じ米ノースウェスタン大学経営大学院出身の奥村昭博慶応義塾大学名誉教授の紹介だった。彼がヒューマン・ヘルスケア（hhc）という企業理念を定め、その実現に向け試行錯誤している時期だった。経済同友会のプロジェクトで一緒になったが、共同化から始まるSECIモデルに強く共感してもらった。あれから、もう四半世紀になる」

1989年には、ヒューマン・ヘルスケア（hhc）の企業理念を構想した内藤氏は、野中教授の知識創造理論、SECIモデルに強く共感。1997年にはhhc活動の推進部隊として、社長直轄組織である「知創部」を創設した。エーザイは、野中理論の鍵である、社内外の思いを集め、知を生み出す「場」の創出に長年取り組んできた。

薬を嫌がる患者が飲んだもの

「製薬企業は、医師との関係を重視してきた。しかしエーザイのhhc活動の柱は、最重用すべきステークホルダーである患者と接する経験の『場』づくりだ。具体的には、全社員が、就業時間の1％（約2・5日）を、顧客である患者とその家族との「共感体験」に費やす。

実際、エーザイでは、患者との『場』で手にした『共感』から様々な革新的商品を開発し徹底的に細部にこだわって展開してきた。

例えば、主力製品であるアルツハイマー型認知症の治療剤『アリセプト』の『ゼリー製剤』も『場』出身だ。普通に考えれば、最も飲みやすいのは液状に思える。だが、ある研究員が医療施設で、薬を嫌がった患者がゼリーを飲み込んでいるのを見て、カップ型ゼリー製剤の開発に着手したという」

会社や研究所の中で理屈で考えていては見えない本質が、現場での動きの中で見えてきた、というわけだ。

さらに、エーザイは認知症という言葉も理解もなかった時代から、専門家だけでなく地域や社会に対して啓蒙のためのコミュニティーである「場」をつくってきた。認知症患者本人やその家族、地域住民との交流を通じて、新薬の創出だけでなく、まちづくりまで含む地域社会のイノベーションに寄与している。

「内藤氏は、その商品開発への応用では、何より、第１段階である『共同化』が重要と考える。患者の元に赴き、共に過ごす中で、彼らが普段から感じていながら表面化していない真の悩みや苦しみに対する『暗黙知』を感じ取り、社内で共有するまでが『共同化』だ。

人間は、知的コンバットを通じ、大人になってからも「一心同体」になれる

● 人と人の関係性3段階

成人における「我－汝関係」
エゴを超えた知的コンバット、無心・無我のフロー体験）

「我－それ関係」
言語の獲得 知性の発達、第三者的コミュニケーション）

乳幼児期の「我－汝関係」
無意識の一心同体、情動的コミュニケーション）

注：汝＝英語やドイツ語などで「あなた」を意味した古語（thou）の和訳。また、我-汝関係、我-それ関係はマルティン・ブーバー氏のコンセプト
出所：野中郁次郎、山口一郎共著『直観の経営』（KADOKAWA）

患者と深く接していくと、患者になりきってその喜怒哀楽を自分のことのように感じ、そこから『相手の不安・悩みを解決したい』という動機が生まれる。これが『共感』であり、『共同化』の出発点となる。

共感は、自我やエゴを超えた、相手へのなりきりだ。そこまでいくと、妥協や忖度を生むような浅いものではない徹底的な対話ができ、ともに本質を洞察できるようになる（図の成人における「我－汝関係」）。

企業理念を定款に定め企業活動の実践にこれほど直接組み込み、トップがコミットして、知識創造活動で展開する企業はエーザイのほかにはないと

思う」

こうして野中理論の実践に取り組む内藤氏だが、決して野中理論を妄信しているわけではない。むしろ、常に野中理論に挑んでくる。

「内藤氏は、SECIモデルをどんどん実践する。半年に一度ぐらい対話の機会があるが、容赦ない問いを投げかけてくる。SECIモデルの『共同化』のフェーズさえ『デジタルが応用できるんじゃないか』などと、がんがん言ってくるのだ」

野中理論はAIで自動化できるか

つまり内藤氏と野中教授は、「知的コンバット」を繰り広げることで互いにとっての知の創造を実現する「クリエイティブペア」だ。では、AIを通じた知識創造の実践について、野中教授はどのように考えているのだろうか。

「AIには、主体的な意味づけ、価値づけはできないのではないか。意味づけ、価値づけには、身体が必要だ。哲学的学問の方法論である発生的現象学では、人間は皆、赤ちゃんのころは母親と感性で一心同体だが、言語が発達することで分離し、自分以外を対象化する知性が発達する、と考える。

言語も知性も発達した成人が、もう一度母子関係のような一心同体になって共感し、『われわれの主観』をつくり上げることは大変難しいが、エーザイには、患者との深い共感の場だけでなく、その共感を媒介にして徹底的に社内で知的コンバットを繰り広げる場がある。

アリセプト開発を担った筑波研究所は、内藤氏の所長時代には不夜城と呼ばれた。そこでは昼夜問わず、チーム内、チーム間での全身全霊の知的コンバットが繰り広げられ、本気の対話の中から、新たな意味や価値をともに発見し、画期的な新薬開発につなげたのだ」

野中教授と内藤氏との「知的コンバット」は今後も続く。知識創造理論の進化は、ＡＩが席巻する時代の「人知」の価値を、一層際立たせるに違いない。

ソフトウエア開発と野中理論：被災動物救った「スクラム」

アジャイル開発手法の新潮流、ジェフ・サザーランド博士が提唱したスクラムが誕生した背景には、野中郁次郎教授のアイデアがあった。その簡単な活用法を探っていこう。

「スクラム」手法とは

より短期間で高い成果を上げるシステム開発の手法として世界中の企業に広まり、昨今は組織改革などあらゆる取り組みに応用されている「スクラム」。バングラデシュのムハマド・ユヌス博士らが構築したマイクロファイナンス（貧困者向け小口融資）の「グループ融資・ビジネスを立ち上げながらの短期サイクル返済」といった仕組みをヒントに、米国のジェフ・サザーランド博士が確立した。

スクラムも、元をたどれば野中理論に行きつく。サザーランド博士は、野中郁次郎教授と竹内弘高教授の論文「The New New Product Development Game」と出合い、着想を得たからだ。いわば、日本生まれ、米国育ちのソフトウエア開発手法だ。スクラムの本質を野中教授はこう表現する。

「新製品開発という速さと柔軟さが求められる場面では、成果物を紙に書き、それを壁越しの別のチームに渡すようなリレーではだめだ。様々な専門性を持った人が、組織の枠を超えて協働し、ラグビーのように、ボールを回しながら、一丸となって仕事を進める」

従来型の開発手法の一例として野中教授が挙げる「リレー」とは、ウオーターフォールモデルとも呼ばれるやり方だ。滝の水が上から下へ落ちるように「企画」「設計」「実装」「テスト」と順々に開発を進めていく。その弱点はまさに「速さと柔軟さ」に欠けること。一つの工程が終わらないと次の工程に進めないし、例えば「テスト」段階で不備が発覚し手戻り作業が発生すると計画が大きく遅延する。

「スクラムでは、工程を1週間から1カ月の短いスプリント（期間）に分けてゴールを設定し、チーム全員で情報を共有しながら、機能横断的に、メンバーが主体的に動く。適宜、顧客からフィードバックをもらい、全員で機動的にプロジェクトを『進化』

させる。だからスクラムではこうした遅延リスクが減る。例えばテスト担当者は、システムの完成を待たずにできた部分からチェックでき、企画担当者は実装担当者らと情報を共有しながら、『実装できるであろうシステム』を最初から模索することが可能になる」

被災地の犬・猫を救う富士通

10年以上前から、スピードを要求されるアプリ開発などでは「スクラム」が基本。例えば、富士通ソフトウェアテクノロジーズ。2011年、東日本大震災で被災し保護された犬や猫を飼い主と探すための「被災動物救護支援サービス」を震災発生から2カ月足らずで開発したが、これを可能にしたのがスクラムだった。開発陣は、震災で離ればなれになった飼い主とペットを一刻も早く再会させようと、「とにかく早く」という思いを最優先した。

「イノベーションは『思いの実現』だ。個人がそれを自ら任じて世界に投げかけ、周囲を巻き込みながら、実現するまでやり抜く。そういう知識創造の場をつくる方法が、スクラムである」

専門書を読むと「スプリント」などのようなカタカナ用語が並んでいるものの、スクラム自体は非常にシンプルな考え方に基づいている。だが、その方法論は、タスク実行を通じて真の成果を得るために考え抜かれている。

「一連のプロセスの中で、スクラム開発におけるイノベーションの肝になるのは、朝会とペアプログラミングだ。

スクラムの『朝会』は、毎朝15分、メンバーが全員集まり、立って実施する。『昨日やったこと』『今日やること』『障害になっていること』を各自短く共有する。見える化したタスクかんばんがあるので、全員が全体像をつかむと同時に未来の問題発生まで予測できる。だから、終了後はメンバーはすぐ動き出せる。

一方、ペアプログラミングとは文字通り、2人1組でプログラミングに従事すること。車の運転のように、キーボードを打つほうを『ドライバ』、助言や質問を投げる方を『ナビゲータ』と呼び、役割を15分ぐらいの間隔で交代しながら進める。

システム開発では、変数や操作の名前を決める初期作業からアルゴリズム開発ま

要諦は「朝会」と「ペアプログラミング」

● 開発のサイクルとその実践

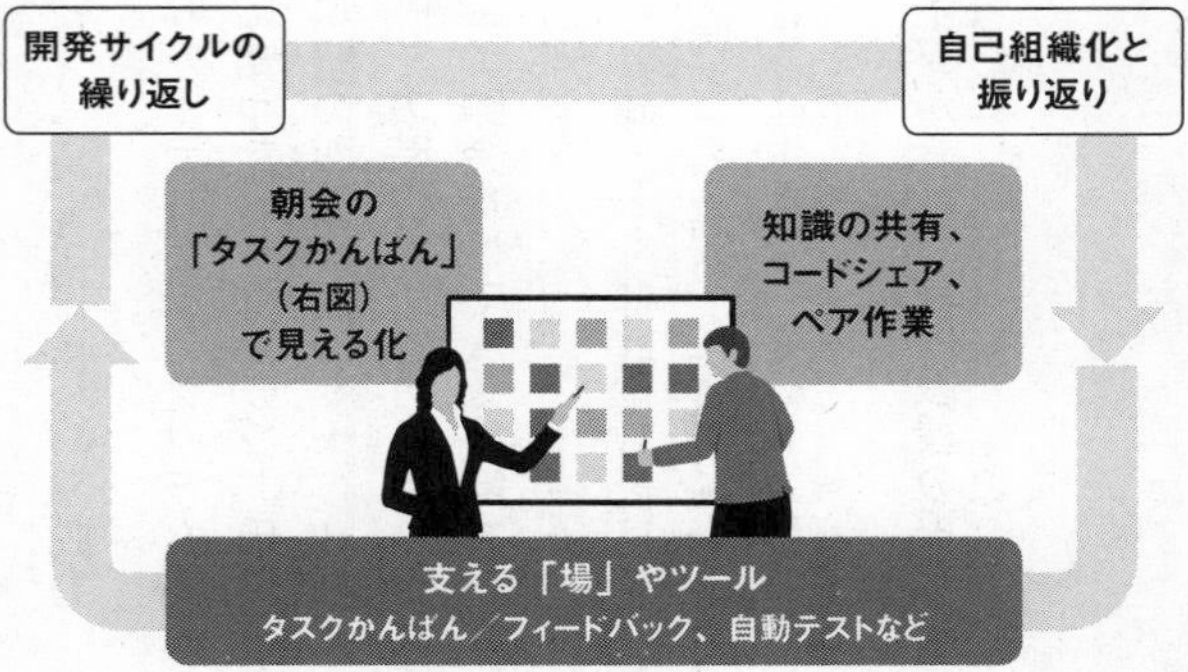

出所：『アジャイル開発とスクラム』（翔泳社）172ページなどを基に作成

で、多くの統計的判断が必要であるため、ミスが頻発する。だがペアで進めていくことにより、リアルタイムでレビューしながら対話することで、創造的なアイデアも生まれ、朝会以外での情報共有の場にもなる。

様々な人が共に働くスクラムの生命線はコミュニケーションである。コミュニケーションが万全であるならば、開発の形はおのずとスクラムに近づくというわけだ。サザーランド氏との交流もある野中教授は、そもそもスクラム理論も「思い」から生まれたと話す。

VUCAを生き抜く知的機動力

「サザーランド氏のスクラム開発が私と竹内弘高氏の論文を基にしたことは、だいぶ後に知った。サザーランド氏は、ベトナム戦争で偵察機パイロットの経験があり、極限状態の臨機応変なマネジメントの重要性を知る。VUCA（変動・不確実・複雑・曖昧）の時代といわれる今、機動的なスクラムの手法はますます重要になる。ソフトウエア開発だけでなく組織を超えたイノベーションに寄与するものだ」

時代の要請とともに進化し続ける「スクラム」は、イノベーションに必要となる組織の「知的機動力」を高める仕事のやり方だといえる。ただし、スクラムはあくまで実践により体得される「生き方」そのものだ。そしてスクラムを通じて、人々はプロになれる。

次ページからは、野中教授の提唱したコンセプトである「知的機動力」に焦点を当てる。

ブートキャンプは最高の「場」：米海兵隊「成功の本質」

野中郁次郎一橋大学名誉教授が、組織論の観点からその知的機動力の高さに最も注目してきたのが米海兵隊だ。イノベーティブな組織をつくるうえで、大きなヒントになるという。米国の海兵隊の組織構造や人づくりの仕組みを見ながら、「知的機動力」による「成功の本質」について考察していく。

「長年、数え切れないほどの組織を研究してきたが、米海兵隊ほど興味深い組織に出合ったことがない。きっかけは1984年に出版した『失敗の本質』（ダイヤモンド社）で、なぜ日本は先の大戦で負けたのかを組織論的に明らかにしたことだ。日本軍を破った米軍は、『未来の環境に対して自らの目標と構造を主体的に変えることができる組織』だったが、日本軍は過去の成功体験に過剰適応し、『自己革新組織』たり得なかった。先の戦争では、日本軍は『海から陸へ』という海兵隊の新しいイノベーションに対応できずに負けた。

海兵隊の画期的な作戦を可能にしたのは、彼らが自己革新できる組織だからで、原動力は『知的機動力』だ。知的機動力とは、実践知をダイナミックに創造、共有、錬磨する組織能力だ。それは、海兵隊は創設以来、ずっと自らの存在意義を問われ続けてきたことが大きい」

存在意義への問いが進化生む

米海兵隊は、米国独立戦争の時、英国の軍事組織を手本に設立されたが、鋼鉄艦の時代になると艦上勤務の役割が低下し、海兵隊不要論が浮上した。

しかし、海兵隊は陸軍に吸収すべきとする圧力が強まる中、1930年代ごろまで、諸外国での紛争収拾と、前進基地の防御という任務を自ら築き上げた。そして、対日戦争を予見した「海から陸へ」の「水陸両用作戦」を提唱した。

原爆が開発されると再び不要論が浮上するも、今度は輸送へリコプターを世界に先駆けて導入し、「水陸に加えた空陸統合作戦」を編み出して自らを「緊急展開部隊」として発展させた。

また、米海兵隊では空軍大佐ジョン・ボイドの「機動戦」の概念を先駆けて展開した。

火力中心の消耗戦から機動戦への大転換を、若い指揮官の主導による議論を通じて成功させたのである。

「近代海軍の父アルフレッド・マハンは艦隊決戦思考を示してきたが、海兵隊は、存在意義を問われ続けたがゆえに、過去にとらわれず革新的な考え方を次々に示し進化した。21世紀を迎えると、『オープンマインドと創造性に依拠して、我々の持てるものを最高に活用し、適時・適所・適切に部隊を配置する』と展望した」

これが可能なのは、どうすれば自分たちが生き残れるか、メンバーが討論できる場が組織内に潤沢に用意されているからでもある。

「海兵隊には、知的討論を促す仕掛けもある。自己革新組織であり続けるための知的コンバットの場が、『マリンコスガゼット』という月刊誌。ここでは、海兵隊の存在意義やコンセプトに至るまで、徹底的に知的な討論が展開されている。また海兵隊では、一撃必殺の『ライフルマンシップ』や『仲間の骨を拾う』『生涯マリーン（海兵）』などの行動指針が徹底的に身体化されている。だから存在目的が実現できる」

マトリョーシカ型の「陸・海・空三位一体組織」

● 海兵空陸機動部隊（MAGTF）の組織構造

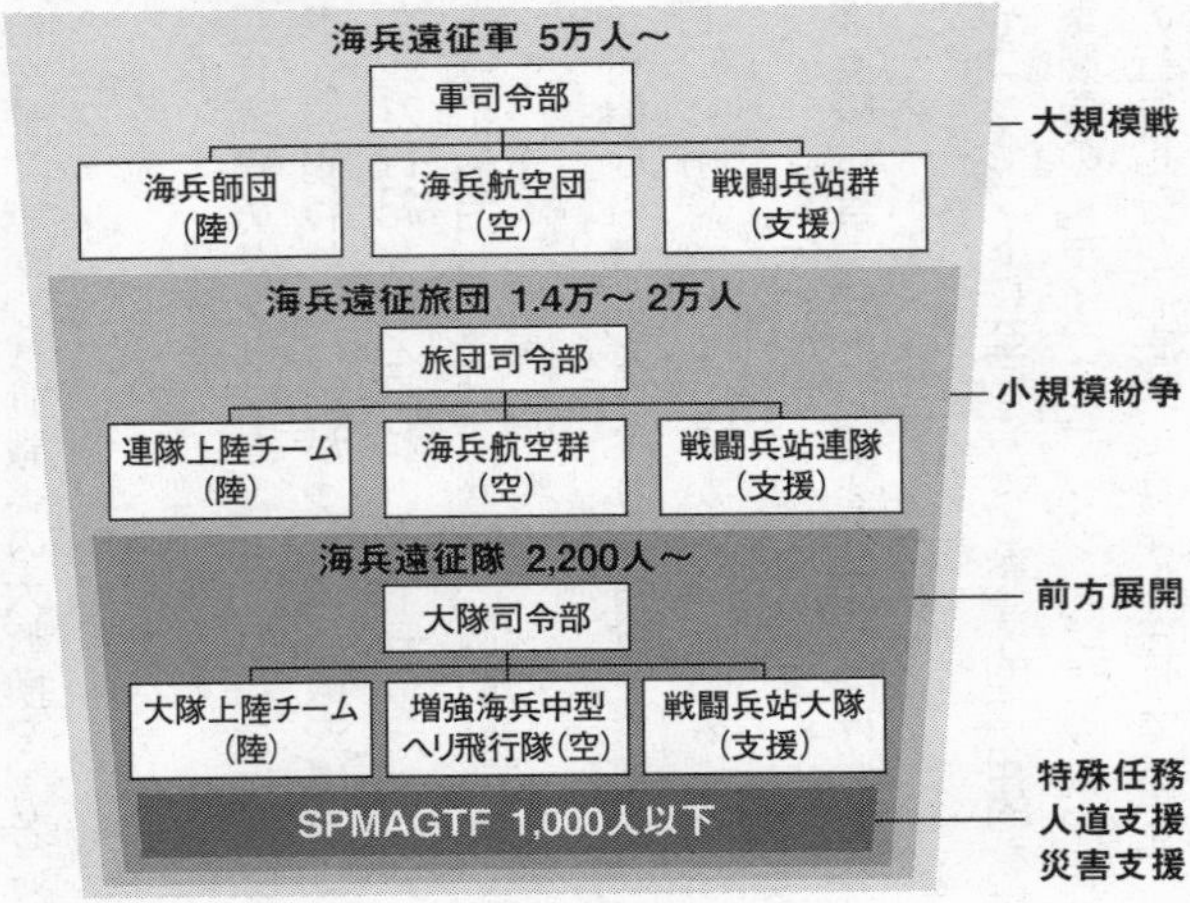

注：SPMAGTFはSpecial Purpose MAGTFの略。
出所：*U.S. Marine Corps* (2000). *Marine Corps Strategy* 21, p.3.

● 消耗戦と機動戦の比較

	消耗戦	機動戦
強調点	軍事能力、計画	信頼・スピード
性質	階層的	ネットワーク的
スタイル	中央集権的	分権的
手段	敵の戦力と 戦闘遂行力の破壊	敵の「勝てない」という 認識の創出
目標	敵の戦力の破壊	新しいパラダイムの創造
要件	大量の火力、技術、 中央制御	信頼、プロフェッショナリズム、 個人のリーダーシップ
リスク	不均衡の脅威、 副次的損害、長期化、 死傷者の増加	個人の能力や対応に依存。 組織全体への浸透の難しさ

出所：『知的機動力の本質』（野中郁次郎著）　52ページから作成

組織内で生まれた様々な考え方は、瞬く間に全体で共有され、発展していく。このメカニズムは野中理論の「SECIモデル」で分かりやすく解読できる。例えば入隊後に課される過酷なブートキャンプトレーニングは、SECIの「共同化」で、暗黙知を徹底的に身体に染み込ませる「場」だ。そして、きつい訓練を支えるのが「バディ（仲間）システム」だ。仲の良い友人とともに入隊した場合は、結束力を高めるために訓練や配属先も一緒にする。これは創造を生む「共感のペア」づくり。また海兵隊は、組織構造が「自律的でマトリョーシカのような組織」だ（前ページの図）。

「海兵隊では、平時の官僚的組織と、危機時の機動的な組織が、状況に応じて即応できる組織になっている。マトリョーシカのように、規模が異なっても自己相似的な組織が、海兵空陸機動部隊（MAGTF）である。いずれの規模レベルにおいても指揮権があり、陸海空の装備を備えている。東日本大震災のトモダチ作戦で日本を助けたのも、MAGTFだ。

この仕組みで、厳格なトップダウンと、常に変化する現場での分権的・意思決定を両立でき、指揮と統制の二項動態が実現している。『命令』はトップダウンだが『統制』は現場に近いリーダーが、ボトムアップで行使する」

組織としての規律を高めながら過去に縛られず柔軟に自己変革ができるのは、独自の組織構造による部分も大きい。自己変革に手間取る日本企業も見習えるだろう。

改善では組織は変われない

創立以来、存在意義を問われ続けてきた海兵隊だが、現在も2030年に向けた大改革の最中にある。2020年3月に示された「Force Design 2030（2030年の戦力設計）」では、組織の原点である、陸の補完ではない「海から陸へ」に回帰すべく、陸に関わる軍備を削減する方向にある。「既存の組織と能力に少しずつ穏やかに積み上げていく改善では、先行きに待ち受ける脅威を克服するうえで非効率だ」として、大胆な組織改革を志向している。

「最近会った在日海兵隊のトップ層の一人が『我々は自らの存在目的、つまりwhyを問い続ける。それにはコストがかからない』と言っていたのが印象的だ。変化に応じた適切な変革と革新を恐れない海兵隊は、究極的にスクラム経営を日常化しているレジリエントな組織ともいえる」

次に、海兵隊が特に優れていると野中教授が考える、「実践知リーダーシップ」を、日本の事例で考察する。

野中流「賢いリーダー」の六条件：「実践知」の重要性

　ここまで、環境変化に合わせて自己変革してきた米海兵隊の事例を取り上げた。野中郁次郎一橋大学名誉教授の提唱する「知的機動力」を最も体現しているモデルだ。もっとも、いかに優れた構造の組織であっても、リーダーシップに問題があれば発展はおぼつかない。

　野中教授は、変化のただ中でタイムリーに判断し全員でやり抜くリーダーに必要な六つの能力を挙げる。それは、次ページの図の右に示した①善い目的を追求する、②現実を直観する、③場をつくる、④直観の本質を物語る、⑤物語を実現する、⑥実践知を自律分散する――だ。本稿では、①の善い目的を追求するために、何が善かを判断し、組織に浸透させるために必要なことを考察する。

　まず「実践知」とは、哲学者アリストテレスの「賢慮（phronesis）」や「実践的知恵（practical wisdom）」に由来しており、机上の分析で仮説検証した形式的な知識「理論知」とは違う、実践の場で適切な判断を下すための知識のことである。ゆえに野中理論は「静的」ではなく「動的（ダイナミック）」だ。

SECIモデルを回すのは「実践知」

● 知識を知恵に変える「実践知リーダーシップ」

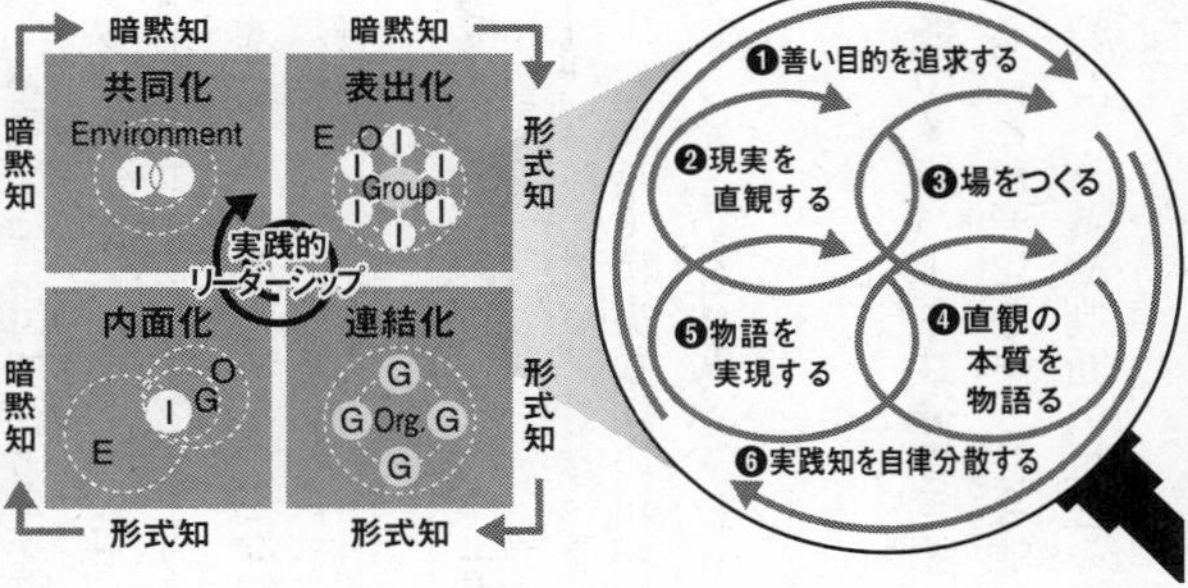

出所：野中教授の資料より作成

アメーバ経営の真の目的

変化の激しい市場では、物事は理論的に想定された通りには動かない。局面が瞬時に変わっても臨機応変に組織が知的機動力を発揮するには、リーダーの実践知が重要になる。その実践知は、常に変化する現場に身を置き、変化の本質を見抜き、ジャッジを繰り返す中から養成されていく。

「実践知を（リーダーにとどまらず）会社のあらゆるレベルや部署で育成しようとしたのが、京セラの『アメーバ経営』だ。アメーバは10人前後の社員で構成される自律分散チームで、すべてのアメーバはビジネスとして完結する単位で構成され、時間当たり付加価値生産性という厳しい業績測定指標を自らに課している。

アメーバ経営は、京セラを共同設立し、JAL（日本航空）再建で実績を残した稲盛和夫氏がつくり上げた。そのユニークな経営の下ではアメーバの数だけリーダーが存在する。リーダーは〝小さな経営者〟として、『変化する現場に身を置き、変化の本質を見抜き、ジャッジを繰り返す』ことによって、実践知を着実に高めていく」

野中教授は、京セラは、社員に「実践知」を身に付けさせる「実践知の組織化」に加え、「企業の目的＝共通善の追求」という意識を組織に浸透させることで発展してきたと考える。アメーバ経営では実践知の組織化が⑥（実践知を自律分散する）にあたり、付加価値生産性という厳しい仕組みが、何がなんでもやり切るという意味で⑤（物語を実現する）にあたる。

「組織のメンバーが共通の目的を持ち続けるためには、共通善の追求を活動の中心に据えることが要になる。社会的な善を追求する同じ目的を共有することで、メンバーを鼓舞し、実践や判断の足並みをそろえ、全員が積極的に目的の実現へと取り組むようになる。

よく知られるように京セラの場合、稲盛氏自身が『共通善』の伝道師だった。ＪＡＬの改革でも、日本中の営業所を回って社員と会い、子会社の社長約１００人全員とそれぞれ1時間面談し、月1回の事業報告の会議で30人の事業部長を質問攻めにした。また会議の後に、多くのスタッフを誘い『稲盛式コンパ』を開き、場をつくった。これが③だ。

稲盛氏は『何が善か』『そのためにどう行動すべきか』を社員と共有するため、京セラでは京セラフィロソフィを、ＪＡＬではＪＡＬフィロソフィとして40の心構えを文書化した。これが④の能力だ。京セラフィロソフィは、「渦の中心になれ」など、稲盛流のレトリックで伝え、文脈に応じた実践ができるよう書かれている。

実践知の②にあたる現実の本質直観能力に優れたリーダーは、ホンダエアクラフトカンパニーの藤野道格氏が挙げられる。藤野氏は、ホンダ創業者の本田宗一郎氏によるワイガヤの精神を受け継いだプロ同士が真剣に対話する場を設定、本体を軽量化する画期的なアイデアを自ら生み出し、小型ジェットを成功させた」

リーダーの六つの条件はいずれも重要だが、特に形骸化しやすい「善い目的」を企業がどうアップデートすべきか、野中教授はこう指摘する。

「善い目的を共有する活動は、いったんやったらおしまいではない。それでは劣化し、お題目になりがちだ。一貫性を持った複合的な制度やシステムでトヨタイズムに貫かれていると思われるトヨタ自動車でさえ、原点回帰を唱え、初めて社員手帳を導入している。富士通も、挑戦、信頼、共感を掲げた「Fujitsu Way」を世界に発信した。京セラフィロソフィもそうだが、意味を語らなければ社員の共感は得られない」

リーダーは共通善を追求し、徹底した対話で価値・意味づけをし、やり抜くことでそれを身に着けることが重要だ。

「リーダーが善についての判断力を養う方法はいくつかある。一つは、経験、とりわけ逆境や失敗を通じて習得するものだ」

「書くこと」を習慣化する

さらに野中氏は様々な知識との出合い、そして自ら手を動かして書くことも、善を学び、本質を直観し、物語る能力を鍛える基本と指摘する。

「様々なジャンルの本を読み、スピーチからレトリックを学び、多様な人々に会って話し、とことん自分の暗黙知と向き合って『書く』とよい。それを習慣化するのだ。自分の無意識の深いところに眠っていた暗黙知を呼び起こし、その本質を直観し、コトバにすることを鍛錬できる。知を組織の中で物語や戦略などの集合知とするのには、デジタルも活用できる。想像力も含めた知を総動員して、集合知を創造できる」

次ページからは、人工知能（ＡＩ）と知識創造の未来を取り上げる。

デジタル万能論への警鐘：「愛あるロボット」のつくり方

コロナ禍に見舞われた中で、多くの企業は、可能な限り、在宅勤務での業務遂行が求められた。それに伴い、コミュニケーションの重要性が浮き彫りになり、対面とのバランスを模索した企業も多かった。野中教授は、相手の行動を見ることで相手の意図を感じ取る細胞「ミラーニューロン」の存在などを根拠に、「人が対面しなければ知識創造は難しい」と言ってきた。

オンラインコミュニケーションに限らず、産業界では今、進化を続けるＡＩの活用とデジタルトランスフォーメーション（ＤＸ）の導入が引き続き叫ばれている。だが、野中教授は「デジタルかアナログか」といったどちらかのポジションを強いる考え方ではなく、バランスを取っていくことの重要性を強調する。

二項対立ではなく二項動態

「米国でも近年、アナログな音楽や写真、紙の本などの良さが再発見されてきている。

「アナログもデジタルも」が創造への道

● 暗黙知-形式知の相互作用とデジタル

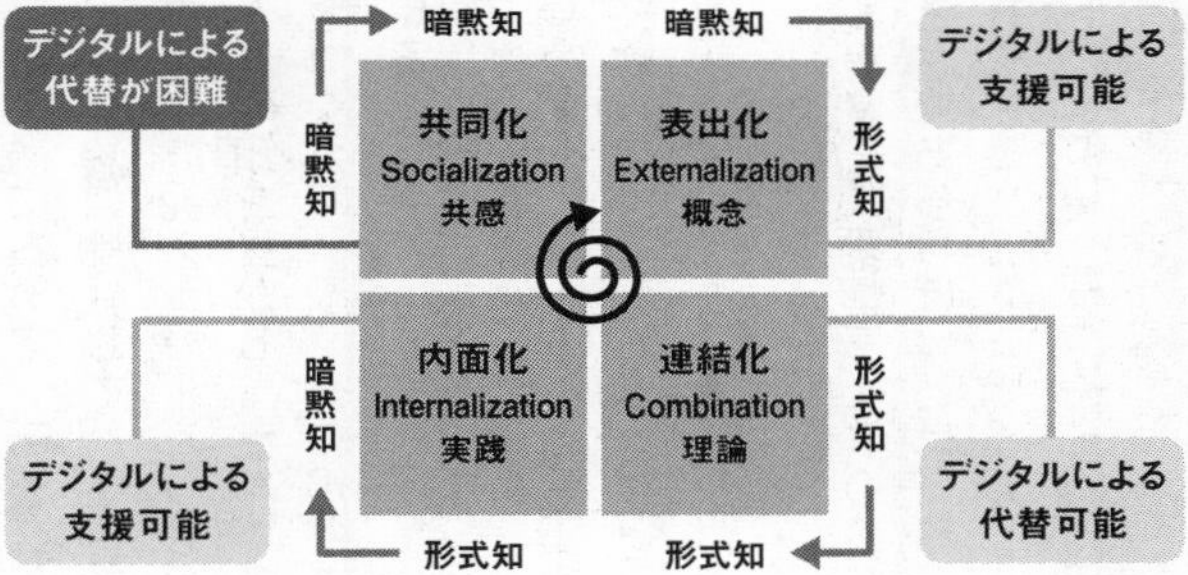

再現ができない『いま・ここ』の自然な感覚的体験や、価値がむしろ再評価されている。そこで、デジタルとアナログに関しても私は、『あれかこれか』の二者択一を迫る『二項対立』ではない、『あれもこれも』という『二項動態』の枠組みについて考えている。そもそもデジタルとアナログは一見、相反しているように見えるが、実は相互補完的な性質も持っているからだ」

野中教授は、環境の変化とともに否応なく生まれつつある「デジタル中心の組織」が、暗黙知の形式知化を進めて「知的機動力」を高めていくうえでも、「人間の身体性」というアナログ的な要素が欠かせないと考える。

「コロナ禍において、デジタルを徹底的に活用しながら人間の身体性に着目してイノベーションに挑戦している企業を二つ紹介したい。1社目は、従業員107人のAIロボット開発メーカー、GROOVE Xだ。創業者らが、トヨタ自動車で培ったものづくりの知を生かし、赤ん坊のようなふるまいを再現できる最新の家族型AIロボットをつくっている。そのAIロボットの本質は、人間の愛着を再現することにおかれている」

GROOVE Xはトヨタ自動車でフォーミュラ・ワン開発を、ソフトバンクでロボット開発の経験を積んできた林要氏によって2015年に設立された。この家族型ロボットは、LOVOT（らぼっと）と名付けられ、2019年末から出荷を開始している。

「LOVE（愛情）とROBOT（ロボット）が名前の由来だ。人間の新生児ほどの大きさであるらぼっとは、赤ん坊の無意識の動きを再現するロボットである。技術者である林氏と工業デザイナーの根津孝太氏という異質な2人の創造的な『知的コンバット』により、『駆け寄る、抱っこをせがむ』という、愛を呼び起こす動きの本質を概念化した。

共感は身体性がないと生まれないため、身体がないデジタルやAIには共感ができない。よってアナログはデジタルに先立ち、この順番は逆にはならない。GROOVE Xは夜7時になると、スタッフがおにぎりを握って皆で食べるという。まさにアナログ的作業だ。

らぼっとの動きが、持ち主の共感と愛着を生む。最先端のデジタル技術を活用しているが、受ける側の人間の共感力があるからこそ、こうして意味づけ・価値づけができる」

もう1社、野中教授が注目するのはアルミ加工メーカー、ヒルトップだ。取引先には、米ウォルト・ディズニー・カンパニー、米航空宇宙局（NASA）や、世界最大の半導体製造装置メーカー、アプライドマテリアルズなどが名を連ねている。「社員が誇りに思える夢の工場をつくる」「油まみれの工場を、白衣を着て働く（白衣を着て働いても汚れない）工場にする」とのビジョンを掲げて大改革をし、24時間無人加工工場を実現した。

「ヒルトップの特徴は多品種単品生産で、製作数1個の受注が7割を占める点だ。製品ごとに加工法を変えねばならないが、同社には、設計に応じて自動で加工プログラムをはじき出すシステムが存在する。無人工場の核となるそのシステムはまさに、職人の勘というアナログと、最先端デジタル加工技術の融合だ」

「人にしかできないこと」に集中

「ヒルトップの山本昌作副社長は、人にしかできないこと以外全部捨てるという方針で、職人の勘と経験に当たる部分を、徹底的にデータベース化することを目指した」

人の技能やノウハウをデータベース化するため、職人相互の言い分を戦わせ、個人の経験に頼った曖昧な知識はどんどん捨てていった。属人的な仕事もすべてデータ化して、社内で共有させたのである。

「山本副社長は数学・物理学に秀でており、言葉にするのが難しい職人たちのノウハウを、知的コンバットを通してデータに転換していった。その結果、８００項目以上あるプログラム作成パラメータを顧客の製品特徴をもとに調整し、過去の加工データのパターンも踏まえ、自動加工するシステムを開発したのである。同社はこれをヒル

「トップ・システムと呼ぶ」

野中教授が提唱するSECIモデルでも、デジタル技術による支援や代替は着実に可能になりつつある。ただ、単なる代替は、知識創造プロセスを滞らせ、かえってイノベーション力を劣化させるというのが野中教授の基本的な考え方である。デジタルをアナログに置き換えるのでなく、両者が補完しあう環境を築くことこそが革新力を高める道というわけだ。

成功体験で沈む組織の特徴　御社は米海兵隊か日本軍か

米海兵隊の「実践知リーダーシップ」を解説したパートでは、常に自らの存在意義を問い続ける、知的機動力に優れた米海兵隊の組織分析を紹介した。米海兵隊は国際的な環境の変化の中で度々不要論にさらされつつも、そのたびに存在意義を自問自答し続け、「水陸両用作戦」などの革新的な戦略を編み出し、変革を続けてきた自律分散型の組織だった。

野中教授は、米海兵隊は、太平洋戦争時代の日本軍とは様々な点で対照的である、と代表的共著『失敗の本質』で分析している。例えば、成功体験に浸りすぎた日本軍と異なり、

米海兵隊の「水陸両用作戦」で日本軍を撃破

● 太平洋戦争における米軍の作戦イメージ

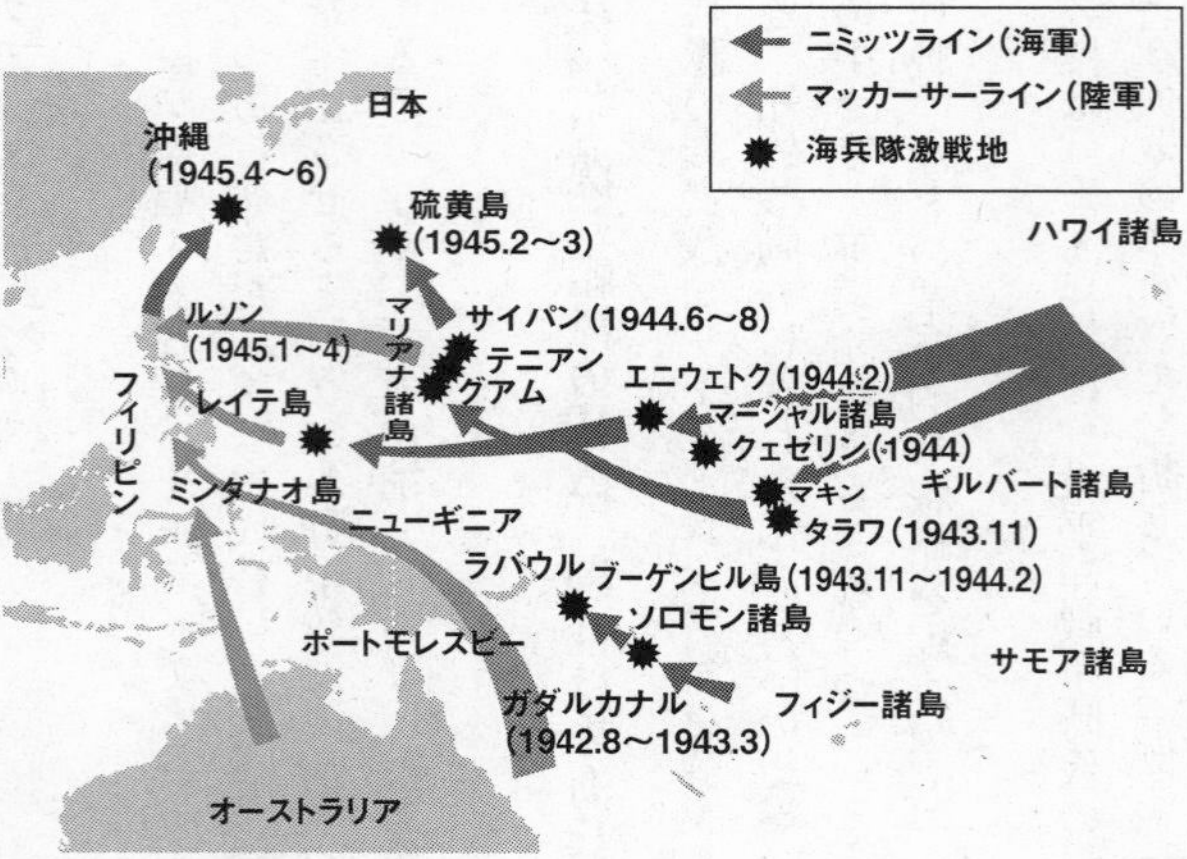

出所：野中教授の資料より作成

米海兵隊は当時から自己否定を繰り返し、革新的な戦術を模索し続けていた。

「太平洋戦争における海兵隊の『水陸両用作戦』の基本構想は、『海から陸をたたく（フロム・ザ・シー）』、つまり、太平洋の島しょに点在する日本軍の前進基地を、海兵隊が一つずつ奪取していくという飛び石（アイランドホッピング）作戦であった。

太平洋戦争が始まる20年も前から、日本軍の南太平洋における将来の台頭を予見して、教義を創り上げ、組織を改編し、開戦後も18回の実戦ごとに絶えず改良を加えながら、『水陸両用作戦』という極めて革新的なコンセプトを完成させていったのである（図を参照）」

中国の台頭でさらに進化

水陸両用作戦に匹敵する大胆な改革『Force Design 2030』では、攻撃よりも防御を重視し、上陸作戦の比重を大きく縮小。その分、最新のテクノロジー（対艦巡航ミサイルや無人機など）を使って防御力を向上させ、海兵隊が中国からの侵攻を阻止する主役となる、という構想だ。それも単なる防衛ではない。

過去の作戦のように、一個連隊が一つの離島を防衛するという旧態依然とした運用ではなく、輸送機を活用することで複数の離島へ配備され、相互に連携し、広範囲にわたり海域を防衛するのだ」

新しい米海兵隊は極めて「オープン」でもある。例えば、新体制で重要な役割を担う海兵沿岸連隊は、日本の南西諸島に展開している陸上自衛隊の島しょ配置部隊との連携を想定している。

「海兵沿岸連隊と日本の陸上自衛隊の任務・役割に共通点が多い理由は、安倍晋三氏が総理在任中に提唱した『自由で開かれたインド太平洋』戦略が根底にあるからだ。太平洋戦争当時と違って、米海兵隊は日本の自衛隊と密接に連携する必要に迫られる時代になってきたのだ」

こうした一連の組織改革の背景には、当然のことながら、中国の動きがある。歴史的に長い間、海洋征服を志向してこなかった中国軍だが、経済力を背景に海洋進出に積極的になってきた。軍事的な進出に加え、米国の立場から見れば、中国は経済的にも様々な形での進攻を既に開始している。

「サイバー攻撃による知財窃盗、株価操作による企業価値を下落させての企業買収、アジア諸国などを借金漬けにした揚げ句のインフラ権益獲得……。こうした状況に対抗するため、2018年10月4日、米国トランプ政権のマイク・ペンス副大統領は、中国に対する経済戦争の実質的な『宣戦布告』を出した。そこでは、中国は巧妙にエコノミックステートクラフト（Economic Statecraft、以下ES）を行使している、と表現された。ESとは、国家が『経済をツールとして活用し、地政学的な国益を追求する手段』を意味する言葉である」

こうして次々に出現する新たな状況に対応し、進化を続ける米海兵隊。それに比べ、日本および日本企業は依然として、『失敗の本質』で分析した日本軍の悪しき特徴をいまだ少なからず引きずっていると野中教授は考えている。

『失敗の本質』で野中教授らは、太平洋戦争で日本が成功体験に縛られ敗北した原因として、次のような組織的特徴を挙げた。

1　トップからの指示があいまい
2　大きな声が論理に勝る
3　データの解析がご都合主義
4　「新しいか」よりも「前例があるか」が重要
5　大きなプロジェクトほど責任者がいなくなる

確かに、現代の日本企業に当てはまる項目も少なくない。

「米中覇権競争の中で日本の経営者は、経済と安全保障の両面から、国家戦略的な発想も取り入れた企業活動をすべきだろう。日本の存続と繁栄のための知識創造がダイナミックに実践されていくためには、健全なナショナリズムのもと、『総合的国家戦略』を熟議し究める、組織や『場』が必要だ」

世界的視野での知略を

「渋沢栄一は、国家のため命をかけ、武士道を貫き通した産業家だった。晩年に出版した『論語と算盤』は、最近の欧州流ステークホルダー資本主義の原点と捉えられがちだが、根底には論語にとどまらない、武士道精神が流れている。この点こそ日本の経営者に学んでもらいたい。日本の企業は平成時代に謳歌してきた平和への『過剰適応』から脱し、世界的な視野に立った知略に基づく、実践知経営に転換する必要がある」

次ページからは、ノーベル賞経済学者ポール・ローマーの知識経済学をはじめ、経済学・経営学を展望した最新の「知識経済」における野中教授の考え方、総論をお届けする。

米中に負けない「新・国富論」：「知徳国家」ニッポンの自負を

ここまで、野中教授が提唱する「知識創造理論」を、様々な角度から紹介してきた。「場」を重視するエーザイ、京セラの実践知リーダーシップ、知識創造理論をソフトウエア開発に応用したアジャイルスクラム、「共通善」の価値観を再確認するトヨタ自動車や伊藤忠商事の動き……。「知識創造」の重要性への認識は、産業界全体に広がっている。

学問の世界でも、知識創造を重視する動きはもはや、経営学の中だけにとどまらない。例えば技術イノベーションを成長モデルに組み込んだ経済学者ポール・ローマー氏は、2018年にノーベル経済学賞を共同受賞した。

経済学でも「知識が成長の源」

「ポール・ローマー氏は1990年に発表した論文で、それまで土地・労働・資本が経済学における分析の基本分類だったものを、人・モノ・アイデアへと置き換える『内生的成長理論』を生み出した。

私が米ハーバード・ビジネス・レビューに1991年、後に英語と日本語で書籍化した『知識創造企業』のもととなる論文を掲載したとき、編集者が『これはローマーの主張と通底しているのではないか』と指摘してきた」

海外では、変化やダイナミクスを前提に、イノベーションを通じた企業の成長に関する研究や議論が活発になっているが、これらも、野中教授の「知識創造理論」から強く影響を受けている。例えば、本書にも収録したリーダーの変化対応力に注目した米カリフォルニア大学バークレー校デビッド・ティース教授の「ダイナミック・ケイパビリティ」や、これも本書に収録した既存事業で収益を上げながら新規事業を収益源に育てる米スタンフォード大学のチャールズ・オライリー教授の「両利きの経営」などがそうだ。

まさに世界に広がる野中理論。人と人の共感、相互作用こそが革新を生む源になるとする野中理論の普及は、「経営や経済の世界に〝人間〟をもう一度、取り戻す動き」でもある、と野中教授は考える。

もともと経済学の始祖である英国のアダム・スミスは『国富論』の前に『道徳感情論』

国民の暗黙知を形式知にし、共通善を目指す国家へ

● 知略のリーダーシップ（実践知）のSECIモデルスパイラルアップのイメージ

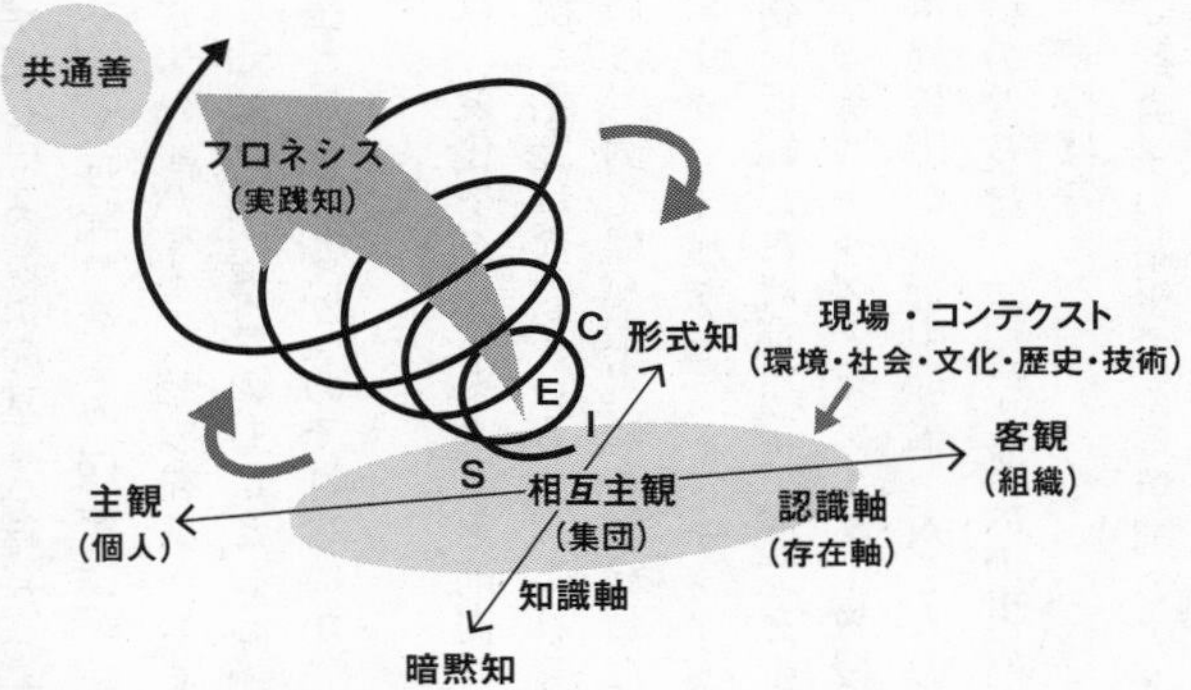

出所：野中教授の資料より作成

を出版し、人間の倫理観や道徳観、共感に基づく経済活動の重要性を説いた。だがその後、〝人間〟は徐々に忘れられ、市場至上主義のみが一人歩きした。

しかし今、そうした状況も野中理論の普及と歩調を合わせる形で、着実に変わりつつある。２０１９年の米国最大の経営者団体ビジネス・ラウンドテーブルにおける株主第一主義の否定、２０２０年のダボス会議でのステークホルダー資本主義の主張など、「人間を経営に取り戻す動き」は急速に活発化している。

「経営学や経済学はこれまで、分かりやすい正解を求めることにとらわれすぎた。人の営みであるはずの経

営や経済に、人間が不在だったのだ。だからこそいま、科学的アプローチへの依存を脱し、人間的側面から問い直す必要があるのではないか。

人間は、他者との関係性において、主体的に未来志向で意味や価値を生み出す存在だ。人がそれぞれの『思い』を出発点に、環境変化の中で現実の文脈に身を置き、他者、モノ、環境すべてとの相互作用を通じて『より善い』を求め続けることでしか、新しい価値を創造することはできない」

こうした「人間くさい経営理論」を、その国家的イメージとは裏腹に貪欲に吸収し、企業の利益や国の経済成長に結びつけようとしている国がある。中国だ。

野中教授の著書シリーズが多く翻訳され、最新の『ワイズカンパニー』（原著は東洋経済新報社刊）も出版される。また、米国のマサチューセッツ工科大学（MIT）を超えることを目標に掲げる中国の清華大学では、チェン・ジン教授主導のもと、野中理論を中国で広めるセンターが設立され、毎年国際会議が開かれる。特許など知財戦略でも世界で優位に立とうと機をうかがい、知に対して最も貪欲な国となってきた中国。政治的には対立しているが、民間レベルではまさに「知のコンバット」による交流を深めている。

「中国で講演するとその人々の熱意に驚かされる。知識創造理論に大変関心が高く、大勢の人に話しかけられ、意見を求められる。これからのイノベーションはアジア、とりわけ中国が中心になっていくのではないか。日本も負けていられない」

そんな中国をはじめとするライバルに日本が立ち向かっていくためには、国民の「思い」が重要だと野中教授は強調する。

空襲世代からの日本への警鐘

「我々は空襲で殺されかけた経験のある最後の世代だ。敗戦経験に怨念があり、今に見ていろという強い思いで研究を続けた。経営学をやっていても、欧米を超えてやるという思いがいまだにある。経営学を突き詰めるために哲学を学び、防衛大学校で国家安全保障論を学び、さらには企業経営の現場での知識創造を事例研究し、と、あちこちに足を運びながら暗黙知を獲得してきた。さらに対話を重ね思惟を深めるうち、知略の国家論に突き当たった。

21世紀は『知』の時代だ。日本を、安全保障も含めた総合的な知略国家にする必要がある。国家に大切なのは知力、つまり、国民の『思い』の集合知だ。単なる経営手法の枠組みを超え、日本をどうしたいかという知略が、企業経営者にも必要なのではないか。数字への過度な偏重から脱し、一人ひとりの創造性や「野性」を解放し、人の知恵と思いを結集して、未来に向かう『人間くさい戦略（ヒューマナイジング・ストラテジー）』を創造、知徳国家としての自負を持つことが求められる」

第2章 経営者は何をめざすべきか?

第❷講 コトラー流 新しい資本主義のマーケティング

フィリップ・コトラー *Philip Kotler*
米ノースウェスタン大学経営大学院名誉教授

第❸講 ポーター教授のCEO論とCSV

マイケル・ポーター *Michael Porter*
米ハーバード大学教授

本章は、世界的に著名な２人の経営学者、米ノースウェスタン大学ケロッグ経営大学院のフィリップ・コトラー教授と、米ハーバード経営大学院のマイケル・ポーター教授の論考である。コトラー教授はマーケティングの大家であり、日本でも本書の読者であればご存じだろう。本稿では、マーケティングにとらわれず、経済社会において経営者が持つべき視点や問題意識や、新しい資本主義のあり方など、これまで世界に発表してきたコンセプトについて様々な角度から語っている。

ポーター教授は経営学を学ぶなら必ず知っているべき戦略論の大家であるが、本稿では経営者の時間の使い方に関する最近の論考に加え、文庫本オリジナルとしてCSV（共有価値の創造）のコンセプトを生み出すまでの思考過程について、ポーター教授自らが語った内容を新たに紹介する。

第2講　コトラー流新しい資本主義のマーケティング

今必要なマーケティングの考え方

フィリップ・コトラー　*Philip Kotler*　米ノースウェスタン大学経営大学院名誉教授
1931年生まれ。米マサチューセッツ工科大学で経済学の博士号を取得（Ph.D.）、その後米ノースウェスタン大学経営大学院の教授に就任。「近代マーケティングの父」と称される。教科書として版を重ねる『コトラー＆ケラーのマーケティング・マネジメント』（丸善出版）ほか、著書多数。

▼講義の前に――「マーケティングの父」の横顔

本稿は、「マーケティングの父」とも称される著名な経営学者、フィリップ・コトラー米ノースウェスタン大学経営大学院名誉教授へのインタビューに基づいている。元の単行本の内容を全面的に差し替えた、新しい論考である。マーケティングにとらわれず、新常態のマーケティングを語り下ろしつつ、ポストパンデミックのマーケティングや経営のあり方を大きく展望している。現在、92歳だが今も多数の著作を出版し、新しい発信を続けて、日本のビジネスや政策に影響を及ぼし続けている。

コトラー教授の先見性と、本質を捉えた言葉には説得力がある。2021年には人工知能(AI)を生かす「マーケティング5・0」の概念を早々打ち出した。90歳を超えても先見性、キーワードの発信力は健在だ。

コトラー教授の著作は単著・共著含めとても多いが、一番知られている著書は、共著で版を重ね続けているマーケティングの教科書『マーケティング・マネジメント』シリーズだろう。顧客のセグメンテーション・ターゲティング・ポジショニングを説くSTP分析を考案したのをはじめ、先見性ある新たなマーケティングの概念を発信し、世界中のビジネスに多大な影響を与えてきた。教科書はケビン・ケラー氏らとの共著の形で改訂を重ね、2022年に16版まで出版されている。

インタビューは、新型コロナウイルス禍にあった2020年にオンラインで実施し、本誌に連載したものである。また2021年には、筆者がゲストを呼び『日経ビジネス電子版』で、夜の時間帯で実験的に展開していた「インタビュー映像で読み解く世界の頭脳」ウェビナーシリーズに、ライブで登壇してくださった。共同登壇した早稲田大学商学部の恩藏直人教授と共に、当時打ち出す直前だったマーケティング5・0について、有料登録会員の視聴者との間でなごやかでかつ生き生きとしたやりとりを展開した。その時のコメントも編集に生かした。

経営学者として世界的に著名であるコトラー教授だが、実は米シカゴ大学で経済学の博士号を取得した経済学者でもある。師匠は、新自由主義や株主至上主義を世界中に広めたノーベル賞経済学者、ミルトン・フリードマンだ。そのためもあってか、近年のコトラー教授はとりわけ資本主義や民主主義に関する論考が多い。

本稿でも「株主至上主義は、ノーベル賞経済学者であるミルトン・フリードマン――私の経済学博士課程時代の師匠だ――が打ち出した概念だった。フリードマンの思想が大ヒットしたため、すべてのビジネススクールが学生たちに『常に利益を上げることだけを考えよ』と教え込んだ。これは、かなり壊滅的な流れだった」と明かしている。「大ヒットしたため」と表現するところにコトラー教授らしさを感じる。

コトラー教授は「マーケティング2・0」「マーケティング3・0」と、マーケティングの概念をアップデートし続けてきたが、マーケティング3・0から企業の社会的責任について明確に指摘している。師であるフリードマンが1970年に米ニューヨーク・タイムズ（当時のタイムズ・マガジン）紙上で「フリードマン・ドクトリン」として打ち出した「企業の社会的責任は利益を増やすこと」を、コトラー教授の価値観、現代的な価値観に基づいた論考へと進化させた。「企業は一層、持続可能性を重視する必要がある」というのが、核になるメッセージだ。

ライブウェビナーでも「企業という組織は、コミュニティーの一員として、利益を追うばかりではなく従業員の幸福やサプライヤー、流通業者への貢献、顧客が暮らす地域社会への還元といったことに責任を持つべきだと思う」とコメントした。そして「多くの目的を追い社会的責任を果たそうと動いた企業のほうが、より良い業績を上げることが明らかになっている」と説いた。

「マーケティングは社会科学だ」というのが、コトラー教授の信条だ。「最新のマーケティングは、企業は顧客のためだけでなく世界のために何をやるべきか考えるようになっている」と見る。

本稿の文庫版収録にあたり久しぶりに連絡したところ、大変喜ばれ、2023年の最新の著書を3冊も紹介してくれた。コトラー教授の好奇心、探究心は衰える様子がない。1冊目は、共著で『*Entrepreneurial Marketing: Beyond Professionalism to Creativity, Leadership, and Sustainability*』。マーケターは、企業を長続きさせるだけでは十分ではなく、起業的で、所属企業が活用できる機会についてより大きなビジョンを持つ必要がある、と説く。2冊目は『*Regeneration: The Future of Community in a Permacrisis World*』。本書では、衰退の途上にあるコミュニティーや都市が、息を吹き返すのに役立つフレームワークを提示する。地域経済、地域組織、そして地域のリーダーを蘇らせるためのものという。これは日本社会にも応用可能かもしれないと思わせる。３冊目は、『*Kellogg on Marketing: The Marketing Faculty of the Kellogg School of Management*』。これは、コトラー教授が所属するノースウェスタン大学ケロッグ経営大学院で、数年おきに教授陣が執筆しているマーケティング研究の最新動向に関する論文集で、第三版だ。いずれも大変興味深い。

コトラー教授に言わせると、日本の強みは「ブランドイメージ」だという。人口が減少し続けていく日本のブランドイメージが世界の中で輝き続けるためには、日本人一人ひとりがブランディングに取り組み、世界に発信する必要があるのではないだろうか。

買わせるマーケティングからの脱却

私が経済学に当惑するまで

インタビュー連載を始めるにあたり、コトラー教授に最初に尋ねたいことがあった。コトラー教授は世界的に著名なマーケティングの教授だが、もとはと言えば、労働経済学の研究で博士号を取得した経済学者だったからだ。マーケティングに転じたいきさつから聞いていきたい。

「最初に少しだけ、私がマーケティング研究に関わったいきさつをお話しししたい。私は、米シカゴ大学と米マサチューセッツ工科大学（MIT）で経済学者としての訓練を受けた。博士論文における口頭試問の審査員は、ポール・サミュエルソンとロバート・ソローという、2人のノーベル賞経済学者だった。

私が経済学を学んだのは、利益や所得がどう生み出されるかを理解するためだった。すべての人が確実により良い暮らしができるようにすることに、常に関心があったからだ。当時はマーケティングには関心がなかった。

だが私は最終的に、経済学に当惑した。何より基本的な理論が受け入れがたかった。経済学は、すべては需要と供給で成り立ち、すべての老若男女が合理的な選択をするとの前提に立つ。そんなことはあり得ない。人々が、本当はどのように行動し、好みや希望を満たすのかが知りたかった。そこで目を向けたのがマーケティングだった。

1962年に分岐点があった。当時の恩師は言った。『経済学を教えたいか、マーケティングを教えたいか？』。そして私にこう助言した。『経済学はかなり原理が確立されているから変わることはない。だがマーケティングは変える必要があるぞ』。私は賛同し、マーケティングに関する書籍を読み始めた」

恩師からの助言により、コトラー教授から見れば「現実離れ」した伝統的な経済学の理論を離れることになった。実用的なマーケティング理論を学ぶうえで、コトラー教授はまず何をしたのだろうか。

「経済学者の書いた優れた教科書も読んだが、そこで扱っていたのは、商品を売る仕組みといった話ばかりだった。卸、小売り、代理店、ブローカーの解説といった具合だ。それでも、経済には消費者と生産者だけでなく、あらゆる仲介者も含まれるといったところから研究を重ね、ほどなく米ノースウェスタン大学の学生に講義し始めるようになった。そんな中で、マーケティングはもっと科学的に扱われるべきだとの考えを持つようになった。

現実に、有名な企業の中でも、非現実的なマーケティングを実施することは少なくない。企業が、自分たちがつくるものを消費者にとにかく押しつけるべきだと考えるとき、筋の悪いマーケティングが発生する。

例えば『コカ・コーラ』とCMで連呼することなどがそれだ。確かにそれを聞いて、コーラを買う人はいるだろう。だが私であれば、そうやって押しつけられるのは極めて不快だ。ほとんどの人は、その製品に関心を持たないのではないかとすら思えた。興味のない広告から『もてなし』を受けるのは、誰だって迷惑なのだ。

マーケティングは、もっと科学的なものにできると私は考えた。例えば、科学的手法でどのような人々、どのようなセグメントがこの製品に関心を持つかについて計測し分析できれば、非現実的なマーケティングはなくなる。そんな視点で考えるに至っ

ライフサイクルの短期化で売るやり方には限界も

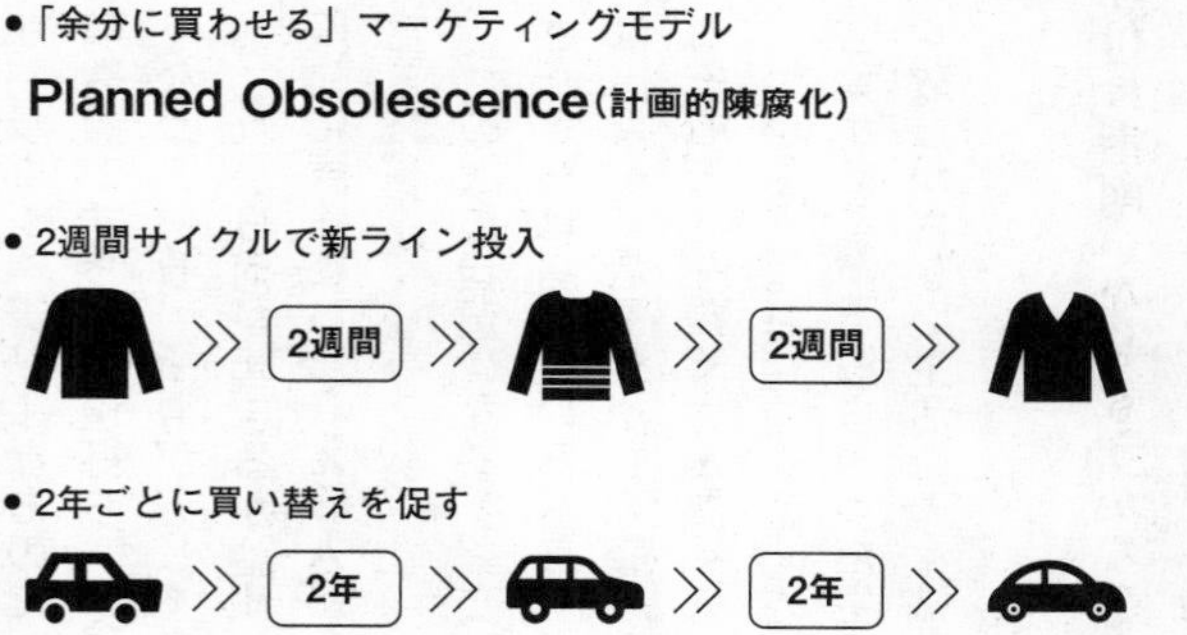

たのが、私がのちにSTPと呼んだもの、セグメンテーション、ターゲティング、ポジショニングの活用だ」

コトラー教授が確立し世間に広く知られることになったSTP分析は、「筋の悪いマーケティング」をなくそうと考えるところから生まれた。とはいえ当時から現在までの間に、社会は大きく変化した。新型コロナ禍の初期に、パンデミックを「あるもの」として行動するウィズコロナが議論されていたとき、マーケティングはどう変わっていくと考えていたか。

「ニューノーマル（新常態）のただ中で、企業は2種類のものしかつくっていないように私には見えた。お値打ち感のあるものか、ラグジュアリーなものだ。ボリュームがあるのはもちろん前者だ。中間価格帯の購買層ですら『お値打ち』市場に降りていっている。そして、中間層はどんどん小さくなっている。所得が芳しくないからだ」

これから何が起きるか話すとき、大抵の人は、こうした状況からまたパンデミック以前に戻ることを考える人が多い。しかし昨今、『新・新常態』について考える人が出てきた。

この次の状況になると、商品の主役となるのは『お値打ち』ではなく、『シンプル』さだと私は考えている。モノを持ちすぎず、クルマを所有しない。ドライブするときは借りる。電子機器も、最新の機器にこだわらない。特に多くの日本人家庭では、そもそもモノをたくさん置くスペースがないだろう。家族で住んでいれば、何を買うかについて、より注意を払わなければならない。例えば『散らかす（clutter）』という言葉があるが、散らかった生活であるべきではない。これからはシンプルで、なるべく散らかさない生活を人々は求めていくのではないか」

片付け指南がなぜもうかる？

シンプルで散らかさないライフスタイル、といえば、米国で近藤麻理恵さん、通称「こんまり」による日本発の「片付けノウハウ」が大ヒットしたことが記憶に新しい。コトラー教授は、これも、新・新常態のライフスタイルの前兆だったと見るのか。

「人の家に入ってきてクローゼットを眺め、『この服はまだ着ますか？』『あなたは靴を50足も持っていますね』と指摘することを職業にする人たちが現れた。言い換えると、現代は、片付けを助けることを仕事にできるほど、散らかった環境に暮らしているということだ。それはわざわざ、長持ちしない服をつくるからだ。

困ったものだ。そんなの流行遅れだと言われ、妻が新しいスーツを買えと怒る……。私のスーツはまだ十分着られるのに……。これはマーケティング用語で『計画的陳腐化』と呼ばれるものだが、私は、信条として好きではない。

その点、（アウトドア用品の）米パタゴニアは望ましい企業の例だ。長持ちするシンプルな服をつくることを標榜している。もしほつれても修繕できる。もっとたくさん売ろうとは考えず、ベーシックなニーズに見合ったものをつくる。これは私が考える『新・新常態に必要とされるビジネス』のイメージに近い」

究極の「モノを売る技術」：AIを生かすマーケティング5・0

ここまでSTP（セグメンテーション・ターゲティング・ポジショニング）分析をおさらいしながら、コトラー教授が強調したのは、「新常態では、購買サイクルを意図的に速める『計画的陳腐化』は望ましくない」ということだった。環境意識の高まりも相まって、実際、リサイクルや中古品がこれまで以上に市民権を獲得しつつある。今回は、コトラー教授が提唱し世界を席巻した「マーケティング1・0」から「マーケティング5・0」までの概念を展望する。

「STP分析のSはセグメンテーションで、要するに、マーケティングを考えるうえでは誰にそれを売り込むのか、対象をはっきりさせることだ。私がこの概念を提唱した当時は、セグメントのイメージは集団だった。しかし、今日のマーケティングは、

もはや個人を対象としたものになっている。

なぜか？　いうまでもなくデジタル革命のおかげだ。企業はいまやソーシャルメディアやその他の情報源、例えば銀行でのお金の使い方、店での商品選びの仕方などから、個人が何を欲しているかに関する情報を、以前に比べ格段に容易に集められる。こうしたことがマーケティング活動を大変効率的なものにした」

「デジタル」が消費市場を覆う

１９６０年代後半以降、マーケティングの概念はコトラー教授らによって発展し続けてきた。冒頭に紹介した通り、その概念はマーケティング１・０に始まり、現在、デジタル革命によってＡＩなどを活用するマーケティング５・０に向かった。

「最初のマーケティング１・０は、シンプルで古いタイプの、製品中心のマーケティングのことである。その製品を必要としている人を見つけて、売る。ただそれだけだ。

そして、マーケティング２・０では、商品を見せて『あなたにはこれが必要です！』と説明する作業が加わった。消費者側の目線に立ち、感情のこもった売り方をし、消

コトラー流マーケティングの変遷

マーケティング1.0
古いマーケティング。何かを必要とする人を見つけて売ること。

マーケティング2.0
ただ「あなたにこれが必要です」と言うだけでなく、「助けたい」と感情をこめる。消費者志向。

マーケティング3.0
人々の人格や信念を高次元で理解すること。「世界も自分も友人も素晴らしい」。価値を訴える。

マーケティング4.0
デジタル革命により引き起こされるマーケティング革命を理解する。

マーケティング5.0
あらゆるデジタルツールの活用。AI（人工知能）、VR（仮想現実）、マーケティング情報などトップ企業が理解し使うべきツール。

費者の機微に触れ、満足させることで、より確実に商品を売るという考え方だ。そのためには、企業は消費者の日々の生活には様々な問題があるということを理解し、問題解決のために商品を提示しなければならない」

マーケティング2・0は、いわゆる「消費者志向」のマーケティングである。

「次のマーケティング3・0は、さらに高次の段階だ。消費者はモノやサービスを買う『機械』ではなく『人』であり、それぞれ人格と信念があるということへの理解が加わる。

ソーシャルメディアの目覚ましい発

展に見るように、人は、世界や自分自身、友人たちのことを『良い存在』だと感じたいものなのだ。そして、商品を買う段階でも、消費者はその商品が『良い存在』であるかどうかを非常に重視するようになった。ここでは、製品やサービスに感動や共感を得られるような『価値』を乗せ、その商品が『良い存在』であると強調することで、さらにより多くの人に売ることが可能になると考えるのである。

マーケティング4・0は、ここにデジタル革命におけるマーケティング革命の要素が加わる。例えばSNS（交流サイト）の広がりにより、消費者は自己主張をするようになった。そこで、自社の製品やサービスを使うことによりさらなる自己実現が可能になる、といったことをイメージさせ、商品の訴求力を高めようとするやり方だ」

2021年初めに完成した「マーケティング5・0」は、AI、VR（仮想現実）などあらゆるデジタルツールを駆使する内容となる。

「現代の消費者は、膨大な製品情報や、各企業の社会的責任への評価などあらゆることについて、インターネットで調べることができる立場にある。そしてスマートフォンは、消費者が購買の意思決定をするうえでの重要な同伴者である。『モバイルマーケティング』は今や極めて重要なテーマで、企業という存在すら今や（主体ではなく）、ビジネスのエコシステムあるいはプラットフォームの一部と見なされている。

マーケティング5・0では、IoT（モノのインターネット）やAI活用などで出来上がったものだけでなく、AIのためのアルゴリズム開発や、ロボット工学、仮想現実などといった領域に踏み込み、どう使いこなすかが企業のマーケティングの明暗を分けるのだ。

いかなるマネジャーも学生も、古き良きマーケティング手法だけでは、こうしたデジタルを駆使したマーケティングに勝つことはできない」

定量化するマーケティング

ビッグデータ分析の広がりによって、マーケティングの世界は、人文知の世界から科学知の世界へとシフトしてきた。コトラー教授が経済学からこの世界に身を投じたのも、いわば経験則で展開されていたマーケティングをより科学的な方法で展開したいと考えたからであった。昨今のマーケティングと従来型のマーケティングの違いについて、コトラー教授はどうみているのか。

「(数理的な分析などを駆使する)科学的なマーケティングは、現在、極めて重要だ。世間ではあまり知られていないが、『Quantitative Marketing and Economics（定量的マーケティングと経済学）』という学術誌もある。非常に分析的で洗練された、経済学の学術論文誌である。

こうした学術誌を眺めてみれば、学術研究者が、ビジネスの世界におけるマーケティングについてより新しい方法で研究し、解明しようとしている様子がよく分かる。学術界において最先端の研究手法が発展していることは素晴らしい。だがそれと同時に、それは企業の営みに反映されてこそ、価値を生むものだということを忘れてはならない。マーケティングは、単なる数値の分析結果だけではないのである」

日本企業はなぜ創造的でないのか？：3年以上の開発期間は無駄

ここまで、これから重要になってくる「マーケティング5・0」の基本的な考え方について、基本に立ち返る意味で、マーケティング1・0からおさらいした。今回は、創造的・革新的なマーケティングとはどういったものか、コトラー教授の考え方を、過去の著書もひもときながら聞いていく。

「創造的になる方法について、私は過去に2冊の本を書いた。今回はそこから考え方を援用しつつ、話していきたい。まずは、マーケティングにおいて、どうすれば新しい発想を得ることができるかについて書いた『コトラーのマーケティング思考法(*Lateral Marketing：New Techniques for Finding Breakthrough Ideas*)』（東洋経済新報社）という本についてである。

この本はスペイン・バルセロナにあるESADEビジネススクールに籍を置く、フェルナンド・トリアス・デ・ベス教授との共著だ。テーマは『垂直より水平』。ある商品のイノベーションを図る際、その商品のことだけを深掘りして考えるより、一見関係のない幅広い分野まで発想を広げたほうが、より革新的なアイデアが生まれるということを主張した」

具体的には、米シリアル大手のケロッグ社のようなやり方を指す。同社の経営陣は、新製品を開発するうえで、今あるシリアルを改良するのでなく、現存するシリアルを他の商品と組み合わせることで、ヒットを生んだ。シリアルと、キャンディーバーやヘルシーバーを統合したり、ヨーグルトの容器の上にカップを足してシリアルを入れてみたりしてはどうか、と考えたのだ」

実際、ヨーグルトカップにシリアルの入ったカップを付けて売る製品が店頭で増えていた時期があったが、こうした発想が水平思考なのだという。

「この本を出した後、共著者のトリアス・デ・ベス教授と私は、企業が本当にイノベーティブになれるよう、さらにサポートすべきだと感じた。

そのうえで、組織が創造性を高めるために、私たちは二つのことが重要だと結論付けた。一つは、今話した水平思考のような、新しいアイデアを見つけるため創造的発想法を使うこと。もう一つは、組織に革新的なDNAを埋め込むことだ。DNAとは、人材のことだ。

革新的な組織には、いくつかの人材が必要だ。言い出しっぺの人（Activators）がアイデアを出し、観察者（Browsers）がオリジナルで面白いものかどうか精査する。続いてクリエーター（Creators）が、アイデアを試行できる概念に落とし込み、さらに開発者（Developers）が試作品あるいはビジネスモデルにし、スキルを持った実行者（Executors）が資金提供者（Financers）の協力を得て世に出す。我々はこれを、『イノベーションのABCDEFモデル』と呼んだ」

革新的なアイデアを形にできる組織づくりといえば、意思決定や情報伝達などに際して、組織の運営手段に注目する論立てが多い。ダイナミック・ケイパビリティも両利きの経営も、そうだ。それに対しコトラー教授は、組織を構成する人材の配置法に注目した。

「2冊目は、このABCDEFモデルを活用するうえで必要なツールやスキルについ

コトラー教授らのABCDEFイノベーションモデル

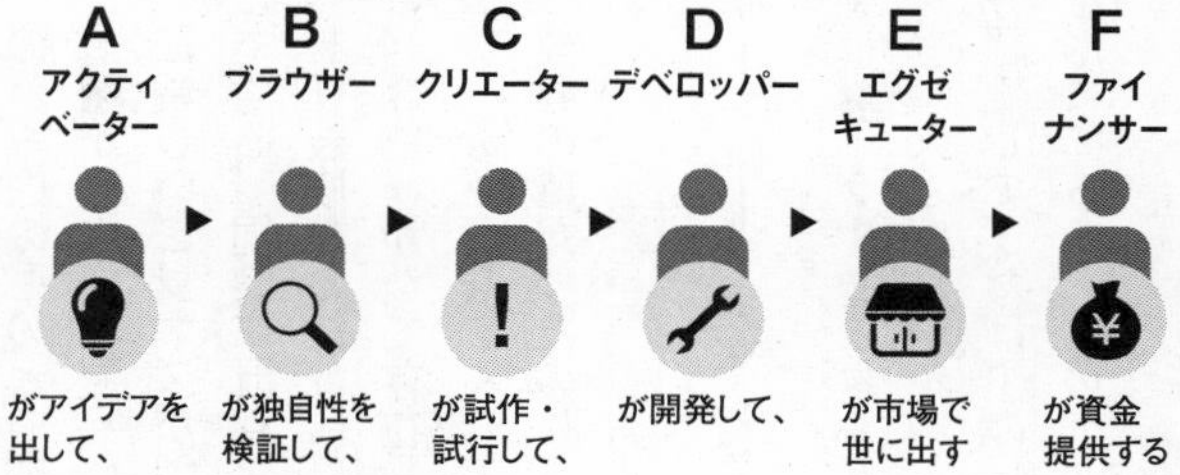

出所：コトラー氏の話に基づき作成

て書いた。2011年に再びトリアス・デ・ベス教授との共著として出した本で、タイトルは『*Winning at Innovation: The A-to-F Model*』という。

イノベーションについて考えるときに面白いと思うのは、まさしくイノベーションは本質的に破壊的なものであるということだ。オーストリアの著名な経済学者ジョセフ・シュンペーターが、イノベーションは創造的破壊を伴う、と言ったことは読者もよくご存じであるはずだ」

新たな技術は当初、既存ビジネスにとって大した脅威には見えない形で現れることがある。使い勝手もお粗末で、低価格に引かれる買い手にしか興味を持たれないこともある。

「業界をリードする代表的な企業はこうした海のも

のとも山のものとも知れないビジネスには手を出さない。鉄鋼業界で、小さな鉄鋼鋳造所が低収益な製品に参入したときのようにだ。だが、これが繰り返されていくうちに新しいビジネスが創造されていき、イノベーター側がトップ企業の領域に入り込んでくる。同時に既存企業の市場は破壊されていく。イノベーションはまさに、創造であり破壊なのだ。

今日、かつて存在した鉄鋼会社の米ベスレヘム・スチールや、米USスチールについての話題を聞くことはもはやほとんどなくなった。この2社はかつて、世界の鉄鋼業界の雄だったのに、だ」

リーンマーケティングで勝つ

実はコトラー教授はかなりの「日本びいき」である。そして、その日本は長年、イノベーション欠乏症にかかっているといわれてきた。なぜ、水平思考やABCDEFモデルを十分認識してきたはずの日本企業に創造的破壊ができないのか。コトラー教授は、アイデアを形にするうえでの「スピード不足」を指摘する。ここでも「シンプル」がカギだ。

「私は常々、新しいアイデアを次々と生み出してきた日本の大企業についてよく考える。ソニー、日産、ホンダのかつてのリーダーたちはいずれも、新しいアイデアを生み出して試し、世に出す力を持っていたはずだ。

私が切に訴えたいのは、新しいアイデアを考え出してから開発に3年もかけるのはやめたほうがいいということである。それより、アイデアをすぐにシンプルな形に落とし込んであちこちで試し、関わった人々に感想を聞きながら改善し、さらに試す、といったことをやったほうがいい。我々は時々これを『リーンマーケティング』と呼んでいる。

アイデアをごくシンプルなバージョンにして素早く試しながら、製品やサービスの改善を続け、これで大丈夫だと確信が持てたら、直ちに製品化するのだ」

日本企業はいつまで「眠る」のか？：韓国に及ばぬ「学ぶ姿勢」

日本企業に「開発に3年もかけるのは、やめるべきだ」と意見するコトラー教授。企業戦略はもっとシンプルさを追求していくべきだと主張する。

得意なことを素早くやる

「前項で話したリーンマーケティング（アイデアをシンプルにして素早く取り組むマーケティング）は、日本企業の課題と大いに関係がある。今の日本企業は何事にも、動きが遅いと私は感じている。

もっとシンプルに、得意なことをどんどんスピーディーに形にしていくべきだと思う。まず、日本はデザイン能力が素晴らしい。デザインはこれから、商品開発でますます重要になっていく要素だ。

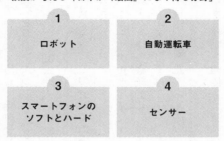

ロボットとデザイン力が日本の強み

● コトラー教授が考える「日本が『最高』になり得る分野」

1. ロボット
2. 自動運転車
3. スマートフォンのソフトとハード
4. センサー

また、日本企業および日本人は品質に対する大変強いコミットメントがある。低品質なものを拒み、トップレベルの品質につくり上げることが得意だ。具体的な得意分野としては、例えば、ロボットについてはとりわけ革新的だと思う。ロボット開発では日本こそがリーダーだと私はみている。センサーも日本のレベルは群を抜いている。ドアに近づいたらドアが勝手に開くなどの発想自体は、日本以外ではそう簡単にはお目にかかれない」

こうした得意技術、得意分野で、リーンマーケティングを進めれば、日本はこれからも革新的な商品を生み出せる、とコトラー教授は考える。

「どうせ開発スピードを速めるなら、日本企業の将来にとってなるべく重要な分野で実践したほうがいい。その一つは自動車産業である。

ご存じのように、自動運転車や電気自動車の出現によって、自動車産業は今から大変な変革期に入っていく。もっと開発力を高め、電気自動車の生産に突き進み、米国式の次世代自動車などと競争していかなければ、日本はいよいよ、この産業において主要なリーダーでいられなくなる。多くの日本人がいまだ、自動車産業関連で働いており、今後、この分野での優勝劣敗は日本経済全体にとっても、極めて重要な浮沈のカギになる。

もう一つの重要産業は、スマートフォン、あるいは移動体通信の世界だ。ここでも日本は今後も継続的に、頑張らなければいけない。頑張らなければならないのはハードウエアだけではない。むしろ大切なのはソフトウエアだ。私が見たところでは、日本は他国ほどたくさんのソフトウエアが開発できていないと思う」

自動車も移動体通信も強豪がひしめく分野だ。それでも、コトラー教授は、日本経済の行く末を基本的には悲観していない。

「日本経済がこの先どうなっていくかを見極めるには、恐らくもう少し腰を据えて多くの識者と議論すべきだろうと思う。とはいえ、ここは、私のインスピレーションで話すことにしよう。

日本そのものについて調べた私の過去の研究には、世界の国のブランドイメージに関するものがある。この研究は、現在および将来の、企業業績やブランドイメージの点において最高の国はどこかについて研究したものだ。

ランキングにした結果は、ナンバーワンはドイツ、2位はカナダ、3位は英国で、日本は7位となった。163カ国の中の7位と考えれば、日本はまだかなり上位にいるといえる。日本はモノやサービスの品質の高さと業績、そしてブランドイメージにおいて、世界でいまだに評価されているということだ。

一方で、憂慮すべきなのはライバルの台頭だ。中国と韓国である。特に韓国は、近年めきめき頭角を現している。日本経済を立て直し、再び繁栄させるうえでは、こうしたライバルをしっかり研究し、何をすれば、日本が偉大でい続けられるのか、大きな絵を描くべきだ。それには、もっと海外の国々の優秀な人や専門家に対して開放的でなければならない。日本人だけで考えるのでなく、多くの価値観から学ぶのだ」

日本企業の潜在力を認める一方で、コトラー教授は、この「異文化や異なる価値観から学び続ける姿勢」は、韓国や中国のほうが貪欲だとみている。

「かつてこんなことがあった。サムスンから来た人間が私にこう尋ねたのだ。『何が企業を偉大にするのか？』と。

さらに彼らは、どうすれば自分たちがもっと偉大になれるのかを知りたいから、自分たちの会社のことを研究してほしいと頼んできた。

これはとても素晴らしいことではないか。サムスンは、既に素晴らしい企業なのに、我々の助言を聞いて、さらに素晴らしい存在になろうと考えているのだから。サムスンの人たちは、こうして新しいアイデアを得るためにどこにでも出かけて話をしに行っている。メーカーとしてテレビでナンバーワン、周辺機器でもナンバー1、そして、厨房設備でナンバーワンとなっても、まだ学び続けている」

学ぶのをやめぬ韓国勢

こうした学び続ける姿勢は、サムスンだけの特徴なのだろうか。

「韓国では、財閥系のＬＧグループも素晴らしい企業である。また、現代グループや、韓国２位の自動車メーカー、起亜自動車も学び続ける企業である。韓国の企業に勢いがあるのは事実だろう。だが私は、他国の企業、特に日本企業が『眠っている』から、彼らが勢いがあるように映るだけ、という側面も多分にあると思う。

日本は目覚めないのか？　１９７０年代の日本は目覚めていた。米国企業が自動車市場で負け、ハードウエアで負け、ラジオやテレビで負け、恐れおののいていた。私も当時、『日本はマーケティングでナンバーワン』といった内容の本を書いた。正直、私だって怖かったのだ。米国人に、どうやったら日本人をまねできるか教えようとした。

日本は当時の勢いを取り戻す必要がある。自ら定義し直し、勝つためのカギを探すのだ」

日本人に対して、目覚めて奮起するよう促すコトラー教授。次は、米国観や、これから必要なマーケティングミックスなどについて聞こう。

米国がここまで落ちた真の理由：アメリカンドリームの功罪

取材当時の米国は、コロナ禍に加え、大統領選後の混乱も続いていた。コトラー教授はここに、アメリカンドリームの負の側面を見いだしていた。

米国を支える人生観の限界

「私はこれまで約80冊の本を書いた。本にしたくなるような面白いことを私は時々思いつくのだ。例えばちょうど最近思いついたのが、『皆がアメリカンドリームをかけがえのないもののように語ってきたが、本当にそうなのか？』ということだ。まず、アメリカンドリームは、より良い生活を送るため海外から米国に移住できることだったが、今は明らかにそうではない」

アメリカンドリームは、米国の自由と平等の下、経済的・社会的成功をつかむことだ。しかしそれは、米国人の多くに「人生の目的は金銭的に成功することだけ」という価値観も植え付け、人々に、どうすればお金持ちになれるかについてばかり考えさせるようになったとコトラー教授は見るのだ。

「米国では、人生の目的は成功で、成功はお金持ちになること、とする考え方が根強い。米国の1920年代の小説『グレート・ギャツビー』をご存じだろうか。テーマはまさにアメリカンドリームの退廃で、ジャズ・エイジ、狂騒の20年代を描いた小説だ。そこに書かれた米国はもう100年も昔の話だが、いまだに人々はお金持ちになろうとする。

人々は今、莫大なお金を持つことが本当に『成功』なのか精査する必要がある。成功者とは、行動や懸命さ、まじめさ、人柄で尊敬される人なのではないか。普通の人々が金持ちを研究したら、彼らが極めて不幸せな人々だと知るに違いない。私が見る限り、多くの富裕層は不幸だ」

にもかかわらず、米国の人々の「成功」の定義は「お金持ちになること」から進歩することなく、今に至っているように見える。

「米国人は、かつてこう言った。『貧しい、飢えた知人を連れてこよう』。今はもうそう考える人は少なくなり、困った人がいても、たいていは見て見ぬふりだ。だが、貧困のない国こそが偉大だ。

米国は世界に対するリーダーシップもない。トランプ大統領（当時）はメーク・アメリカ・グレート・アゲインとスローガンを掲げたが、実態はメーク・アメリカ・ファーストだった。同盟諸国が米国を頼りにしているのに、見捨て、自己利益のみを追求した。世界保健機関（WHO）にも協力しなくなり、（気候変動抑制の）パリ協定にも従わない。多くの合意を瀕死《ひんし》の状態にした。そして中国に莫大な関税を課す」

コトラー教授にとってトランプ前大統領は、アメリカンドリームが生んだ「利己主義」の象徴に見えたようである。つまりは、行き過ぎた利己主義である。

「素晴らしいリーダーには三つの特質がある。謙虚、誠実、そして思いやりだ。トランプ大統領には何もない。常にウソをつき思いやりがない。救命を妨げ、選挙に勝ち

たくて経済をフル稼働させた」

さて、米国は再び偉大になれるのだろうか。

「それは簡単ではない。（人々の人生観を変えるような）新しいアイデアが必要だ。資本主義に取って代わる新しい理論も必要だろう。新しい世界観では、ビジネスも、単に株主利益のためのものではなくなる。株主至上主義は、ノーベル賞経済学者であるミルトン・フリードマン――私の経済学博士課程時代の師匠だ――が打ち出した概念だった。フリードマンの思想が大ヒットしたため、すべてのビジネススクールが学生たちに『常に利益を上げることだけを考えよ』と教え込んだ。これは、かなり壊滅的な流れだった。

新しい時代における最高の会社とは、自分たちは社会のため、人のために活動しているとの姿勢を明確にし、それこそを目的とする。例えば、水不足のような環境問題であったり、過剰な森林伐採であったりといったことへの対処に全力を尽くす。そんな企業が増え始めたとき、この国に再び偉大さを取り戻すチャンスが芽生えてくるのではないか」

マーケティングミックスとパーパスが重要

● コトラー流「勝つための7つのP」

本書ではコリン・メイヤー英オックスフォード大学経営大学院教授の「パーパス経営」を紹介している（第9講）。コトラー教授も、企業が「パーパス」を意識することの重要性を強調してきた。

重要なのは7つのP

「企業は存在するうえでのパーパス、目的を最初から持つべきだ。目的は三つにまとめられる。三つの『P』（Profit、People、Planet）からなる。利益、人、そして地球だ。利益のためだけではだめだ。人と地球のためという目的が企業価値を高める。これにマーケティングミックスの4P（製品、価格、流通、プロモーション）を合わせ、ビジネスで勝つための幅広い方法を考えるべきだ」

全人類が菜食主義になれる？‥「思慮深い資本主義」を目指す理由

コトラー教授は近年、マーケティングは人々を幸福にするためのものという信念の下、資本主義への考察を執筆し、多数論考を発表している。

「私はここ数年、マーケティングのみならず、人々が幸せで豊かに暮らすには何が必要かについて考えてきた。『それは結局、我々の資本主義というシステムが良くなるのか、悪くなるのか、にかかっている』というのが私の答えだ」

資本主義が抱える14の欠陥

「例えば2015年、『資本主義に希望はある』（ダイヤモンド社）という本を書いた。

リサーチの結果、資本主義には14の大きな欠点があることが分かった。少し長くなるが列挙する。

1 貧困解決策をほとんど提示しない
2 所得格差の増大を生み出す
3 数十億人に生活費を払えない
4 十分な雇用が生み出せない
5 企業活動の負担を、企業に課さない
6 環境や天然資源を搾取する
7 景気循環と不安定な経済をもたらす
8 個人主義と自己利益を追求する
9 金融主導で経済を成長させる
10 国民の経済利益をなし崩しにする
11 短期的な利益を追う計画を好む
12 企業の行動に規制が必要
13 国内総生産（ＧＤＰ）だけを見がち

14　社会的価値と幸福を計算に含めない

以上の14点だ」

ならば、現在の資本主義に代案はあるのか。コトラー教授が注目したのが、「思慮深い資本主義」という米国の一部の起業家による啓蒙活動である。

「2013年（邦訳は2014年）に発刊された、米ホールフーズ・マーケットCEO（最高経営責任者）、ジョン・マッキー氏とラジェンドラ・シソーディア氏の共著『世界でいちばん大切にしたい会社　コンシャス・カンパニー』（翔泳社）によれば、思慮深い資本主義は五つの原理からなる。

まず、すべての関係する人々をやる気にさせる『より高次元な目的』。顧客や従業員、流通業者、サプライヤー、地域、そして環境といった多くの『ステークホルダーの統合』。そのステークホルダーすべてに奉仕しようと考える『思慮深いリーダーシップ』。同じくすべてのステークホルダーの価値向上を目指す『思慮深い文化とマネジメント』だ」

マッキーCEOは1980年に、米テキサス州オースチンで自然な有機野菜などを扱うホールフーズ・マーケットを創業。現在、370店舗以上を英国など3カ国で展開している。

「私は彼らが掲げる『Conscious Capitalism（思慮深い資本主義）』のムーブメントが大変気に入った。主張はシンプルで、要は『人々が幸せで豊かに暮らすことこそが、企業活動の目的であるべきだ』と言っている。すべての企業が、この前提に厳密に従って行動すれば、先に挙げた資本主義の14の欠点は劇的に改善するに違いないことを確認いただけるはずだ。

逆に、『思慮深くない企業活動』はどういうものかといえば、例えば、鉱山で採掘活動をして、現場をただ荒らすような行為を指す。石炭をすべて採掘してしまった後、近隣に何があろうと現場を破壊し、空気を汚して放置する。鉱山会社だけが利益を得て、誰かがその代償を払わなければならない。本来なら企業は、自分たちの活動によって生じる損害に責任を負うべきなのに、だ。思慮深い資本主義の下では、そうした企業は存在すらできなくなる」

思慮深い資本主義とは……

● コトラー教授が注目する企業の望ましい姿勢

Conscious Capitalism

スーパー経営
地域・従業員・お客・株主すべてに目配りする

鉱山
採掘により周辺環境を悪くするため、改善のコストを負担

商品づくり
製品の包装に水に溶ける素材を使い、海洋汚染に配慮

新しい資本主義の下では、企業の環境問題への取り組みも変わる。

「私は、毎年（特定の日をもうけて）、例えば海洋汚染に目を向けようと人々に訴えかける活動は、もはや時代遅れだと思っている。もはや我々は、四六時中あらゆる意思決定において、環境を最大限に考慮する段階に入っているのではないか。

ちょっと極端かもしれないが、企業活動においても、ほとんどの意思決定で環境への配慮を最優先すべきだと考えている。例えば新製品を開発するうえでは何か特徴が必要だが、それは『製品の環境負担を軽減する特徴』でなければならない。『既製品は水をたくさん使ったが、ここまで改善した』とか『包装材を自然に溶ける素材にした』といった特徴だ。さらに、実際にその製品をつくる際に、どこからパーツを集めるかの判断も環境への配慮が優先される。企業は何をするときも、『これは人々を傷つけるか？　あるいは助けるか？』と自問し続けるべきだ。私が考える、企業のあるべき姿だ」

たとえ企業が環境に配慮しても、世の中の人々全体が意識を変えないと状況は変わらない、との見方もあるかもしれない。だがコトラー教授はまずは、企業から変わることだと主張する。

「地球が傷ついているので、消費者は買い物を減らすべきだという論調がある。最初に述べたように、我々は必要以上につくり過ぎており、それが環境への負担を高めているのだ」

なぜつくり過ぎるかといえば、それは人々が買うからだろうという声も聞こえてきそうである。

牛は地球にやさしくないのか？

「環境主義者の中には、人々が牛肉を食べるのは環境によくないと言う人もいる。人々が牛肉を食べなくなれば、食用牛を飼う必要がなくなる。牛はメタンを排出して大気を汚染しているから、少なくなれば環境にいい、というわけだ。

だが、これらの言い分は理屈の上では正しくても、多くは挫折する。人類が牛を飼うのをやめ、すべての人が完全菜食主義者になれるとは思えない。それよりまず考えるべきは、企業の悪しき行動だ。企業が土壌や水、空気を汚染すれば、直ちに社会に重い代償を強いる。変わるべきは企業だ」

次ページからは、コトラー教授の思想的な背景を、人的交流からさらに掘り下げていく。

「知の巨人たち」の交流記：私がドラッカーから得た学び

実はコトラー教授は、マネジメントの巨人、ピーター・ドラッカーと深い親交があった。その交流はコトラー教授に数多くの学びを与えてくれたという。

「ある時、ドイツ語なまりの英語を話す男性から電話があった。『ピーター・ドラッカーです』。ドラッカーからの電話だった。私はドラッカーの本をたくさん読んで、その洞察の深さに大きな敬意を抱いていたため大変驚いて、耳を澄ませた。

ドラッカーはこう言った。『(居を構える米カリフォルニア州の) クレアモントに来て、色々とお話をしませんか？　多分、話が合うと思います』。翌朝一番の飛行機に飛び乗り、ドラッカーを訪ねた。それが私とドラッカーの出会いだ」

「ドラッカーの『話が合う』という意味は、(マネジメントの視点ではなく) 我々は2人とも美術と日本が好きであるという点についてだった。ドラッカーは私を画廊につれていき、彼が所有する日本の美術品を見せてくれた。ドラッカーは日本人の経営者を、お金を受け取らずにサポートしていて、代わりに美術品を所望したという。実に美しい美術品だった。

ドラッカーはこう言った。『日本人は美術の解釈と評価の仕方が我々と違う。日本人は〝さび〟と呼ばれる、物静かなたたずまいが好きだ。そして〝わび〟という、美術品が放つ、かつて存在し、活動していたものの歴史が刻まれている雰囲気も好む』と。

その後訪れたドラッカーの大学で、美術品を2時間ほど眺めた後、こう問われた。『マーケティングでは、どうすればNPO（非営利組織）の実績を高める手助けができるか』。ドラッカーが想定したNPOは、美術館やオーケストラなど芸術分野まで含み、実に幅広かった。この時のNPO経営に関する議論は、ドラッカーが後に著作として発表している」

ドラッカーの四つの定番質問

今も心からドラッカーを尊敬するコトラー教授。コトラー教授がドラッカーから学んだことは何だったか。

「私は、ドラッカーが企業に投げかけ続けてきた『四つの質問』から大きな影響を受けた。

1　あなたの会社にとって最も重要なビジネスは何か
2　あなたの顧客は誰か
3　あなたの顧客が価値を見いだしているのは何か
4　あなたが最も重要なビジネスにすべきなのは何か

ドラッカーは、米P&Gや米インテルのような大企業経営者と対面するたび、この四つの質問を投げかけた。経営者たちは当時、ドラッカーの問いに答えようとする中で多くの洞察を得たと証言している。私自身も似た質問を、多くのコンサルティング先の企業に聞くことにしている。

またドラッカーはこうも言った。『ビジネスはたった二つの基本的な機能からなる。イノベーションとマーケティングだ』。どちらか一方が強くても企業は成功できない。

両方とも強い必要がある、と」

こうしたドラッカーから得た学びも踏まえ、コトラー教授は日本企業に大きく注目してきた。富士フイルムだ。

「日本企業の中で私は近年、富士フイルムに興味を持ってきた。米イーストマン・コダックと富士フイルムは、両方とも写真のフイルム市場を失った企業だ。コダックは完全に『消えた』のに、富士フイルムは見事に残った。富士フイルムの経営にどのような英知が秘められていたのか知りたかった」

写真のフイルム市場は、市場環境が激変した製品の一つである。コトラー教授から見た富士フイルムは、何が強い会社だったのだろうか。

「多くの業界が、市場の『破壊』を経験する。仮に鉄鋼メーカーが、古い製造法を続けてきたとしよう。そこに別の会社が全く新しいつくり方を見つけて参入してきたとする。古い会社がどうすべきか、どう備えるかがその後を決める。フィルム市場は破壊されたが、富士フイルムにはそこでリーダーシップがあったのが、コダックとの大きな違いだったと考える」

つまり経営が苦境に陥ったとき、リーダーがまず注目すべきはコストではない。企業の二つの機能、イノベーションとマーケティングにおける「リーダーシップの強さ」だとコトラー教授は考える。しかし、コトラー教授に大きな影響を与えたドラッカーの思想は、実務でも経営学でも影響力が薄まりつつあるように見える。

再びドラッカーに学べ

「最近のドラッカーに関する評判を聞いた。日本人の中にも、もう古いと考えている人も出てきているようだ。だが、それが最高経営責任者や経営幹部にまで信じられているようであれば、間違っていると感じる。

我々は、何度も読み直して彼の言葉を味わうべきだ。日常のビジネスや生活で忘れてしまいがちだが大事なことを、時にとてもシャープな表現で、しっかり思い出させてくれる。『ドラッカーからはもう学ぶことがない』などと言う日本人経営者がいるとすれば、それは大切なことを思い出す貴重な機会をみすみす逃しているのだ。

ドラッカーは決して定量的な人間ではないが、大局的な発想ができる人だった。思想的リーダーだ。そして世の中には、そうした人がもっと必要なのではないか。

私の中に、ドラッカーは今も生きている。晩年住んでいたカリフォルニア州の町に、今もいるように感じる。また、ウィーンでも『会える』。定例のドラッカーフォーラムに参加してトップクラスの学者たちと議論し、ドラッカーの思想のうち、自分たちとマッチするものを語り尽くす。そこに我々が皆、今関心のあることを当てはめたりして、思考を深めるのだ」

GDPが人を不幸にする理由：幸福な世界をつくる方法

コトラー教授は新しい資本主義のあり方についてさらに掘り下げ、新時代のマーケティングの姿を探っている。そしてGDP（国内総生産）のあり方についても論陣を張っている。

まずは税制で格差を解消する

「資本主義の大きな問題の一つは、貧富の格差がすさまじいことだ。所得格差問題に立ち向かう重要な手段は税制である。富裕層はもっと高い税金を払う必要がある。低所得層に高い税金は払えないが、中間層の分は少しだけ高くできる。我々は富裕層の富が分け与えられることに感謝する一方、政府が税金を爆弾や戦闘機の製造に使わない証明も求めるべきだ。

もし裕福な人が（高い税率で）課税されそれで戦艦を造るのなら、私は納税したくないので国を去るだろう。しかし税金を、大学に行く資金のない学生を支援するためとか、保健福祉の向上のために使うというなら話は別だ。いわゆる億万長者も高額の税金を払うことに、今よりはちゅうちょしないはずだ。

日本人は、こうした哲学に共感できる人々だと思っている。学校に通えるだけの素質がある人は、学校に行くべきだ。また、病気の人を、(経済的に)病院に行けないというだけの理由で、苦しみ続けさせてはいけない」

税金の使い方の工夫で格差拡大を食い止めよう、と教育や医療への再分配を求めるコトラー教授。現在の資本主義のあり方にも厳しい視線を向ける。

「適切な所得再分配をするうえで、ミルトン・フリードマンが掲げた(株主第一の)資本主義には、致命的な欠陥がある。彼は、雇用を増やせば本当に人々がより幸せになれるのかどうかについて、全く考察していないからだ。

そもそも幸福を測るものさしがない。現在、GDPが経済の指標だが、これは産出の増減の指標であるにすぎない。確かにGDP成長率の停滞は人々の怒りをくすぶらせているようにも見えるが、だからといって、皆が一生懸命働いてGDPが増えれば人が幸せになるとは思えない。たばこや銃のような筋の悪い製品での成長は、幸福度をむしろ引き下げるのではないのか」

幸福度を下げるのは筋の悪い製品だけでない。筋の悪い売り方もある。

「ある欧州の衣料品店は、隔週で商品を入れ替える。若い女性たちは店を訪れ、新しいものを探す。その場で買わなかったら2週間後にはなくなるから、そこですぐ買わざるを得ない」

これはコトラー教授が本稿の前半で述べた、まだ十分に使える服を計画的に陳腐化させ、店が利益を出す「計画的陳腐化」だ。

「多くの店がこのやり方に従えば経済全体も成長するかもしれない。だがそれが社会の幸福につながるとは、私は思わない」

この筋の悪い売り方に代わる新しい販売方法として、コトラー教授が注目するのが「デイマーケティング（Demarketing）」。（製品やサービスは）、助けがほしいときにだけ助けてくれればよい、という考え方だ。

「社会全体の幸福に貢献したい企業は、ディマーケティング戦略を構築する必要がある。ディマーケティングは、需要削減を言い換えたもので、四つの取り組みからなる。①意図的に品薄状態を維持・管理する、②その一方で供給不足を事前に避ける、③（過剰な購入など）個人への害を最小化する、④（過剰な生産などによる）自然や独特な天然資源への害を最小化する──だ。

ここでロシア政府が、国民がウオッカを飲み過ぎないようにするため何ができるか考えてみよう。ウオッカ依存症の人間が増えれば国内の酒造産業は成長するが、国民のけんかや結婚生活の破綻、ケガや死につながる。まさに筋の悪い製品だ。ディマーケティング戦略では、マーケティングの４Ｐ（製品、価格、流通、宣伝）のコンセプトで、ウオッカ消費にアプローチする。

まず製品。政府はウオッカの生産発注を減らし、消費者が週に１クオート（約１リットル）以上買うのを制限する。次に価格。政府はウオッカの価格を大幅に引き上げる。次に流通。政府は、ウオッカの取扱店を限定し、行きづらい不便な場所でだけ認可する。そして宣伝。政府は個人や家族の過剰なウオッカ摂取がいかに害があるかのキャンペーンを打つ」

必要最小限の市場規模でウオッカ業者が商売をし、過剰なウオッカ業者は退場する。退場者が新しい商売を始めるまで経済は停滞・減少する。ウェルビーイングにより関心と重きを置くコトラー教授はそれでいいと考えるようだ。

「私はブータンに興味がある。世界で最初に国民総幸福量（GNH）をつくった国だ。国民総福祉と呼んでもいい。また私は『ノルディック資本主義』、つまり北欧的なあり方に、資本主義を移行することにも関心がある。

新たな経済指標の必要性

スカンディナビアにあるスウェーデンやノルウェー、デンマークを研究すると、様々なことが分かる。大学は事実上無料で通える。ヘルスケア制度も素晴らしいうえにローコストだ。両親が働いていても、子供たちの面倒を見てもらえる仕組みがある。年長の人はケアされる。払う税金は我々より高いが、人々は意欲的にそれを払う。

ブータンやスカンディナビアの国々のようなモデルを念頭に、私は最近、『共通善を進める』というテーマで本を書き、我々が使うべき現実的な経済指標を考えた。政策が幸福を増加させるかどうかを測るのだ。ここから先の時代は、GDPの増減でなく、より多くの人々の幸福を高める政策を国家は選ぶべきなのだ」

第3講　ポーター教授のCEO論とCSV

CEOはトップアスリートたれ

マイケル・ポーター　*Michael Porter*　米ハーバード大学教授

1947年生まれ。米プリンストン大学で航空宇宙工学と機械工学を学び69年に卒業。ハーバード大学大学院で71年MBA（経営学修士号）を、73年経済学博士号を取得（Ph.D）。それ以来、同大学で講義を続け82年に同大学の史上最年少で正教授に就任。80年に発表した『競争の戦略』や85年の『競争優位の戦略』といった主著で、「ファイブフォース」や「バリューチェーン」などの独自の分析手法を提唱し、戦略論の第一人者として知られる。近年は研究領域をCSV（共有価値の創造）やCEO（最高経営責任者）の時間の使い方に広げながら、論考を深めている。2001年、一橋ビジネススクール国際企業戦略専攻（ICS）にポーター賞を設け、ROIC（投下資本利益率）などを指標に優れた企業を顕彰し続けてきた。（写真＝栗原克己）

▼講義の前に――「戦略論の泰斗」の横顔

米ハーバード大学のマイケル・ポーター教授といえば、言わずと知れた、経営戦略論の泰斗。ファイブフォース、バリューチェーン、そしてCSV（共有価値の創造）……。

1980年代から今に至るまで、絶えず斬新で説得力があり、なおかつ現場で「使える」フレームワークを生んできた。ビジネスに関係する者ならば誰もが知る、経営戦略論における世界の第一人者である。

ポーター教授のすごみは、実務において使い勝手のいいシンプルなフレームワークの構築と、分かりやすいネーミングによって、アカデミア（学問の世界）にとどまらず、企業のマネジメントの中核で実務に携わる人々の意識と行動を大きく変えたところにあると思う。

本書の読者にはおなじみであろうが、まず、1980年刊行の著書『競争の戦略』（ダイヤモンド社）において提唱した「ファイブフォース」分析。業界の収益性を決める要因を「売り手の交渉力」「買い手の交渉力」「競争企業間の敵対関係」「新規参入業者の脅威」「代替品の脅威」の五つに整理した。そのシンプルで骨太な枠組みは、実務家にとって大いに「使える」ものであった。

また、1985年刊行の『競争優位の戦略』（ダイヤモンド社）で提唱した「バリューチェーン」。開発・製造から販売、流通までの機能を鎖のように結び付けて付加価値を生む、すなわち価値（バリュー）が鎖（チェーン）のように連なるという考え方は、企業経営に携わる人々のモノの見方を一新させた。

戦略論で一世を風靡したポーター教授。2000年代に入ってから、ポーター教授は既に実績を成し遂げた「大御所」と見られていた。だが2006年以降、本稿でも紹介している「戦略的CSR（企業の社会的責任）」「CSV（共有価値の創造／Creating Shared Value）」などを次々と提唱し、ビジネスにインパクトを与えた。ポーター教授の提唱するフレームワークは絶えず、知的興奮とともに、経営の現場に立つ人々に意識変革を迫ってきた。

アカデミアにおける成果とは常にあまねく、先人たちによって長く研究されてきたものの積み重ねだ。ゆえに新たな理論は得てして複雑な形で我々の前に立ち現れる。経営学もその例外ではない。

だが、そうして過去の賢人たちが長い年月をかけて醸成してきた優れた理論が、実務で広く使われ、世の役に立つようになるには、シンプルで分かりやすく、誰でも覚えやすい形につくり替える作業が必要である。そこには、理論を展開する過程では重要であった思考や意味づけのステップを省略することが不可避であり、アカデミアの専門家にはそうした作業に抵抗感がある人々もいる。

だがポーター教授は、その労を厭うことなく、鮮やかでシンプルなフレームワークを次々と生み出し、アカデミアからも実業界からも圧倒的な尊敬を集めている。

筆者が初めてポーター教授にインタビューしたのは2007年ごろだ。指定されたインタビュー場所は、都内有名ホテルの応接室だった。事前にいくつかの論文を読み、十数問の質問をポーター教授に提出していた。

さすがに少し緊張しながら、同僚やカメラマンと一緒に指定の応接室に入ると、なんとあのポーター教授の手元に、筆者が提出した質問の一つひとつに非常に細かい手書きのメモを入れたペーパーがある。万全の準備。しかもいざインタビューを始めると、メモはたまに目をやる程度で、よどみなく話される。その内容は、録音を起こせばそのまま記事にできるほどの完成度であった。やはり世界にインパクトを与える方の仕事への向き合い方は迫力が違う、と驚嘆したものである。

その後も、ポーター教授の気迫には驚かされるばかりだ。2010年12月14日のこと、日本時間の深夜午前4時に電話でインタビューした折、CSVのコンセプトを初めて詳述した論文（「Creating Shared Value」／マーク・クラマーと共著）を掲載する、米『ハーバード・ビジネス・レビュー』誌（2011年1月・2月合併号）のゲラをPDFか何かで見せていただいた。残念ながら、そのときのインタビューデータや書いた記事は現在、一般読者が入手したり、閲覧したりするのは難しくなっているが、筆者にとって最も印象に残る取材の一つである。文庫版の本稿では、文末に2007年、2009年、2011年当時に『日経ビジネス』と『日経ビジネスオンライン』上などに掲載された内容を改めて掘り起こし、再録・再編集した。

第2講に登場したフィリップ・コトラー教授もそうだが、偉大な知の巨人は生涯学び続け、新たな成果を出し続けるのだ。

そんなポーター教授の講義は、まずは最も新しい、2019年12月の来日時の取材からである。

日本のマネジメント層に、今、求められることは何か——。

ポーター教授が、この講義で筆頭に挙げたのは、時間管理。なぜ、ほかの課題をさしおいて時間管理なのか。いかに時間管理をすればいいのか。

「優れたCEO（最高経営責任者）とは、オリンピックのアスリートのような存在だと私は考えている」という言葉に象徴される、ポーター教授の実践的なマネジメント論は、第10講で紹介するナラヤン・パント教授のストイックなリーダーシップ論にも通じる。

ポーター教授は、時間管理について力説した後、今の日本において特に重要な二つの課題にも言及した。

日本の弱みとして挙げたのが、デジタルトランスフォーメーション（ＤＸ）。この分野における日本企業の遅れを指摘する声は、ポーター教授だけでなく、世界の第一線で活躍する教授から多く上がってきた。この分野について本書は、マイケル・ウェイド教授（第13講）などの講義を用意している。

もう一つが、ＣＳＶ。ポーター教授の打ち出したＣＳＶをきっかけにビジネスと社会の関係を見直す機運が高まり、今、企業の存在理由、ひいては経営者の存在理由が世界で問われている。社会への貢献は余力で取り組む慈善活動ではない。ＣＳＶこそ、まさに組織の競争戦略であるとポーター教授は説く。ＣＳＶについては、第９講のコリン・メイヤー教授をはじめ、日本がむしろ強みを発揮し得る部分だと考える識者は多い。

経営者自身の課題とＣＳＶから俯瞰する日本の戦略課題を総合的に説くこの講は、戦略的な総論でもある。

ではいざ、経営学の泰斗の繰り出す言葉に耳を傾けよう。

経営者はどう時間を使うべきか？

バリューチェーンを提唱した『競争優位の戦略』の刊行から38年、ポーター教授が最も関心を寄せているのは企業経営者の時間の使い方だという。2018年『ハーバード・ビジネス・レビュー』誌に発表したニティン・ノーリア氏との共著論文「How CEOs Manage Time」においては、グローバル上場企業などのCEO（最高経営責任者）の時間管理について、2006年から継続的に調査した成果をまとめている。

「改めて知ってほしいのは、CEOは大変忙しく、常に時間が足りない人たちだということだ。

米ハーバード経営大学院では、新任のCEOを対象にしたワークショップを毎年開いている。従業員が10万人を超えるような規模で、トップのリーダーシップが極めて重要な会社のCEOが受講しており、彼らからは『時間管理がとても難しい』という話を聞いてきた。在任期間が3～4年にとどまるような場合、CEOが『何に時間を割り振るか』といったタイムマネジメントに失敗している例が散見される。

ところが過去の様々な研究を振り返っても、CEOの時間の使い方についてきちんとした成果はほとんどない。私は研究を通じてCEOをサポートするため、このテーマに着手した」

リポートラインが成否のカギ

CEOの時間の使い方に関する過去の研究もいくつかある。例えばカナダのマギル大学経営大学院で、組織戦略論を専門とするヘンリー・ミンツバーグ教授（第19講参照）が1973年、NPO（非営利組織）を含む5人のCEOを5日間調査したものや、2017年にハーバード経営大学院の教授が1114人のCEOに電話調査したものなどだ。だが前者はインパクトがあったものの対象人数が少なく、後者は短期間に実施した短いインタビューによるもので、研究として十分ではなかったという。

「組織のリーダーシップ研究の権威であるハーバード経営大学院のニティン・ノーリ

ア学長（当時）とともに、このテーマに取り組んだ。我々は、合計27人のCEOに対して15分ごとの時間の使い方に関する詳細な調査を、それぞれ３カ月間ずつ実施した。調査した各社の年間売上高は平均で約１３０億ドル（１兆４０００億円）だ。

研究の結果として、まずいえるのは、経営戦略の立案とCEOの時間の管理は相互に作用し合う関係にあるということだ。戦略の立案には時間が必要であり、戦略は組織をまとめるうえで重要な役割を果たしている。CEOの時間の使い方の成否はリーダーシップそのものにつながる」

27人への調査では、CEOの助手がCEOのスケジュールを週7日、1日24時間、15分刻みで組んだうえで、定期的にCEOに内容を確認してもらったという。それにより、CEOがどこで誰と何をして時間を過ごし、何を話し、どんな仕事をしたかが明らかになった。

「調査を通じ、CEOは自分の時間に対して、とてつもなく多くの要求を受けている人たちであるということが把握できた。とにかくいろいろな仕事があり、忙しい。そしてCEOの時間管理ではダイレクトリポート、つまりCEOに直接報告する人物が果たす役割が重要だということが分かってきた。こうした立場の人物が優秀であれば、CEOは自らの時間をより多く確保できるからだ。逆にダイレクトリポートを仕事のできない人物が担うと、本来なら必要のない仕事までCEOが手掛けなくてはならなくなり、その分の時間が無駄になる。

CEOにとって、ダイレクトリポートをする人物は、目の前の仕事ができるというだけでは十分でない。この立場の人物は『CEOを助けるため』というより、『CEOが目指す場所へ実際に連れていくために存在している』といえる。CEOはこうした有能な人物を直接の報告者として選んでおく必要がある」

メールは時間泥棒

リーダーシップ論でよく指摘されるアジェンダ（課題）の設定は、具体的なものにすべきだと説く。

「CEO自身がパーソナルなアジェンダを設定することは、時間の使い方という面からも欠かせない。『これから3～4カ月の間に何をすべきなのか』を具体的に3～6個ほどにまとめて書き出すのだ。CEO自身に明確なアジェンダがあるからこそ、部下のアジェンダも明確になる。逆にCEOのアジェンダが不明確ならば、周りにいる部下も何がアジェンダなのかが分からなくなる。その結果、CEOに様々な要求をし、その分、CEOの時間が無駄になる」

CEOの時間の使い方についてのポーター教授の指摘は、電子メールにどこまで関わるかにも及んだ。調査では、CEOが61％の時間を対面のやり取りに費やす一方、15％は電話や文書への返信作成に充てている。そして電子メールへの対応が24％を占めたという。

「CEOが関わる電子メールについて調査をすればするほど、本来の仕事とはいえず、短くて内容も重要でないものが大半だということが分かった。CEOはメールの大多数に関わる必要がないことを認識すべきだ。CEOが受け取るべきメールがどのようなもので、返信するのはどういう場合かについて、規範を考える必要がある」

電子メールのやり取りは、理論的には会議時間を削減して生産性を上げることに役立つはずだ。だが現実には、むしろ非効率的で、避けるのが難しく、危険ですらある「時間泥

CEOの時間の使い方で注意すべき4つのポイント

1 直接の報告者の人選に注意

仕事に優先順位をつけ、重要業務に集中するための補佐役に

2 向こう3～4カ月、何をすべきかを明確に

その時期に自らが取り組むべき課題を設定することで部下の目標も明確に

3 多くの電子メールには直接関わる必要がない

どんな内容なら目を通し、返信するかについての規範を考えるべき

4 会議の時間は短縮できる

入念な準備と明確な課題の設定が時間の短縮につながる

出所：ポーター教授への取材に基づき作成

棒」になっている。ポーター教授は、対面コミュニケーションこそが影響力を行使し、現場で何が起こっているのかを把握するうえで最も効果的だという。

「我々は会議の時間についても調査した。実際に会って顔を突き合わせる会議はとても大切だからだ。直接会うことは人間関係や企業文化を深める。問題は会議にかける時間の長さ。1時間の会議でも皆が準備して臨み、議題をきちんと設定することなどで、30分程度まで短くできると分かった。会議の時間短縮はCEOが自由に使える時間を増やすうえで大切なテーマだ。

経営戦略を社員に徹底することも欠

かせない要素となる。社員が戦略を理解していれば、行動がきちんと調整される。一方、社員が戦略を理解していないと、進む方向がバラバラになり、修正するためにCEOの時間が多く費やされる。戦略の立案だけでなく、社員に浸透させることも、CEOの時間の管理と相互に作用する関係にある」

ポーター教授の研究対象はCEOのプライベートな時間にも及ぶ。CEOが目覚めている時間のうち、おおよそ6時間は働いていなかった。その半分程度は家族と過ごし、1日2時間程度はテレビを見たり、仕事と関係ない読書をしたりと、休息に充てていた。

「CEOは自分自身にも目を向ける必要がある。体を動かしたり、家族と過ごしたりする時間にも気を配らなければならない。仕事が忙しいからといって、家に帰らなくなると疲れがとれないし、家族との関係も悪くなる。結果として仕事もうまくいかなくなる。

CEOは睡眠時間やエクササイズ、家族と過ごす時間に対しても規律のある生活を送るべきで、それがよいリーダーシップにつながる。優れたCEOとは、オリンピックのアスリートのような存在だと私は考えている」

日本企業はデジタル化とCSVに取り組みを

ポーター教授は一橋大学大学院が2001年に創設し、優れた競争戦略を実践した企業を表彰する「ポーター賞」の審査などを通じ、日本の企業経営を分析してきた。日本の政財界に知己も多い。2019年12月の来日時には安倍晋三首相（当時）と面談しており、日本経済や企業の活性化について、自らの考えを伝えたという。デジタル化の遅れが日本社会の最大の課題と見ており、世界の中で日本企業は存在感が薄くなっていると警鐘を鳴らしている。

「日本の経済や企業について考えるとき、成長率の低さに着目している。欧米諸国に比べると生産性の低さも目立つ。日本人はとても手際がよく、教育水準が高い。時間をかけて培ってきた技術力もある。にもかかわらず成長率や生産性が低いのは、驚くべきことだ。

背後にある最も大きな問題は、デジタルトランスフォーメーション（DX）への熱意があまりないことだと私は見ている。現在の企業はデジタル技術を生産や流通に使うことでデータを測定したり、分析したりすることが求められる。これができれば日本の会社も生産性が高まるはずだが、実際にはそうなっていない。

ほかの国の会社に比べて、日本の企業はCIO（最高情報責任者）の役割が重視されていない。日本ではCIO自身も役割の大きさに気づいていないし、そもそも何をすればよいかが、あまり分かっていない」

かつての日本企業は従業員によるカイゼン活動を高い生産性につなげていた。しかし、デジタルへの移行が進み、この強みが失われつつあると指摘する。

「欧米の工場は10年前と比べるとまったく違うものになった。すべての機械がネットでつながる世界になり、生産性を高めるためにデータを分析したり、AI（人工知能）を使ったりしている。そうしたことが日本では、十分ではないと私は考えている。日本ではこのところ、海外に留学する意欲のある人が減っていることも遅れを招いた理由の一つではないだろうか。変化に身を置いたことのない人が少なくないように見える。

一昔前、日本企業はTQM（総合的品質管理）により、ものづくりのプロセスにイノベーションを起こすリーダーの立場にいた。しかしイノベーションがデジタルに移行してから、地位が低下している。日本企業の多くはデジタルがもたらす変化を見ようとせず、変化に飛び込もうとしていない。これが存在感の薄さにつながっている。デジタルへの移行は米国企業が先行し、他国の企業も波に乗ろうとしている。日本企業もそうあるべきで、日本経済を活性化するために欠かせない。デジタルにこれまで以上に力を注ぐ必要がある」

社会貢献は善行でなく戦略

ポーター教授は日本企業が活力を取り戻すうえで、CSV（共有価値の創造／Creating Shared Value）にも取り組むべきだと強調した。CSVは事業活動を通じて社会の課題を解決することから生じる社会的な価値と、企業としての価値を両立させる考え方で、ポーター教授が2011年から提唱している（CSV提唱のいきさつ、意図については後述）。

「CSVで大切なのは社会と企業の関係を理解することだ。我々は社会的な貢献とビジネスの成功に相乗効果があることを発見したのだが、そのように考えない会社も多い。重要なのはCSVが『よいことをするためのコンセプト』ではなく、あくまでも企業の『戦略のためのコンセプト』であると知ることだ。

CSVは会社が競争力を高めるための考え方といえる。競争優位を得るには独自性が欠かせないが、CSVの考え方に立つと『ただ製品がいいからユニーク』なのではなく、『社会的便益があるから』『社会をよくするから』ユニークなのだといえる。

社会のためになる活動について『社会的責任』と考える人も多いのだが、私はそう捉えていない。繰り返すが、CSVはあくまでも戦略だ。社会にとっていいことをすれば、企業の利益が高まることを知るべきだ。

一例として米ウォルマートが挙げられる。以前は米国で嫌われていた面がある。強大なパワーの下、低賃金で社員を働かせ、十分な健康保険を払っていないと言われていたためだ。

それを10年ほど前に変え、経営戦略にCSVの考えを取り入れた。再生エネルギーを競合よりも早く使用し、過剰包装を廃止したり、廃棄物を削減したりした。収入の少ない人々に対して低価格の医療サービスも提供している。安い値段でオーガニックフードも提供している。こうした活動が企業価値の向上につながっている。

NGO（非政府組織）も社会的な貢献活動をしているが、活動の継続には外部の寄付が必要だ。社会をマネジメントするという点ではビジネスで取り組むほうが、課題を解決する力がある」

ポーター教授は日本企業がデジタル化だけでなく、CSVでも世界でリーダーシップを発揮できていないと考えている。日本企業が活力を取り戻すには、世界の経営の潮流を理解し、社会課題に積極的に関わるべきだと主張している。

「第2次世界大戦後の日本企業の活動は、CSVの典型だったと私は考えている。当時の日本企業は国を再建するためにビジネスを展開する面があったからだ。

現在の日本企業はCSVの初期の段階にある。ただ、CSVへの関心は持っており、例えば新しいエネルギーやリサイクルなどに取り組もうとしている。こうした領域は日本企業が伝統的に手掛けてきた分野ではないため、まだキャッチアップしている段階だ。

ポーター賞は日本だけでなく、様々な国で選出している。近年は韓国、インドでCSVに取り組む会社が選ばれているが、日本は様相が異なる。日本では優秀な人材やマネジャーが高い規律を持って働いているのに、機会をつかみ損なっているのは不思議でならない。もっと多くの日本のビジネスパーソンが、CSVに目を向けなければならない」

「ポーターのCSV」とは何か？

さて既に紹介したように、ポーター教授はCSVの提唱者であり、CSR（企業の社会的責任）からCSVに至るまでの考察などを『日経ビジネス』誌上や『日経ビジネスオンライン』上で詳しく紹介してきた。文庫版用の改稿にあたり、2007年、2009年、2011年といくつかのインタビュー記事に散らばっていた当時のやりとりを再編集して紹介したい。

ポーター教授は、CSVの提唱から遡る2006年の論文で、従来のCSR活動を『受動的CSR』と定義し、共有価値の創出を目指す取り組みについては『戦略的CSR』と呼んで普及に努めていた。以下は2011年のインタビューにおけるコメントである。

「私はCSRからCSVへの移行についてずっと議論してきた。まず2006年、

『ハーバード・ビジネス・レビュー』誌の同年12月号に『Strategy and Society』と題する共著の論文を発表した。[1] ＣＳＲからＣＳＶへの移行という、今回打ち出した企業の社会的責任に関する考え方の転換について初めて考察したのが、この２００６年の論文だった。

その中で、寄付やフィランソロピー（社会貢献）を通して自社のイメージを向上させるという従来のＣＳＲ活動は、事業とほとんど関係がなく、正しいアプローチではないと指摘した。実際、従来のＣＳＲ活動は必ずしも効果的なものだといえなかった。社会に大きな影響を及ぼすには至らなかったからだ。

それも無理はない。企業は、自社のイメージ向上だけに関心があり、社会にインパクトを与えて実際に社会を変えようと真剣に考えてはいなかったのだ。とはいえ２００６年の論文では、企業と社会が共有する価値の『創出』が何かについては、簡潔に触れただけだった」

では「企業と社会が共有する価値」とはどのようなものか。その定義については、２００７年12月のインタビューで以下のように言及している。

「企業の社会的な問題への関与には、これまで二つの段階があった。企業は次の3番目の段階に進む必要がある。まずは二つの段階について振り返ろう。第1の段階は、『圧力政治』と私が呼んでいる形だ。動物の権利保護や遺伝子の組み換え、公害といった問題に活動家が抗議して、デモを行って企業を困惑させたり、訴訟を起こしたりした。活動家のグループと良好な関係を築くため、企業は寄付をしてきた。

現在はCSRと呼ぶべき第2段階に入っている。この段階が第1段階と異なるのは、社会的な問題が企業の責任として捉えられるようになった点だ。ただし、それは企業の事業活動とはリンクしていない。CSR活動ということで、慈善事業としての寄付やボランティアに取り組んでみせる。企業はそれらの活動を通じ、自社が社会に及ぼしている影響に関心を持っており、敏感であることを世間に示そうとした。企業はネガティブな影響を軽減したり回避したりして、良き市民であろうと努力するのだ。

我々は今、第3の段階へ移行しようとしている。それは価値を共有する段階だ。この段階では、企業の事業戦略と社会を結び付ける。社会問題を企業の事業活動とは切り離して別の課題として見るのではなく、事業戦略と一体のものとして扱うのだ」

なぜ企業が、事業戦略と社会を結び付けることが必要となるのか。

「いくつかの理由から重要だ。まず、世界のありとあらゆる問題を解決し、すべての人を幸福にできる会社はない。企業があらゆる社会運動をサポートしようとしても効果的ではないし、それで感謝されることもない。次に、社会に及ぼす影響について考えると、企業は単にイメージや宣伝だけではなく、ＣＳＲ活動で結果を出すことに集中する必要がある。ＣＳＲ活動を宣伝と考えている限り、様々な取り組みに手を出して結果を出せないままで終わってしまう。何をすれば本当に変化を生み出すことができるのか。そのことを考えなければならない。

変化を生み出すことができるのは、企業が事業活動に密接した社会問題の解決に取り組む時だと私は信じている。なぜなら、社会と共有できる価値を創造するのに必要なスキルや技術、人脈は企業の事業活動の中に蓄積されているからだ。社会と企業との間で価値が共有されるようになるのは、社会だけでなく企業も利益を得るからである。長い目で見れば、より持続可能な競争上のポジションを企業はつくり上げることができる。

企業は地域の団体を支援し続けるべきだし、従業員がボランティアをしたり社会運動に参加したりすることを許容すべきだ。このように良き市民であることは企業にとって必要なのだから。また、企業がもたらすネガティブな影響を軽減することは、企業にとって所与の条件であるといえる。

だが、それだけでは十分ではない。事業戦略と社会との間に強い関係を築くことが可能な分野に企業は最も力を入れるべきだ。今日、最も優れた事業戦略を構築するためには、社会との関わりを考慮することが欠かせなくなっている。どんな企業でも、価値ある提案をするためには、社会的な意義を持たせる必要がある。今日では顧客も取引先も、事業戦略に社会的な価値のある企業を評価するのだ。

事業戦略の社会的な価値はまた、製品の特徴や独特の生産プロセスよりも模倣することが難しい場合が多い。事業戦略と社会を結びつけることは、企業にとって新たなチャンスの一つになりつつある」

企業は達成した成果で評価される

新たなチャンスとは、具体的にはどのようなチャンスなのだろうか。

「米ゼネラル・エレクトリック(GE)の『エコマジネーション』というアイデアを例に挙げよう。GEは排ガスやエネルギーの使用量の削減に大いに役立つ製品を世に送り出した。この分野でリーダーになると決意したからだ。ある社会問題に対してできることがお金を出すことだけである場合は、恐らくその問題に関与すべきではない。企業に求められるのは、（お金よりも）スキルや人脈、専門知識などを提供することだからだ。

企業が肯定的に評価される要因は、提供したお金の額ではなく、達成した成果だ。スイスのネスレのように原材料の供給を農家に依存している企業であれば、社会的にも価値のある事業戦略の一環として、農業の持続可能性を高め、農村地域を保存し、発展させることにフォーカスすべきだろう。

ネスレは、小規模農家が環境に対する意識を高め、より健康な家畜を育てることを支援し、農村地域に安定をもたらすことに貢献している。その結果は、ネスレと農家の双方が得をする『ウィン・ウィン』の関係をもたらす。ネスレは競争力が高まる一方で、農家と農村地域は豊かになる。

こうした投資の収益性を測定するには、５年や10年、あるいは20年といった年月がかかる。その代わり、社会に及ぼした影響の度合いによって短期的な成果を測定すべきだ。ところがＣＳＲ活動の場合、ほとんどの企業は、支援活動に費やした金額や参加した人数といった数字でＣＳＲに費やした費用だけを測定している。こうしたインプットではなくアウトプットを測定することを提案したい。

社会に及ぼす影響について一般的な測定方法はない。ネスレのように小規模農家にフォーカスを当てるなら、農村の環境の改善度や貧困者の比率といった農村地域の状況に関連した指標で測定すべきだろう。今日のグローバル経済においても、競争上の優位性は、自社の強みが何であるかを理解したうえでユニークな存在になることからもたらされる。従来のCSR活動から、社会と共有できる価値の創出を追求する段階に日本企業が進めば、さらに強い競争力を手にできると信じている」

ポーター教授が2006年に打ち出した「戦略的CSR」という概念は、世界で大きな反響を呼んだ。さらにしばらく経った『日経ビジネス』2009年1月12日号の「編集長インタビュー」で、「戦略的CSR」提唱後の概念の広がりについて、以下のようにコメントしている。

「CSRでは、イメージアップが目的の慈善活動から、CSRを戦略的にビジネスに結びつける考え方へと変化が起こっていると思う。このタイミングに、企業は個々の事情に基づいた選択と集中を進めるだろう。イメージ優先のCSRに投じていた資源を、社会的問題の解決に役立ち、ビジネスにつながるCSRに移していくはずだ。
ネスレは戦略的CSRにおける成功例だと言っていい。コーヒー事業では、小規模農家とともに、地域への貢献とサプライチェーンの構築という両面で革新的な取り組みを実現した。ハーバード大学経営大学院でも、学生は社会問題に非常に高い関心を持っている。事実、ボランティアに無関心では入学できなくなってきた。
経営者の世界でも、今回（2009年）の金融危機がより社会的な問題への取り組みを後押しするだろう。短期志向が行きすぎて危機を招いてしまった今回の顚末を、ほとんどの経営者が恥ずかしく思っているのは間違いない」

そしてさらなる考察の末、ポーター教授は『ハーバード・ビジネス・レビュー』誌2011年1月・2月合併号に発表した論文で、「CSR（企業の社会的責任）」に取って代わる新たな概念として、「CSV（Creating Shared Value＝共有価値の創出）」を提唱した。何が異なり、どのような意図だったのか。2010年12月に電話で実施したインタビューの中で、ポーター教授は、以下のように語っていた。

『ハーバード・ビジネス・レビュー』誌の2011年1月・2月合併号に発表した共

CSRとCSVの違い

CSR Corporate Social Responsibility	CSV Creating Shared Value
▶価値は「善行」	▶価値はコストと比較した経済的便益と社会的便益
▶シチズンシップ、フィランソロピー、持続可能性	▶企業と地域社会が共同で価値を創出
▶任意、あるいは外圧によって	▶競争に不可欠
▶利益の最大化とは別物	▶利益の最大化に不可欠
▶テーマは、外部の報告書や個人の嗜好によって決まる	▶テーマは企業ごとに異なり、内発的である
▶企業の業績やCSR予算の制限を受ける	▶企業の予算全体を再編成する
▶たとえば、フェア・トレードで購入する	▶たとえば、調達方法を変えることで品質と収穫量を向上させる

いずれの場合も、法律および倫理基準の遵守と、企業活動からの害悪の削減が想定される

出所：マイケル・E・ポーター、マーク・R・クラマー「共通価値の戦略」『DIAMONDハーバード・ビジネス・レビュー』2011年6月号

著の論文「Creating Shared Value」[2]では、CSVのコンセプトについて詳述し、それが資本主義をどう変えていくのか、企業はどう対応していくべきなのかについて考察した。

ただし、CSVに対する基本的な考え方は2006年の（CSRに関する）最初の論文から変わっていない。最新の論文では、CSVとは何かについて掘り下げ、そのコンセプトを論理的に

発展させた。ＣＳＲとＣＳＶの違いについてまとめた図も掲載した」

企業の社会的責任のありように対する長年の考察の末、２０１１年の論文で戦略的ＣＳＲという呼称をなくし、ＣＳＶに統一したというわけである。なぜ呼び方を変えたのか。

「戦略的ＣＳＲ」と基本的な意味は同じ

「企業のメンタリティーに変化を促し、社会との関わりについて従来とはまったく異なる視点で見るようになってほしいと考えたからだ。戦略的ＣＳＲとＣＳＶの意味するところ自体は基本的に同じだ。だが最初の論文では、概念の定義がまだ十分に固まっていなかった。それもあって戦略的ＣＳＲという呼称を使ったが、それはＣＳＶのしっかりとした定義に至る第一歩に過ぎなかった。

まずは、考え方として寄付やフィランソロピーを中心とする従来のＣＳＲ活動から脱却することが必要だった。だから、ＣＳＲは事業から乖離してはならず、事業戦略と結び付いたものでなければならないという意味を持たせるために戦略的ＣＳＲと呼んだ。

最新（2011年）の論文では、概念を次の段階に進めることができた。そして、社会との共有価値を創出するには三つの方法があると指摘したのである。それは、①製品と市場を見直す、②自社のバリューチェーンの生産性を再定義する、③企業が拠点を置く地域を支援する産業クラスター（集積）をつくる——だ。それぞれの具体的な方法については、実際に論文をご覧いただきたい」

注

1 邦訳版「競争優位のCSR戦略」は、『DIAMONDハーバード・ビジネス・レビュー』誌の2008年1月号に掲載。

2 邦訳版『共通価値の戦略』は、『DIAMONDハーバード・ビジネス・レビュー』誌の2011年6月号に掲載。

第3章 イノベーション理論の最前線

第4講 ダイナミック・ケイパビリティ

デビッド・ティース *David Teece*
米カリフォルニア大学バークレー校経営大学院教授

第5講 両利きの経営

チャールズ・オライリー *Charles O'Reilly*
米スタンフォード大学経営大学院教授

第6講 オープンイノベーション

ヘンリー・チェスブロウ *Henry Chesbrough*
米カリフォルニア大学バークレー校経営大学院特任教授

VUCAの時代と言われる。環境が、変わりやすく不安定（volatility）、不確実（uncertainty）で、複雑（complexity）で、かつ曖昧（ambiguity）な世界を、我々は生きている。いかに変化に対応し、イノベーションを起こすか。故クレイトン・クリステンセン教授の「イノベーションのジレンマ」に端を発し、発展した三つのキーコンセプトを、提唱者のメッセージと共にお届けする。

第4講　ダイナミック・ケイパビリティ

不確実な時代に変化対応力を高める経営

デビッド・ティース　*David Teece*　米カリフォルニア大学バークレー校経営大学院教授

１９４８年生まれ。１９７５年米ペンシルベニア大学で経済学博士号取得（Ph.D.）。米スタンフォード大学、英オックスフォード大学を経て１９８２年から現職。産業組織論、技術変革研究の世界的権威で、２００本以上の論文を発表。特に、１９９７年発表の論文で提唱した「ダイナミック・ケイパビリティ」は大きな反響を呼んだ。

▼講義の前に――組織イノベーション理論誕生の背景

野中教授の「知識創造理論」との親和性

「ダイナミック・ケイパビリティ」は、経営理論に興味を持つビジネスパーソンであれば、一度は耳にしたことがあるのではないか。今、経営学の世界で注目されている理論の一つだ。

この概念を1997年に世に提示したのが、米カリフォルニア大学バークレー校で教鞭を執るデビッド・ティース教授だ。

ダイナミック・ケイパビリティは、本稿執筆中の2023年時点においてもまだ理論としては発展途上であり、提唱者であるティース教授の手を離れて様々な方向、様々な切り口から研究されている。世界の経営学者たちにとって、それだけ研究意欲をそそられる刺激的なテーマであり続けてきたといえる。

ここで言う「ケイパビリティ」はもともと、インド出身でノーベル経済学賞を受賞した哲学者であり経済学者、アマルティア・セン米ハーバード大学教授が提唱した概念である。その含意は、「財」の選択に必要な、人の教養や知識などの「能力」のことである。

ティース教授は日本とのつながりもある。1972年に米カリフォルニア大学バークレー校で博士号を取得し、バークレー校の名誉教授でもある一橋大学の野中郁次郎名誉教授と、1982年からバークレーで教壇に立つティース教授、第6講に登場するヘンリー・チェスブロウ教授は、いわば「バークレー閥」で、互いに刺激し合う間柄だ。とりわけ、次講（第5講）に登場する、「両利きの経営」のチャールズ・オライリー教授、第18講に登場するオライリー教授の妻で経営学者のウリケ・シェーデ教授とは家族ぐるみで親しい。また2022年には、慶応義塾大学から名誉博士号を授与された。

ティース教授のダイナミック・ケイパビリティと、野中教授が提唱した「知識創造理論」は、親和性が高いように思う。

知識創造理論は、「暗黙知」と「形式知」の相互作用による、組織的なイノベーション（価値創造）のプロセスを明らかにした。

一方、ダイナミック・ケイパビリティは、次の三つのプロセスから成る。

第1に、「センシング（sensing）」。事業機会や脅威を「察知」する。第2に、「シージング（seizing）」。察知した事業機会や脅威に対応すべく、人材などのリソースを動かし、競争優位を「獲得」する。第3に、「トランスフォーミング（transforming）」。競争優位を得た後も、リソースを活用する手法を日々、改善し、戦略を「変容」させていく。

知識創造理論には、確かに存在するものの、いまだ認識されていない「暗黙知」を「獲得・共有」するという部分があり、ダイナミック・ケイパビリティには、いまだ認識されていない事業機会や脅威を「察知」するという部分があり、そこがとても似ている。筆者には、野中教授が哲学的思考から発展させた「暗黙知の形式知化」と、ティース教授の「センシング（察知）し、シージング（獲得）する」という考え方が、どこか並行するように感じられるのだ[1]。

この類似性について以前、野中教授に質問したことがある。野中教授は、「先行した知識創造理論における動的モデルがティースのダイナミック・ケイパビリティ研究に影響したかもしれない」と答えた。

ダイナミック・ケイパビリティを直訳すれば、「動く（潜在）能力」となる。だが、組織論の研究者でティース教授に師事した慶応義塾大学の経営学者、菊澤研宗教授によれば、企業や経営者が「現状のまま利益を最大化しようとするのでなく、変化に応じて自己変革し、付加価値を創る力」がダイナミック・ケイパビリティなのだという。つまり、組織イノベーションを起こす力である。

ティース教授は、権威ある学術誌に掲載された査読論文（他の研究者による査読と審査を経て発表される論文）の数の多さ、さらにはその引用件数の多さでも知られている。2022年にはクラリベイト引用栄誉賞を受賞した。欧米のみならず、中国の大手グローバル企業に対する理論的な影響力も大きい。自らの理論を生かすため立ち上げたBRG（バークレー・リサーチ・グループ）というコンサルティング会社も経営している。

ドラッカーを敬愛するティース教授

ところが筆者は、2019年に取材する直前まで、ティース教授のことも、ダイナミック・ケイパビリティの概念も、あまり詳しくなかった。本格的に掘り下げるきっかけとなったのは中国の大手家電メーカー、ハイアールの「人単合一《じんたんごういつ》（Ren Dan He Yi）」モデルに興味を持ったことだった。

英語圏の大学関係者などから送られてくる不定期のメールマガジンで最新の論文の情報を得ていた中、2018年ごろからハイアールの人単合一モデルを取り上げる論文を頻繁に見かけるようになったため、注目していた。そして、人単合一モデルを取り上げる研究者を調べていく中でたどり着いたのが、ティース教授だったのだ。

ティース教授が提唱するダイナミック・ケイパビリティが、経営学の世界で今、ホットである、といったこともその時に知った。

そのため、本講は人単合一モデルについて考察することからスタートしている。

意外なことに、ティース教授は経営学者のピーター・ドラッカーを今も敬愛している。日本や中国など東アジア圏では絶大な支持を集め、米国でも実務家の間では評価が高いドラッカー教授だが、アカデミックな世界で取り上げられることは少ない。早稲田大学商学部の三橋平教授によれば、ドラッカーはもともと、1997年の米国経営学会（AOM）で基調講演をするなど、米国のアカデミア（学問の世界）においても中心人物だった。だが米国の経営学が人文知よりも科学知に傾倒していく中、注目されなくなったという経緯があるという。

だから、ティース教授がドラッカーを敬愛していると知って、筆者にはちょっとした驚きがあった。ドラッカーが居住した米カリフォルニア州クレアモントとバークレーの地理的な近さも手伝ってか、生前のドラッカーと親交もあったそうだ。

ティース教授は、「ダイナミック・ケイパビリティは、ドラッカーの思想を理論にしたもの」だと説明する。そしてその理想に近い形として当時熱い視線を注いでいたのが、中国ハイアールの「人単合一」、すなわち「個人単位の市場目標を統合する」という経営モデルだったのだ。

そんなティース教授の講義。まずは、ダイナミック・ケイパビリティの概要からスタートしよう。文庫版では文末に、昨今急速に経営課題となった経済安全保障についてのやりとりや、ＡＩ（人工知能）の急激な進化に対するティース教授の考察を加筆した。

ダイナミック・ケイパビリティの経営とは?

ダイナミック・ケイパビリティとは、「組織とその経営者が、急速な変化に対応するために、内外の知見を統合し、構築し、組み合わせ直す能力」(ティース教授らが1997年に『ストラテジック・マネジメント・ジャーナル』誌に発表した論文で定義した内容から抜粋)のことだ。

その点で最も注目してきた企業が、中国の家電メーカー、ハイアールだ。ハイアールには、ダイナミック・ケイパビリティの発揮を促進する組織構造がある。

ダイナミック・ケイパビリティを一言で言えば、「センシング(sensing)」「シージング(seizing)」「トランスフォーミング(transforming)」を実行する経営力だ。

市場で事業機会や脅威を察知(センシング)し、価値創造のため人材や資産を動かして競争優位を獲得(シージング)、経営手法を日々改善しながら定期的に主要な戦略を変容(トランスフォーミング)させていくのが、ダイナミック・ケイパビリティの核だ。

それを実現するための要が「分権化」と「自己組織化」である。

ではハイアールの人単合一モデルとはどのようなものか。

ハイアールが「俊敏」な理由

「ハイアールには、ダイナミック・ケイパビリティに必要な三つの思想が埋め込まれている。まず開発に顧客を巻き込み、鋭いセンシングを実現している。野菜洗浄機の開発などが成果だ。機会を察知したらただちにシージング。社内に数多くいる社内起業家とハイアールグループの張瑞敏（チャン・ルエミン）会長兼CEO（最高経営責任者）のリーダーシップで、俊敏に発見した市場を取りにいく。そのうえで必要ならば、組織や戦略をトランスフォーミングする。

大企業でありながら起業家集団的で、ほぼフラットで協働する組織のため（分権化）、動きが速く、鉱脈を見つけるとアジャイル（俊敏）に社内起業の形でビジネスが始まる（自己組織化）。ティース教授は、分権化と自己組織化によって、センシング・シージング・トランスフォーミングが効率的に可能になり、その結果、迅速さとチームカ、起業家的志向、そして高い業績を組織にもたらすと考える」

ハイアールのダイナミック・ケイパビリティが高いのは、偶然ではない。

「張会長は知的で商売のセンスがある起業家だ。会って話したとき、彼は私にこう言った。『ハイアールで働き始めたとき、私には何もなかった。中国にはマネジメントの教科書もない。だからピーター・ドラッカーを読み始めた』と。中国には大きな事業機会があったが、先例がなく、ゼロから始めなければならなかった。大胆な組織のイノベーションが必要だという張会長の危機感は強く、工場の経営を引き継いだ時は、まず従業員にハンマーを持たせ、品質の悪い冷蔵庫や製品を破壊させたと聞く。

驚くべきことに、張会長は１９８０年代、私がダイナミック・ケイパビリティの考え方を初めて世に出したときの論文を読んで参考にしていたという。１９９７年に正式に学術誌に載せる前段階のワーキングペーパーだ。学者が理論化に向けて試行錯誤中の研究論文を読み、経営の参考にするような経営者には、少なくとも米国では会ったことがなく、感銘を受けた。

私もドラッカーの大ファンで、ダイナミック・ケイパビリティ理論は、ドラッカーの経営哲学のフレームワーク化を目指したものでもある。ハイアールは、ドラッカーと私の理論に学び、経営してきたのだ。

一般的に学者はビジネスを知らない。実務家も理論を知らない。だが張会長は理論を実践しようとした。私も、ダイナミック・ケイパビリティ理論で、理論と実践の橋

ダイナミック・ケイパビリティとは……

> “組織とその経営者が
> 急速な変化に対応するために、
> 内外の知見を統合し、構築し、
> 組み合わせ直す能力”

出所：ティース教授らが、1997年に『ストラテジック・マネジメント・ジャーナル』誌に発表した論文で定義した内容から抜粋

大企業の中に「起業家」が生まれる構造

- 「人単合一モデル」のイメージ

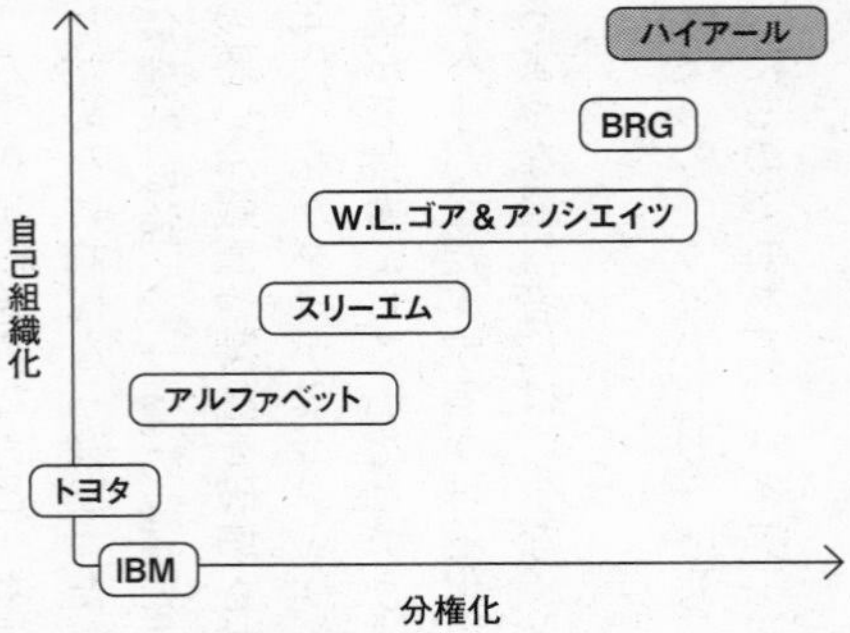

出所：ティース教授提供の資料より作成

渡しをしたいと感じた」

ティース教授らは、有名企業の経営が、分権化と自己組織化をどの程度実現しているかを分析し図式化した（前ページ図）。どちらについてもハイアールが進んでおり、米スリーエムや米アルファベット（グーグルの親会社）すら勝てない。

「ドラッカー語録を私が理論化した」

ドラッカーの名言には、ダイナミック・ケイパビリティに通じるものが多く見つかる。例えば、入門書として知られる『マネジメント［エッセンシャル版］』（ダイヤモンド社）を概観するだけでも、次のような言葉の数々に両者の深い関係を見いだせる。

「新しい状況、条件、顔、性格に適応できない組織構造は永続できない」

「（マネジメントの正統性の根拠は）人の強みを生産的なものにすることである」

「変化は機会と見なすべきものである。変化を機会として捉えたとき、初めて不安は消える」

「真のマーケティングは顧客からスタートする」

「ダイナミック・ケイパビリティ論の本質は、ドラッカーの思想を形式知化した実用的なシステム論であるということだ。ドラッカーはジャーナリスト出身で、米国建国の父、ベンジャミン・フランクリンとある意味似ている。当時は言葉を残すことしかできなかった。そうなると、思想の含意を網羅的に理解するのは、本人以外は難しい。だからビジネススクールでは、大学教授がドラッカーを大事にせず、教えてこなかった。

だが今は、ドラッカー語録を私が理論にしたので、誰もが効率的に実践可能であり、経営者は今後、ドラッカーの組織論やリーダーシップ論を幅広く実践することができるようになるだろう」

ダイナミック・ケイパビリティの「組織とその経営者が急速な変化に対応するために、内外の知見を統合し、構築し、再配置する能力」という定義からすれば、必然かもしれないが、ダイナミック・ケイパビリティとは、組織イノベーションを起こす力ともいえそうだ。ダイナミック・ケイパビリティ論は、学術的にも実務的にも、今後さらに重要になると注目されている。

ダイナミック・ケイパビリティを実践して組織そのものにイノベーションを起こすこと

2つのケイパビリティ（能力）の違い

	オーディナリー・ケイパビリティ	ダイナミック・ケイパビリティ
目的	基本的なビジネス機能の技術効率化	長期的な戦略に合わせる
3つのスキーム	実務・管理・統治	察知・獲得・変容
再現性	比較的再現が容易で、まねできる力	再現が困難で、まねできない力
	「物事を正確にやり遂げる」	「物事に正しく取り組む」

出所：ティース教授提供の資料より作成

に成功したのがハイアールであり、人単合一モデルだとティース教授は言う。

ハイアールの人単合一モデルの英訳は「Integrating Order with Personnel（個人単位の市場目標の統合）」。つまり社内に無数の起業家がいて、会社はそれぞれの「人」（社員）の「単」（注文、競争市場の目標を意味する）を結びつけるネットワーク型の組織という考え方だ。同社が徹底した成果主義を実践できるのも、この構造があるからに他ならない。似た組織構造を持つ企業はほかにあるのだろうか。

「米シリコンバレーのＩＴ（情報技術）企業は『分権化モデル』寄りの構造だ。ハイアールの『人単合一モデル』は、いわば分権化が極端に進んだ組織だ。つまり、ハイアールはシリコンバレーの企業以上に、組織の上下関係が緩く、フラットになっている。経営理念でもある『人単合一』の考え方自体は以前から存在したが、同社のような8万～9万人規模の従業員を抱える大企業で、うまくいくとは考えづらいモデルであり、ハイアールは組織が機能する仕組みを独自に開発したのだと思う」

既に紹介したように、俊敏に変化に対応するダイナミック・ケイパビリティが高い組織は「分権化」と「自己組織化」が自然に進む。権限が委譲された個々が、自然に最適化に向かって進化していく。

ではダイナミック・ケイパビリティが高い企業が最強かと言えば、そう単純ではない。ダイナミック・ケイパビリティと対になる概念が、オーディナリー・ケイパビリティである。ダイナミック・ケイパビリティが『物事に正しく取り組む』能力を指し、オーディナリー・ケイパビリティは『物事を正確にやり遂げる』能力を指す（前ページの図参照）。この二つは一方が強いと、もう一方が弱まる「トレードオフ」が起こる関係にあるという。

人単合一モデルの下では、従業員が個人的に事業を立ち上げることができるため、『マイクロ起業家モデル』とも呼ばれる。大企業の内部に、数多くの起業家が立ち上げたスタートアップが一緒に存在するわけだ。会社として大きな15部門を抱えるのでなく、恐らく５０００ユニット規模の、それぞれが10～15人の社員を抱える事業ユニットが社内にあることになる」

これによって全従業員を経営に巻き込み、イノベーションを促進しているわけだが、こうしたやり方は財務面から見ると極めて複雑で、非効率な部分もありそうだ。ハイアールは俊敏だが、何もかも効率よく安くやり遂げているわけではないだろう。俊敏であることと効率が良いことは違う。

ティース教授は、米アルファベット、米スリーエム、米Ｗ・Ｌ・ゴア＆アソシエイツなどが、ハイアールに似た組織構造を持っていると指摘する。

グーグルが変化に強い理由

「アルファベットはグーグルの親会社だが、様々な意味で分権化が進んでいる。より大きな裁量を与えるためグループにして分権化したのだ。ただしハイアールのまねではないし、ハイアールもグーグルのまねではない。グーグルは、10％の時間を自分のやりたいことに充ててもよいなど個人の裁量が大きい点でハイアールと共通するが、全体としては異なる。

W・L・ゴア&アソシエイツはゴアテックスで知られる素材メーカーで売上高約37億ドル（約4000億円）の非上場会社だ。彼らもマイクロ起業家モデルでハイアールより歴史は古い。

同社は上司がいない。全社員が『アソシエート（仲間）』でありスポンサーだ。事業機会ごとにチームができ、アソシエートは自分に合うプロジェクトを担当できる」

スイスのビジネススクールIMDのマイケル・ウェイド教授も指摘する（第13講参照）が、日本企業の変化対応力は同校の世界競争力ランキングで最下位である。変化対応力の低い日本企業でも、ダイナミック・ケイパビリティ理論の考え方を生かせば組織イノベーションを起こせるのだろうか。

「ハイアールにはダイナミック・ケイパビリティを促進する要素があるが、似た組織構造にしたからといって高いダイナミック・ケイパビリティが保証されるわけではないことに要注意だ。

それを前提に言えば、製品の種類が多いほうが人単合一モデルは機能するから、例えばトヨタ自動車が（ダイナミック・ケイパビリティを高める）組織モデルを導入したらうまくいくかもしれない。トヨタ自動車は自社独自のシステムを発明したが、それは40年余り前のことで、以後は組織イノベーションが見られない。だが自動車業界は激変しており、このままでは先がない。

米テスラCEOのイーロン・マスク氏や（米動画配信大手）ネットフリックスを共同設立したリード・ヘイスティングス氏を見てほしい。デジタル化で事業環境がすべて変化した。起業家的であり続けない企業は、トヨタであっても置き去りにされかねない。グーグルは今も起業家的だ。米アップルは以前ほどではないが、やはり起業家的だ」

組織や経営者が変化に対応する技能を指す「ダイナミック・ケイパビリティ」。その技能の核は、センシング（察知）、シージング（獲得）、トランスフォーミング（変容）の力であるというのは、既述の通りだ。では、組織が事業機会を察知し、捉え、動きやすく変わるために必要なリーダーシップとはどのようなものか。日本の基幹産業である自動車業界を例に、ティース教授が解説する。

「（会社中を社内起業家で満たす）中国・ハイアールの『人単合一モデル』は、多品種生産のほうがうまくいきやすい。トヨタ自動車はハイアールよりも製品の種類が多いから、トヨタ自動車でも使えるのではないか。自動車業界は今、激変している。今後、事業機会を素早くつかみ続けるには、様々な〝資源〟を商品やサービスに変える起業家が社内にますます必要になる。

確かに、自動運転技術、MaaS（モビリティ・アズ・ア・サービス）など新しいキーワードが次々と生まれている自動車業界は今、最も変化の激しいカテゴリーの一つだ。

自動車業界では、技術だけでなく、ビジネスモデルの変化も起こっている。次の表（次ページ図）を見てほしい。違ったタイプの変化が同時に起こっている」

表はＥＶ（電気自動車）、自動運転車、コネクテッド・カー、個人の移動手段という四つの項目に着目し、現在の自動車業界と比較し、技術、ビジネスモデル、市場がどれほど異なるかを示す。技術はもちろん現状とかなり距離があるが、ビジネスモデルもＥＶ以外ではかなり異なる。市場も、現状と似ているのは自動運転車のみで、あとの三つは既存とは別の新たな市場が生まれるといえる。

自動車メーカーに必要な技能が変わる

● 既存企業が新時代に必要な水準に到達するまでの距離感

	技術	ビジネスモデル	市場
EV（電気自動車）	中距離	近い	中距離
自動運転車	遠い	ゼロ ※	近い
コネクテッド・カー	中距離	中距離	ゼロ ※
個人の移動手段	中距離	遠い	遠い

※「ゼロ」は、新技術に必要な能力が既存の自動車メーカーが変化することでは表せないことを示す

出所：デビッド・ティース「Tesla and the Reshaping of the Auto Industry」（*Management and Organization Review*, September 2018）

すべてを「つなげる」のがリーダーの仕事

● 不確実な環境で成功するリーダーシップ

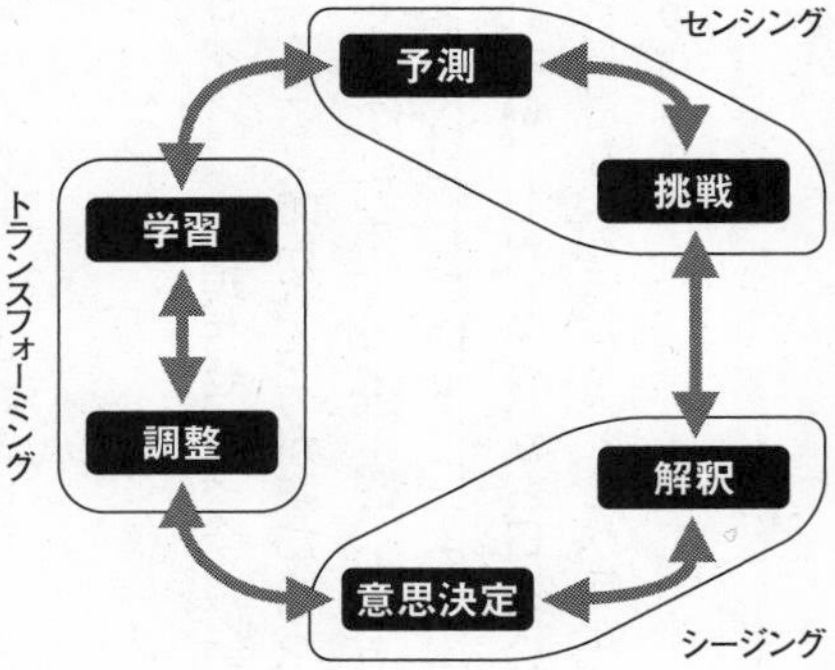

自動運転車が生み出す新たなビジネスモデルには、既存の自動車メーカーが従来のビジネスモデルから多少変化するだけでは対応できず、またコネクテッド・カーが新たに生み出す市場も、小手先の対応では参入できない。どうすれば勝てるのだろうか。

「一匹狼」を難民にするな

「日本企業は、新たな変化を起こす『チャンピオン』を出現させ、支える必要がある。『出るくいは打たれる』という日本のことわざがある。叩かれるのが嫌だから、日本人はあまり目立ちたがらない傾向がある。変化にうまく対応すると、嫌でも目立つから、周囲とは違った人間に見えないようにする（変化に対応しないようにする）。突出した才能を認めたがらないのは日本の文化かもしれない。しかしこれから日本人は、意識的に多様性を受け入れ、他の人間と発想が違う過激な人を受け入れるべきだ。変革者を難民にしてはいけない。ヒーローとして扱うべきだ」

とはいえ、短期間で国民性は変えられるものなのか。

「多様性を大々的に受け入れよ、というわけではない。周囲とは違う発想で現状打破を試みる人間に対して、心地よい場所を与えればよいのだ。

英語では、maverick（マーベリック）という。一匹狼のことだ。発想の違う人間のことを、我々は（畏敬の念をこめて）一匹狼と呼ぶ。

これまで日本では、発想のまるで違う『一匹狼』の足を引っ張り、自分が理解できる、受け入れられる程度のレベルにまで引きずり下ろしてきた。しかし今後はむしろ支えるべきだ。

私はホンダをずっと尊敬してきた。ホンダは、最初は一匹狼だった。全然ほかの自動車メーカーとは違うことをやってみせた。ホンダは日本より米国で先に成長した。日本では競争が許されず、米国で足場を固めた。その後、日本よりも米国でより成功した。探せば、『一匹狼』的な日本企業も、たくさんあるはずなのだ。

以上を踏まえ、2018年、リーダーシップとダイナミック・ケイパビリティについて論文を書いた。日本人にとって大変有益だから、ここで紹介したい」

不確実な環境変化に強いリーダーの6原則

ティース教授の共著論文「Innovation, Dynamic Capabilities, and Leadership」では、

不確実な環境に強いリーダーシップ原則を挙げる。それは予測、挑戦、解釈、意思決定、調整、学習の六つだ（次ページの図参照）。

「当然ながら、リーダーの『予測』力や『挑戦』する力が、組織の変化対応力を確固たるものにする。フランシスコ教皇はカトリック（の教義）を守りつつ、現実を見て既存の組織のあり方に挑んでいる。

もっとも、挑戦には正確な予測が必要で、現状を正しく『解釈』することが欠かせない。米デュポンCEOだったチャールズ・ホリデー氏は、いくつかの現象から2008年の景気後退のサインを読み取った。まず日本の顧客のキャッシュフローに問題が起きた。米デラウェア州にあるデュポンのホテルの稼働率が異様に低かった。デトロイトの自動車メーカーが、納期通りに生産計画を出さなかった。この三つから『まもなく異変が起きる』と解釈したのだ」

だが、どれだけ先を見通しても「意思決定」ができなければ意味はない。

「手本となるのが、例えばチリの鉱山相、ラウレンス・ゴルボーン氏だ。2010年

ビジネスモデルが同じでも変化対応力に差

● 効率性、俊敏さのトレードオフ

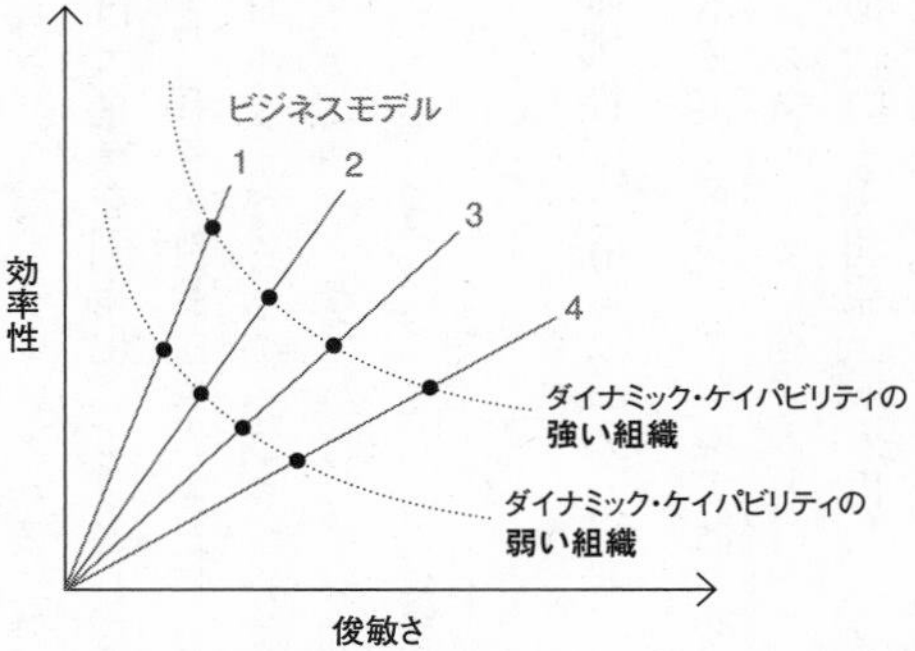

出所：ティース教授らの共著論文「Uncertainty, Innovation, and Dynamic Capabilities: An Introduction」（California Management Review, Vol. 58, Summer 2016）から作成

未来をいかに読み取るかがカギ

● 不確実な環境下に必要な「ダイナミック・ケイパビリティ」

❶未知の未来を「センシング」
——顧客との関係の中で、技術的な機会や脅威を見つけ出し、開発・共同開発に着手する

❷「シージング」
——ニーズに応え事業機会をつかむため、社内の（人的、物的）資源を動かす

❸「トランスフォーミング、またはシフティング（移行）」
——更新し続ける

出所：ティース教授らの共著論文「Dynamic Capabilities and Organizational Agility: Risk, Uncertainty, and Strategy in the Innovation Economy」（California Management Review, Vol. 58, Summer 2016）から作成

8月、銅鉱山が崩壊し、700m下に33人の作業員が閉じ込められた。絶望的な状況で、ゴルボーン氏は多様な選択肢を並べ、救出に乗り出し成功した。そして『調整』と『学習』だ。ネルソン・マンデラ氏は1994年に南アフリカ大統領に選ばれ、最初は大企業を国有化しようとした。だが、世界のリーダーから民営化がいいと諭されると、長年の社会主義理念を自ら変え、個人と市場の自由化を学んだ。

リーダーが6つの原則を守り、一匹狼を許容し支える空気が生まれれば、組織は、ダイナミック・ケイパビリティの実践で必要なセンシング（察知）、シージング（獲得）、トランスフォーミング（変容）の力を必ず高めていく」

「不確実性」と「リスク」を分ける

特に不確実なビジネス環境では、変化をセンシングし、事業機会をシージングし、さらにトランスフォーミングするという三つを迅速に実行できる力が必要だ。これこそが、組織が「現状のまま利益を最大化しようとするのではなく、変化に応じて自己変革し、付加価値を創る力」（慶応義塾大学の菊澤教授）という意味においての、ダイナミック・ケイパビリティである。

とはいえ、経営者は変化に俊敏に対応すると同時に効率も追求しなければならない。ティース教授は共著論文「Uncertainty, Innovation, and Dynamic Capabilities: An Introduction」（2016年）で、経営者が環境変化に俊敏に対応するには、「不確実性」と「リスク」の違いを理解すべきとする。やや難しいが、ポイントは以下だ。

①ビジネス環境の不確実性は、乱世、混乱、過当競争といった中で現れる。イノベーションと相互依存関係がそれに拍車をかける。技術革新やビジネスイノベーション、そして政治的イベントが起こす不確実性は、切り抜けるのが難しい。

②不確実性とリスクは違う方法で切り抜けるべきだ。リスク対応のツールは、不確実性に対応するうえでほとんど役に立たない。例えば金融市場のリスクは、ツールの設計や金融契約、ヘッジなど従来型のリスクマネジメント強化で対処できるが、不確実性には必ずしも対処できない。

③破壊的な変化にさらされたときに企業が最初にすべきは、変化の源が主にリスクなのか、それとも不確実性なのかを見極めることにある。リスクなら、組織変革によるトレードオフに耐える必要はないかもしれず、ダイナミック・ケイパビリティを使うこともさほど重要ではない。

つまり同じ環境変化でも、過去のデータなどからある程度予測可能な「リスク」は、日常的なマネジメントや経営ツールを使って予測的にシステムで対応する。一方、何が起こるか、どう展開していくかが本当に分からない厄介な「不確実性」（パンデミックはそれに当たるだろう）には、ダイナミック・ケイパビリティで立ち向かう。これが効率的で俊敏な環境対応というわけだ。不確実性とリスクの切り分けに優れた経営者としてティース教授は、ソフトバンクグループの孫正義会長を挙げ、「私のヒーロー」と言う。

「例えばソフトバンクグループの孫正義会長が立ち上げたビジョンファンドのような形で、（大企業でも）創造的に活動することはいくらでも可能だ。孫会長は、バークレー（米カリフォルニア大学バークレー校）の卒業生だ。私にとって、米テスラ創業者のイーロン・マスク氏に並ぶ、ヒーローのような存在だ。経営者として非常に大胆な意思決定ができるところが素晴らしい。

話はそれるが、彼の育ってきた道のりもユニークだ。在日韓国人ゆえに日本では居心地が悪かったようだが、バークレーでは出自など誰も気にしなかっただろう。またバークレーでは、かなり変わった人間の背中を押す校風がある。とはいえそもそも発想が貧困だったら、イノベーティブにも起業家的にもなれない。バークレー出身の人間は、孫会長を誇りに思っている。

彼の特徴の一つは不確実性への向き合い方だ。彼はいつもあがいている。直感的で、特に分析的でもない。が、それこそが不確実性への正しい向き合い方だ。将来に対して分析的になるのは無理だ。マネジャーは常に、新しい発明に対してそろばんをはじき、収益率を見極めようとする。実際は、よく分からないものだ。不確実性が高ければ高いほど、通常と違うマネジメントスタイルが必要だ」

ティース教授は、一層先行きが不透明な国際政治の混乱が、政治ほど分断していないとみられてきた国際的なビジネスにも、今後は一段と不確実性をもたらすと懸念する。

「世界は今、歴史を逆戻りしていると思う。ネオ技術国家主義と呼べるようなものが世界の直面する試練によって引き起こされている。冷戦時代、世界はソ連ブロックと西側ブロックに分かれていたが、似た状態に向かいかねない。現在、中国と米国がいわゆるデカップリング（分断）を起こしている」

ティース教授の共著論文「The structural reshaping of globalization: Implications for strategic sectors, profiting from innovation, and the multinational enterprise」（2019年）は、政治体制の違いに関係なくつながったグローバルビジネスが、分断していく可能性を論じた。

国際的な知的財産保護のルールの下でイノベーション力を構築する国々と、ルールを回避して技術を取得しようとする独裁的な国々との間で発生するガバナンスの齟齬《そご》。これが「二股のガバナンス」だ。長く続けば、多国籍企業の戦略も変わらざるを得ない。ティース教授らは「バリューチェーンのデカップリング」と呼ぶ。

このままでは国際経済の「二股のガバナンス」と、「バリューチェーンのデカップリング」により世界のシステム同士が協力しなくなる。米国は中国から、中国は米国からデカップリングしているが、かなりスピードが速い。世界的なイノベーションのネットワークが、再編を求められるだろう。

だがデカップリングという不確実性を乗り越えた企業は、新しいステージに向かえるだろう。ティース教授は「米中のデカップリングは日本にとってチャンス」と断言した。

「正しく変化する能力」を身につけよ

さて筆者は２０２１年、２０２３年と、引き続きティース教授にインタビューする機会があった。米中対立が深刻化したころで、ティース教授は国際情勢に立ち向かう経営者の心構えを改めて説いた。まず、２０２１年のコメントを紹介する。

「私が提唱するのは、単に変わることではない。正しく変化することだ。『正しく変化する能力』——。これをダイナミック・ケイパビリティと呼びたい。正しく変化する能力とは何か、解明するには時間がかかる。簡単にできることなら、とっくに誰かが解明しているはずだ。私が敬愛するピーター・ドラッカーは、こんな言葉を残した。『正しくやることが重要なのではない。正しいことをやるのが重要なのだ』[2]

例えば、俊敏さ、すなわちアジャイルが大事なのは、分かっている。よし、素早くやりましょう、となったとする。日本はこれまで、物事を『正しくやる』ことで成功してきた。トヨタ生産方式は、物事を正しくやるシステムだ。しかし、『正しいことをやる』というのはまた別の問題で、イノベーションや知識創造に関わる。どうイノベーションを起こすか。日本はずっとそれが課題だといわれてきた。そんな日本に今後、必要なのが、ダイナミック・ケイパビリティの開発なのだ」

●「正しくやる」の限界とは？

「正しくやる」ことと、「正しいことをやる」ことの違いは何か。

「日本は、効率を上げることについて素晴らしい能力を持っている。これを『オーディナリー・ケイパビリティ』と呼ぶ。物事を『正しくやる力』だ。日本を研究すると、ダイナミック・ケイパビリティ（正しいことをやる能力）と、オーディナリー・ケイパビリティ（正しくやる能力）の違いがよく分かる。

もちろん、日本にも素晴らしいイノベーションは起きているが、まだ足りない（ティース教授は後に、こうした日本型イノベーションを『スーパーオーディナリー・ケイパビリティ』と命名。後述）。デジタル革命を見なさい。日本には、グーグルもフェイスブックもネットフリックスもない。アップルもない。欧州はというと、スポティファイがあるが、それぐらいだ。日本の問題は、ベンチャーキャピタルが少ないことではない。もちろん日本のベンチャーキャピタルは、米国より少ないが、（日本からグーグルやフェイスブックのような会社が生まれないのは）そのためではなく、ダイナミック・ケイパビリティの問題だ。次にくる大きなうねりを見つけ出す能力が足りないのだ」

「正しいこと」をやるにはまず、次にくる大きなうねりを見つけ出さなければならない。例えばアップル創業者のスティーブ・ジョブズはマッキントッシュを生み出した。１９８４年に発売され、世界中で話題をさらった。

「それで経営が安定し、周囲の人が『次は何をするのか』と聞いたとき、彼はこう答えたという。『私は自分の時間を、次のビッグなことを考えるのに使う』と。彼の『ビッグなこと』とは、ｉＰｏｄであり、ｉＰｈｏｎｅであり、ｉＰａｄであった」

だがマッキントッシュは程なくして深刻な販売不振に陥り、ジョブズはアップルを追われた。しかし、ジョブズはアップルに復帰し、正式にＣＥＯに就任した２０００年以降、

iPod、iPhone、iPadを形にして、世に出した。着想から実現まではかなりの時間がかかっている。

「重要なのは、これらのすべての『ビッグなこと』を一緒に成し遂げるエコシステムだ。このようなエコシステムを構築する能力が、ダイナミック・ケイパビリティだ」

前述のように、ダイナミック・ケイパビリティには三つのプロセスがある。第1に、事業機会や脅威を察知する「センシング」。第2に、察知した事業機会や脅威に対応してリソースを動かし、競争優位を獲得する「シージング」。第3に、競争優位を得た後も変容を続ける「トランスフォーミング」。このプロセスを推進するには、エコシステムを構築する必要がある、というわけだ。

銃弾一発ごときで、イノベーションは起きない

「空港などの書店にいくと、マネジメント本のコーナーがある。そこに並ぶ本は大抵、『銀の銃弾（silver bullet／特効薬）』を売りにしている。改善に役立つ一つの小さなコツを取り上げている。

だがダイナミック・ケイパビリティに『銀の銃弾』はない。さまざまな異なる弾丸を、どのような銃を使って、どのように撃つかについての概念であるからだ。複雑で難しい。

ダイナミック・ケイパビリティとは、要するにモノの考え方であり、新しい思考法だ。私は『メンタルモデル』と呼んでいる。

我々は大学で、ダイナミック・ケイパビリティをうまく教えることができずにいる。それは、多くの異なる知の要素を組み合わせなければいけないからだ。大学というのはすぐ、分野別に分けたがる。マーケティング、戦略、組織行動、そして会計といったふうに。だが、ダイナミック・ケイパビリティにおいては、すべてをまとめて考えるということが極めて重要なのだ」

銃弾一発ごときでイノベーションは起きない、と。ティース教授自身も、経営学のさまざまな分野の研究者と交流し、相互に刺激し合いながら理論を発展させてきた。

「例えばドラッカーは私の憧れであったし、直接、語ったこともある。彼は、経営学界には片足だけ突っ込んでいた感じで、主流派の研究者たちは彼をまともに取り上げなかった。だが、私や（一橋大学の）野中郁次郎教授は、彼の議論をとても重視した」

ティース教授と野中教授、「両利きの経営」のチャールズ・オライリー教授の3人は、特に交流が多い間柄であるが、どのような議論をしてきたのか。

「スタンフォード大学のオライリー教授はかつて、バークレー（カリフォルニア大学バークレー校）で博士号を取得した後、しばらくバークレーで教壇に立っていた時期があった。しかも、オライリー教授と同時期にバークレーで博士号を取得した野中教授が、バークレーの客員教授として滞在していた。私たち3人は（同じ大学に所属する）研究仲間だった。

オライリー教授は組織行動論を研究し、野中教授は当時、マーケティングを研究していた。そして私の専門は戦略とイノベーションだった。ダイナミック・ケイパビリティはまさにこれら――組織行動論とマーケティング、戦略とイノベーション――を組み合わせるもので、私たちは互いの研究を尊重し合っている。

野中教授はその後、知識創造理論を打ち立て、イノベーションの分野に入った。オライリー教授はアジャイル経営、すなわち素早く動く組織について研究する。しかし、素早く動くにしても、動く方向について戦略がなければいけない」

大ざっぱな理論でも、正しい答えは出る

ちなみに、「ダイナミック・ケイパビリティ」の「ケイパビリティ」は、「(潜在)能力」のことを指す。経営学でも経済学でも使われる概念だ。

「だがダイナミック・ケイパビリティは教科書に書かれていないし、大学でまともに教えられていない。それは（人や組織の）ケイパビリティ（潜在能力）について、数学的に美しい理論をつくるのが困難だからだ。私も洗練された数理モデルは好きだ。しかし、理論は、機能するものがいい、意義のあるものがいい。正しい答えに近づけるようなモデルが欲しい。数学的に美しいモデルから導き出される間違った答えは必要ない。

実際には、大ざっぱなモデルから、十分に正しい答えは得られる。そのほうが分かりやすく、使いやすい。研究者は今、数学的には美しいものの間違っているようなモデルを、たくさん使い過ぎている。

ノーベル経済学賞を取るためには数学的に美しくなければいけないからだろうか。だとすればこれは、ノーベル賞の抱える問題点の一つだろう。形式化ばかりを重視してやってきた。モデル化させたほうが、そうでない場合より9倍はノーベル賞受賞のチャンスがあるのが実情だろう」

経営学には、そもそもノーベル賞がない。ノーベル賞を受賞するような経済学者は、ダイナミック・ケイパビリティに関心がないのだろうか。

「ケイパビリティという概念は、ノーベル経済学賞を受賞したアマルティア・センという経済学者も使ったが、経済学の専門家の大多数は、ケイパビリティ（潜在能力）に興味がない。だが、ジョージ・アカロフ米カリフォルニア大学バークレー校経済学部教授[3]や2017年に亡くなったケネス・アロー[4]は、（ケイパビリティの）格差について理解していた。彼らは経済学者の中でもトップ中のトップだ。

現在の経済理論のモデルには、ケイパビリティを加える余地がない。ケイパビリティを考慮すると、既存のミクロ経済学理論の半分以上が無意味になってしまう。というのも、ほとんどの経済理論は、『ケイパビリティは重要ではない』という仮定の上に立ち、（競争する企業の間で）異なるのは『行動』に関係する断面のみであるとしているからだ」

経営学にもベンチャー精神を！

「組織の『行動』にしか着目してこなかった学者たちに、『能力』に目を向けるように迫るのが、ダイナミック・ケイパビリティだ。経済学と経営学の垣根を越え、組織を研究する学問領域を大きく変革する挑戦だ」

ビジネスの変革がホットな話題であるのと同様、学問の分野を変革するのもホットだ。2023年の今は「人的資本」への関心が高まってきている。能力に目を向ける研究が盛んになっている。既存事業と並行して、新規事業を立ち上げることが難しいように、既存の学問の枠組みが残る中で、新しい学問領域を開拓していくことには、ベンチャー精神が必要だ。ティース教授は自ら起業した会社の経営にも携わり、ダイナミック・ケイパビリティの実践者でもあるが、研究者が起業することもすっかり珍しくなった。不確実性が高まる中でビジネスに携わる日本のビジネスパーソンにどう助言するか。

世界秩序の変化と経営者の責任

中国の技術開発に対する懸念

「私が目下、抱いている懸念を表明しておきたい。中国についてだ。（5GやIoTの推進に関わる）移動体通信システムの標準化を担う組織である3GPPは、非常に優れた技術者集団である。しかし、これを今、中国がコントロールしようとしているようだ。

中国には今、品質のあまりよくない特許があふれかえっている。特許の数は多いが、数に注目するのは正しくない。中国には、世界でベストな技術を生み出すのではなく（5Gの）世界における技術標準を自国に有利なものにすることで、影響力を行使しようとしている動きがある。

5Gの技術に関係する特許の多くを握れば、各国が中国に特許料を支払うことになる。（次世代情報技術などについて）中国には2025年までの計画がある。[5] そして

2035年には、世界標準をコントロールするという計画もあるようだ。

中国と『倫理観』を共有できるか？　また、医療科学分野では既にすごいことが起こりつつある。個人の特性に合わせた（オーダーメード型の）医薬品が登場し、劇的に広がっている。

このような状況下では、科学技術が繁栄する枠組みと、それをきちんと規制するシステムが同時に必要だ。とりわけ医療技術と倫理の問題に、私は懸念を深めている。

西側の民主主義諸国と中国は、必ずしも同じ倫理観を共有しているわけではない。例えば、（医療技術の発達が）新しいタイプの生物を生み出してしまったとき、どこで（研究を）終わらせるのか。我々はそれを考える組織を持たない。（先端技術の社会的な影響を監視する）グローバルな統治機構がないのは問題だ。気候変動への対応ですらそうしたものが存在しない。これは解決すべき課題だ。

2021年に米ニューヨーク・タイムズ紙に寄稿し、欧米の企業にとって、健全な社会と民主主義の維持は、自らの存在意義そのものだと書いた。なぜなら、中国やロシアなどの独裁的な国家が、西洋の自由な制度を破壊し、別のものに置き換えようとしている動きがあるからだ。

この寄稿で、私はこう訴えた。『企業の社会的責任（CSR）として、国内、そして国外において、民主主義を守り、オープンでまともな社会を守らなければならない』『経済学者アダム・スミスが250年以上前に訴えたように、善行の欠如は社会を不快な場所にするが、不正義の蔓延は社会を完膚なきまでに破壊する』[6]

ティース教授の発言は、ミルトン・フリードマンが1970年に「企業の社会的責任は、利益を増やすこと」とニューヨーク・タイムズ紙に寄稿したことになぞらえたのだろうか。フリードマンは企業の社会的責任を「利益を増やすことだ」と極論を世論に訴えることに成功したが、改めてCSRと呼ぶと、一般にはどうしても「善行を積む」「利益増は考えない」といったイメージとなる。ここは、米ハーバード大学のマイケル・ポーター教授がCSVという形の新しい戦略論を打ち出した理由でもあるだろう。

ティース教授の考えでも、社会が今、企業に求めていることは、善行を積むなどという生ぬるいものではなさそうだ。独裁的な国家による不穏な動きを「感知し、これを機会と捉え、場合によっては変革を促すためにリスクを取る」ことも必要であるのかもしれない。AIの進化で、ティース教授が言う「科学技術の規制」は、ますます重要になる。政府まかせにせず「民主主義を守ること」もある意味、一種のCSRと位置づけるべきなのだろうか。

「全体主義はたぶん民主主義よりもはるかに効率的だが、人類の福祉にとってはあまりよくないものだ。我々人類は、独裁的な国家（の下で生きるの）と比べて、相対的な自由を手に入れるためだけに、２５０年以上も年月をかけた。これは偉業であった。

そして今、民間企業もそこ（自由の価値）に目を向けつつある。新しいタイプのＣＳＲといえるだろう」

とはいえ、企業にとって意思決定はより難しいものになる。

「さらに（今後10年の人間社会を変化させる新しい技術と言えば）、もちろんＡＩだ。米国企業について考えよう。例えばグーグルだ。グーグルにとって初めて（自らの法人としての）国籍が重みを持ち始めた。グーグルは、米国防総省には協力しないのに、中国軍のＡＩ研究には協力しているようだと、米軍や米国政府関係者らから激しい批判を受けた」[7]

ティース教授が提唱する「ダイナミック・ケイパビリティ」は、中国ハイアールの最高経営責任者（CEO）である張瑞敏氏に大きな影響を与えていて、面識もある。そんなティース教授の発言は、なおさら重い。

「世界秩序を変えることに対する、企業経営者の責任とは何か？　これは極めて大きな問いだ。日本企業も決断しなければいけない。中国に進出して、中国軍と取引する中国企業に、（軍事転用可能な）技術を提供することを是とするのか。あちら側で何がなされるかは、こちら側からは見えない。（ビジネスと軍事の）二重目的の科学技術は存在する（実践編201ページ、スーザン・エイシー教授の講義「デュアル・ユース・テクノロジー」も参照されたい）。

新しい経営のテーマだ。何が正しく、何が間違っている、といったことを私が言うつもりはない。ただ、日本の経営者は今後、こうした問題について考えなければいけない。それは言っておきたい。過去60年以上、経営者はこうした（国防がからむ）テーマをあまり考える必要がなかった。だが、それ以前は違った。1940年代には考え抜かねばならなかった。

それは当時なら、『ヒトラーのドイツと取引するのか？』についてだった」

ヘンリー・フォードの反ユダヤ思想

「米自動車大手フォードの創業者ヘンリー・フォードは、『ヒトラーのドイツ』に対して好意的だったという。[8] だが一方で、それをよしとしない経営者もいた。

当時は、ナチスとの取引は禁止されてはいなかった。では、政府にダメだと言われないかぎり、経営者は取引を続けるのか？ それとも、自分自身の良心に従うのか？ これこそ（我々が今、直面している）新たな問題だ。

またAIは今後、ますます我々の役に立つだろう。しかし、米テスラ創業者のイーロン・マスク氏が考えるように、AIが人間を脅かし始める日が来るかもしれない。[9]」

イーロン・マスクの憂う「人類の自滅」

「マスク氏が火星に行こうと躍起になるのは、人類はいずれ自滅すると考えているからだろう。これは、（先端技術の社会的な影響を監視する）グローバルな統治システムを確立できるかどうかの問題だ。

その点でいえば、AIのような科学技術（のガバナンス）は、少なくとも米国、日本、そして欧州は一緒に取り組むべきだ。一国だけでは生き残ることができない。もはや米国一国で繁栄することはできないし、欧州も、日本も一国だけで繁栄するのは無理だ。自由民主主義国家は、もっと互いに協力して、科学技術をうまく生かしながら、同時に規制するシステムを構築すべきだ」

激変する環境のもとでどう変革を進めればよいのか？

さて前記のインタビューからさらに2年ほどが経過した２０２３年、米オープンＡＩが開発した生成ＡＩ（人工知能）、ChatGPT（チャットＧＰＴ）が衝撃的なスピードで普及した。ティース教授が指摘していたＡＩをめぐる問題が、急に緊急性を帯びて我々に突きつけられた。技術が飛躍的に進歩しビジネス環境が激変した今、企業経営者は今日、どのようなダイナミック・ケイパビリティを持つべきなのか、ティース教授に改めて聞いた。

「ダイナミック・ケイパビリティはあくまで経営者が持つべきメンタルモデルの概念だ。最適化や効率アップは経営者にとって重要だが、それ以上に重要なのは革新的であること。単に取り組む内容を変えるだけでは革新的とは言えない。まず、何をすることが正しいのかを見極める必要がある。前にも話したが改めて説明すると、英語では『It's the difference between doing things right versus doing the right things』と言う。『正しくやることと、正しいことをやることは違う』。ピーター・ドラッカー氏はかつてそう言ったが、指針は示さなかった」

変革は心のあり方がカギを握る

「そこで私が提唱した、センシング（感知）、シージング（捕捉）、トランスフォーミング（変容）というダイナミック・ケイパビリティの枠組みが役に立つのだ。このステップを踏むことで、革新的であるとはどのようなことかを理解できるからだ。変化を感知し、機会を捉え、知識や資産など経営資源を再構築するのだ。

そこではスキルと同じぐらいに、心のあり方が重要だ。最高経営責任者（CEO）だけでなく、取締役会もだ。CEOが大胆な変革を実行するには、取締役会の後押しが必要だ。ところが取締役会はリスク管理を見誤り、『大がかりなことはしないようにしよう』と考えがちだ。彼らはリスクを最小化するために挑戦しないことで、かえって大きなリスクを引き寄せてしまう。

世界が劇的に変化したことを理解しなければならない。私は主に、技術革新の不確実性をいかにマネジメントするかを念頭に置いてダイナミック・ケイパビリティ理論を構築してきた。しかし今日はさらに規制や地政学上の不確実性が加わった。国家間や企業間の連携が必要だ。

特に対中国では、ますます重要になる。米国、日本、その他のアジア諸国が生き残るには、互いに力を合わせるしかないと私は考える。力を合わせれば勝てる。日本、米国、欧州が協力し合えば、勝てる。そうでなければ、我々が負ける」

民主主義国家は産業政策を協調させなければならないのだろうか。

「国家安全保障と経済安全保障は、今や違いが曖昧になっている。以前は国家安全保障はこちらで、経済発展や進歩はこちらで、とはっきり分けて考えていた。しかし今や技術的なリーダーシップを堅持することは、国民経済にとってだけでなく国家安全保障にとっても重要だ。適切な技術に投資するだけでなく、多かれ少なかれそれを（他の国・地域と）連携してやる必要がある。そこに象徴的な意味合いがあるからだ」

では、日本政府の産業政策は経済安全保障の点においてはどうあるべきだろうか。

「私が最も強調したいのは、日本人は『最後は政府が何とかしてくれる』と考えがちである点だ。そうではない。経済は企業のものだ。CEOのメンタリティーを変える必要がある。経営者が共通の課題を理解して、自分たちの組織をより強固にする戦略的なステップを踏む必要があるのだ。

強固かつ強靭《きょうじん》な回復力を備えた組織にするためには、サプライチェーン（供給網）を見直す必要もあるだろう。政府による規制を待ってそれに対応する形で動くのではなく、経営者自身が情勢を先読みし、つかみ取る必要がある。そこでは競争本能の一部を鈍らせ、企業同士で協力し合う本能のほうを前面に出す必要も出てくるかもしれない」

企業はシナリオプランニングを

つまりは、環境変化に対して適応し、最後は政府の法規制などに任せるという、これまでのような受け身の姿勢ではいけないという意味なのだろうか。

「受け身ではいけない。まずはこの先の変化を読み（感知）、政府に積極的に自ら働きかけ、政策をより良いものにする（捕捉）。一方で、自分たちの組織をより強固なものに変えていく（変容）。

もし南シナ海で有事となれば、サプライチェーンは根底から覆される。しかし私の知る限り、米国や日本、その他の企業はこの点、限りなく小さな変化しか起こしていない。今後インドで（スマートフォンなどを）製造していく方向の米アップルのような企業はあるが、こうした変革は一朝一夕になし遂げられるものではない。

そこにある脅威と起こり得る結果を認識する必要があると私は考える。軍事行動の可能性が20%しかないと思っても――できればそれ以下であってほしいが――海上封鎖であれ何であれ、企業はシナリオプランニングをすべきだ。しかし私の感覚では、ほとんどの企業がきちんとやっていないように思う。

民間企業にとっては先手を打つチャンスなのに、何もしていない。リーダーシップはどこにあるのか。経済のためのリーダーシップは、政府だけでなく民間企業も発揮すべきだ」

生成ＡＩをめぐり、米国では多くの起業家が協力し合い、政府が動く前に自己規制を訴えるなど、先に動いた。

「戦略や製品開発、起業家精神が専門の米マサチューセッツ工科大学（MIT）の教授であるマイケル・クスマノ氏が最近、私が共同編集長を務める学術誌『*Industrial and Corporate Change*』で2021年、『経営者の自己規制はデジタルプラットフォームを救うのか（Can Self-Regulation Save Digital Platforms?）』という共著論文を発表し、この点を論じていた。政府から規制すると脅される前に動けという。クスマノ氏がとりわけ楽観的というわけではないが、産業界にできることは間違いなくある」

現代の不確実性はたった1人が原因

「正しくやる」のではなく、「正しいことをやる」べきと以前のインタビューでも指摘していた。生成AIなど最近技術への対応という文脈では、経営者は何をするのが正しいのだろうか。

「まず、社会的、政治的、公共的な問題がそこにあることを認識することだ。何かが起こるまでひたすら待ち続けるようなことはできない。ワシントンや東京の政府が懸念を抱き始めたら何かしようというスタンスではいけない。問題を先取りして協調的、協力的に仕事をする必要がある。地政学的、技術的な理由から、これまで必要とされてこなかった類いの先見性が経営者に求められている。

リスクマネジメントの概念全体を再定義する必要がある。リスクマネジメントは長期的なものだ。私ならリスクという言葉を用いることを禁じて、『不確実性マネジメント』と差し替える。歴史上で著名な経済学者、フランク・ナイト氏は次のように表現している。『リスクは確率を計算できる。不確実性は今まで起きたことのないことだから確率を計算できない』。銀行であれ民間企業であれ、今後はリスク管理部門の看板を『不確実性マネジメント部門』と書き換えることを勧める。シナリオプランニングを始め、これから起きそうな問題を本気で把握することに努める部門だ。

私たちは70年間、比較的穏やかに過ごせたときの古いツールをまだ使っている。パックス・アメリカーナ、パックス・ジャポニカ、何であれそれは終わりつつある。中国には習近平《シー・ジンピン》氏というリーダーがいて、不確実性はそのたった1人が原因だ。不確実性の原因は中国ではなく習氏だ」

ティース教授は常々、中国の経済政策に警戒心を表明している。その方向性は、特定個人の動向次第であり不確実性の源だから、確率の計算は一切できない、というわけだ。

「確率が計算できないのが問題だ。もはや環境適応の問題ではないのだ。単に合わせていくという話では済ませられない。環境そのものを自ら変えていくべきだ。皆が起業家としての心構えを持つことだ。起業家は環境を形づくる立場であって、環境に身を任せる受け身な立場ではない。これは、経営実務に通じる重要で概念的な違いだ」

日本社会にこれから必要なイノベーション

環境全体を自ら変えるためには、変革が部分最適であってはならない。2023年5月、ティース教授は名誉博士号を授与された慶応義塾大学での特別記念講演で、ノーベル賞経済学者のポール・ミルグロム氏や、青木昌彦氏ら著名な経済学者による日本型組織の研究に触れた。ミルグロム氏らは1990年代に日本企業の高度成長や復興を研究したことで知られる。なぜこうした研究に言及したのか。

「日本が、国全体として動いているシステムであることにまず注目しよう。相互に作用しながら動くシステムを断片的にのみ変えることはできない。全体をどう変えていくかという視点が必要だ。

組織イノベーションに必要な「正しいこと」

● ティース氏が見る日本の経営力

	日本の強み	日本の最大の強み	日本の弱み
	オーディナリー・ケイパビリティ	スーパーオーディナリー・ケイパビリティ	ダイナミック・ケイパビリティ
パーパス	基本的な機能の技術的な効率化	特定の製品・プロセスの技術的な効率化	長期的な戦略適合（進化的な適合）
スキーム	オペレーション、管理、ガバナンス	やって、使って、見て学ぶ	感知し、捕捉し、変容させる
模倣性	比較的容易	数年の取り組みで模倣可能	模倣は不可能
活動内容	正しくやる（効率運営）	より良くやる（カイゼン）	正しいことをやる（自己革新力）

出所：デビッド・ティース教授の資料から作成

よくアクティビストが物言う株主として日本型のシステムを揺さぶる。日本政府も少しずつシステムを変えようとしている。ただし、そこでこれこそ日本の目指す姿だと明示されることはない。共通のビジョンがなく、協調的な行動もない。

米国もビジョンを持つことが苦手だ。一方で中国はビジョンを描くのがとてもうまい。今、日本にとって重要なのは、このビジョンである。日本は相互に補完し合う関係が強い社会のため、目線をそろえるためには米国以上にビジョンが必要なのだ。

これは青木氏が言ったことで、ミルグロム氏とジョン・ロバーツ氏の共同研究もそれを解明していた。取引費用の経済学でノーベル経済学賞を受賞したオリバー・ウィリアムソン氏も、青木氏の研究に注目して日本の組織を研究した。いずれも日本社会の「(相互)補完性」に注目したものだ。

ウィリアムソン氏は、自動車産業に見られたケイレツを挙げ、取引コストの節約ができていると指摘した（取引コスト=費用や、新しい取引先の信用度を調べる情報収集の労力など、取引にまつわるあらゆるコスト）。ミルグロム氏とロバーツ氏は、日本の企業には、一方の活動が別の人や組織の特定の活動を大きく補完する『スーパーモジュラリティー』の関係があると示唆した。

しかし彼らの研究からは、さらに日本社会が進歩するための明確なアクションの提示はなかった。日本はオーディナリー・ケイパビリティ（正確に効率よく遂行する力）やスーパーオーディナリー・ケイパビリティ（カイゼンする力）は強いが、ダイナミック・ケイパビリティ（環境変化に対応し自己革新する力）が弱いという特徴がある(前ページの図参照)。

私なら、そこから一つのことを考える。日本が、海外に比べ国内同士でより緊密につながっているとすると、そこで変化を起こすためにはトップによるビジョンの策定・発信が何より必要ということになる。施策に一貫性を持たせるためだ。それこそが、日本に必要なダイナミック・ケイパビリティの本質だ」

注

1　暗黙知はもともと、科学哲学者マイケル・ポランニーが「経験的に使っているが言葉で説明できない知識」として、1950年代に提唱した概念である。野中教授が定義する形式知は暗黙知の対立概念で「言葉で説明できる知識」のことである。第1講も参照。

2　『現代の経営（下）』（上田惇生訳、ダイヤモンド社、2006年）には、「重要なことは、正しい答えを見つけることではない。正しい問いを探すことである。間違った問いに対する正しい答えほど、危険とはいえないまでも役に立たないものはない」とある。

3　情報の非対称性に関する研究で、2001年、ノーベル経済学賞を受賞。

4　一般均衡理論の業績で、1972年、ノーベル経済学賞を受賞。理論には組み込まれていないということか。

5　「中国製造2025」のこと。中国の習近平（シー・ジンピン）指導部が2015年に発表した産業政策で、「次世代情報技術」や「新エネルギー車」など10の重点分野を定め、製造業の高度化を目指す。25年までの目標を「世界の製造強国の仲間入り」とする。

6 アダム・スミスの『道徳感情論』（高哲男訳、講談社学術文庫、2013年）には、「社会の存続にとって、善行（ベネフィセンス）は、正義ほど不可欠なものではない。社会は善行なしでも存続する――もっとも、快適な状態にはほど遠いとしても――可能性があるが、不正の横行は、社会を完全に破壊するに違いない」とある。

7 日本経済新聞の報道によると、2020年3月、米軍制服組トップのジョゼフ・ダンフォード統合参謀本部議長は、議会上院の軍事委員会の公聴会で「グーグルの中国での取り組みが中国軍に対して間接的に恩恵となっている」と証言した。グーグルが中国にAIの研究拠点を設けることなどにより、革新的な技術が軍事分野に転用されるリスクがあるとの懸念を示した発言と見られる。さらにパトリック・シャナハン国防長官代行は、グーグルについて「米軍への支援が欠けている」と非難したという。

8 ヘンリー・フォードが1920年代初頭に発表した『国際ユダヤ人（The International Jew）』は、反ユダヤ主義思想の書であり、日本語にも翻訳されている。アドルフ・ヒトラーはこれを愛読し、フォードを褒めたたえたという。『国際ユダヤ人』は、ナチスの若手党員などに思想的影響を与え、フォードも当時はナチスに好意的であったとされる。

9 イーロン・マスク氏は、2020年2月、自身のツイッター（現X）に「進化したAIを開発する組織はすべて規制されるべきだ。テスラも含めて（All orgs developing advanced AI should be regulated, including Tesla）」と記すなど、無制限なAI開発を危惧する姿勢を示している。

第５講　両利きの経営

イノベーションのジレンマを乗り越える組織行動論

チャールズ・オライリー　*Charles O'Reilly*　米スタンフォード大学経営大学院教授

１９６５年米テキサス大学エルパソ校卒業（化学専攻）。69年まで米軍。米カリフォルニア大学バークレー校で、71年、ＭＢＡ（経営学修士号）取得（情報システム学）、75年、組織行動論の博士号取得（Ph.D.）。米カリフォルニア大学ロサンゼルス校経営大学院助教授、米カリフォルニア大学バークレー校経営大学院教授を経て93年から現職。コンサルティング会社、Change Logic 社の共同創業者。（写真＝村田和聡）

▼講義の前に——イノベーション研究の流れとオライリー教授

前講で紹介した、「ダイナミック・ケイパビリティ」が注目を集めてきたのは、あらゆる企業においてイノベーションが重要な経営課題と捉えられていることが深く関係するだろう。

経営学におけるイノベーション理論の発展に大きな貢献を残したのが、２０２０年１月に亡くなった故クレイトン・クリステンセン教授だ。1997年に（原著を）著した代表作『イノベーションのジレンマ』（邦訳、翔泳社）において、業界をリードする優良企業が「すぐれた経営」を行った結果として、新興企業による破壊的イノベーションの前に競争力を失うという「ジレンマ」を、ハードディスク業界などの豊富な事例とともに鮮やかに描いた。

イノベーションのジレンマを、いかにして乗り越えるか。クリステンセン教授も含めて、多くの経営学者が、この問題に取り組んできた。

その代表的な成果が、前講の「ダイナミック・ケイパビリティ」であり、本講が取り上げる「両利きの経営」、そして次講で取り上げる「オープンイノベーション」である。

1996年に提唱して以来、米スタンフォード大学経営大学院のチャールズ・オライリー教授が、米ハーバード経営大学院のマイケル・タッシュマン名誉教授らとともに発展させてきた「両利きの経営」は、2016年、4冊目の共著に結実する。原題は、『*Lead and Disrupt: How To Solve the Innovator's Dilemma*』、直訳すれば、「リードして破壊する：イノベーターのジレンマ解決法」。

故クレイトン・クリステンセン教授は、自らが提示したイノベーションのジレンマという課題に、特筆すべき回答を示した本書に、生前、推薦文を寄せている。2019年には、『両利きの経営』（東洋経済新報社）として邦訳され、日本でもベストセラーになった。

両利きの経営とは、端的にまとめると、過去に会社を成功に導いた既存事業で収益を獲得し続けながら、全く新しい事業分野を開拓し、そこから収益を得られるように会社を変容させていく経営のことである。

とすれば、次講で取り上げるオープンイノベーションは、両利きの経営を実践する具体的な手法の一つと捉えることもできる。


本講の内容は、２０２０年初め、オライリー教授の来日に合わせて取材した。そのときは、新型コロナウイルスの感染拡大の初期で、感染対策に注意しながらも、直接お目にかかることができた。しかし、その直後から我々は感染爆発という未曽有の事態に見舞われ、あっという間に日常の風景が変わり、対面のコミュニケーションが制限される「ニューノーマル」に突入した。

世界経済は、制御不可能な需要ショックと供給ショックに突然見舞われ、大きな嵐が吹き荒れている。だが長期的な観点からすれば、この変化は必ずしも悪いことばかりではないかもしれない。何十年もの間、デジタル化やダイバーシティーなど、組織変革の必要性が叫ばれながらも、ほとんど変わらなかった日本企業が、ウイルスという〝外圧〟によっていや応なしに対応を迫られ、たちまち体制を一変させる企業も出てきた。
こうした変化の激しい時代にこそ必要とされるのが、両利きの経営だ。

イノベーション理論に新しい地平を切り拓くオライリー教授は、前講のティース教授、次講のヘンリー・チェスブロウ教授と並ぶ、米国経営学界のスター教授だが、日本とは浅からぬ縁がある。

オライリー教授は、2020年3月、『両利きの組織をつくる』(英治出版)を日本で刊行した。その共著者の一人は、日本の企業戦略を研究する米カリフォルニア大学サンディエゴ校のウリケ・シェーデ教授だ。本講の取材には、シェーデ教授も同席していた。

筆者は、2014年から約半年、『日経ビジネスオンライン』(現『日経ビジネス電子版』)でシェーデ教授の連載「ドイツ人経営学者は見た!日本のかっこいい経営」を企画・担当した(サイトリニューアルに伴い、現在は公開されていないので、懐かしい思いで挨拶をした。彼女はオライリー教授の妻である。文庫版〈実践編〉では、シェーデ教授が著書『再興 THE KAISHA』を出版したのを受けて寄稿した連載を再編集し、掲載している。

2014年の連載当時は、シェーデ教授と密なブレーンストーミングを繰り返したものだが、プライベートの話は全くしていなかった。シェーデ教授はティース教授、チェスブロウ教授と同じ、米カリフォルニア大学バークレー校で教えていた時期もあって親しい。「バークレー閥」ともいえる夫妻は、一橋大学の野中郁次郎名誉教授とも関わりがある。完全なる余談ではあるが、このあたりの「世界の狭さ」にも大変驚かされた。

２０２１年には筆者が『日経ビジネス』で企画・指揮した３日間のライブウェビナー「資本主義の再構築とイノベーション再興」に、夫婦で登壇。オライリー教授は「ある米コンサルティング会社は、２０１５年から２０２５年の間に主要５００社で構成する株式指数Ｓ＆Ｐ５００の大企業の半数が入れ替わると予測している。これは従来の大企業の重要性が失われていることを意味する」として企業変革の重要性を指摘。「カイゼンの成功と新規事業の成功は必要条件が異なる」と述べ、変革に成功した企業として、日本から富士フイルムとＡＧＣ（旧旭硝子）を挙げた。

変革がなかなか進まず苦しむ企業関係者に対し、「ＡＧＣやＮＥＣによる『インサイドアウト』型イノベーションの取り組みはとても興味深い。社内の技術やスキルを新規事業に応用する手法だ。一方パナソニックは、顧客から得たアイデアに対応する方法を探る『アウトサイドイン』型のイノベーションを採用している。どちらの戦略でも成功できると思う。アイディエーション（着想）は社内外どちらからでも構わない」と指南した。そして、

「変化がより急激になる中、企業や経営者がこれからの勝負法を考えなければ、未来に大変な苦労が待っていると思う」と、経営者らに訴えた。

「両利きの経営」を実践するためのヒント

変化対応には「両利きの経営」

ここからはチャールズ・オライリー教授に、日本企業が「両利きの経営」をやり遂げるためのヒントを聞いていく問答を始めよう。まずは、両利きの経営とは何か。

「企業が戦略を立案すると、経営者は、その戦略を実行するためにどのような仕組みを設計すべきか、と発想する。そして多くの経営者は、既存事業の拡充をする組織と、新規事業を立ち上げる組織は別であることが望ましいと考えている。

『イノベーションのジレンマ』を提唱した、故クレイトン・クリステンセン教授も、一つの組織、とりわけ大企業が既存事業と新規事業の両方を同時にやるのは難しいことだと認識し、別々に取り組むことを実際に推奨していた。

クリステンセン教授がイノベーションのジレンマを主張したころ、米ウォルマートはまさに、既存事業と新規事業で組織をどう切り分けるかを決めるタイミングだった。議論の結果、同社は、通信販売用のオンラインショップ、ウォルマート・ドット・コムを立ち上げ、米アーカンソー州の本体と完全に切り離して米国西海岸のカリフォルニア州シリコンバレーに拠点を置くことを決定した」

ウォルマートが失敗した理由

「ところが、期待に反し、そのやり方はうまくいかなかった。ウォルマート・ドット・コムは通販のシステムを開発するだけでなく、店舗に在庫があるか、どのぐらいで届けてもらえるかなどを把握する必要があった。本体と別の組織ではその情報を十分に得ることが難しかったのである」

クレイトン・クリステンセン教授が「イノベーションのジレンマ」で、大企業が新興企業に負ける理由を説明したのが1997年のこと。当時、新規事業は既存事業を破壊する存在として受け止められていたことも、「既存事業と新規事業は別組織でやるべき」という考え方の根拠となっていた。しかしウォルマートなどの例を契機に、こうしたやり方を検証する動きが出る。

組織を分けると〝病〟になる？

「既存事業の深掘りと新規事業の探索をしている組織を別々のものにしてしまったら、かえって双方で問題が起こり、解決の糸口も見つけにくくなることが分かってきた。また、新規事業に取り組む組織が得た知見を、既存組織にフィードバックできないことや、新規事業の探索をしている組織が本社のリソースの恩恵を受けにくいことも問題になってきた」

別々の組織で取り組むがゆえに、新規事業がうまくいかず、企業の〝病〟となる現象が見られたのだ。

「そこで、異なる成長段階にある事業が、『同じ屋根の下で同居できる』経営、私が言う両利きの経営こそが今の時代に合うという考え方が生まれた。

両利きの経営では、たとえ既存事業と新規事業という別々の事業活動であっても、『同じ屋根の下』で運用し、双方の強みを双方で使うことが大事だと考える。クリステンセン教授も近年は、我々の理論に同意し、我々の著作『両利きの経営』(原著)で『これはより良い思考方法である』と、推薦文を寄せてくれた」

とはいえ、両利きの経営とは、一つの組織で漫然と新旧二つの事業を手掛けていくことではない。資金や人材、ノウハウ、制度などといったリソースは積極的に共有するが、違う事業に対しては、違うカルチャーで取り組まねばならないという。

「ここでいう『組織カルチャー』とは、その組織をコントロールしているシステム全体のことである。日本語で頻繁に使われる『企業文化』ではなく、仕事のやり方、仕事に対する姿勢のことである。

この組織カルチャーのありように注意深く対応しないと、両利きの経営はうまくいかない。社員は、慣れ親しんだやり方にしがみつく(文化に惰性が生じる)ものだからだ。

産業が急速に変化しているときは、これまで成功してきた仕事のやり方が、新しいビジネスのやり方にとってはむしろ間違っている可能性もある。だから、両利きの経営の下では、経営者は事業ごとに仕事のやり方をどう変えていくか、考えなければならない」

サクセストラップを防ぐ

中でも、成功体験のある従業員らがこれまで慣れ親しんだやり方からなかなか抜け出せないことを、オライリー教授らは「サクセストラップ」と呼んでいる。カルチャーを変え、サクセストラップに陥らぬようにできて、初めて両利きの経営で戦える。そして、「種は生き残るために変異する。組織もまた変異しなければ生き残れない」というのがオライリー教授の考えだ。

「ダーウィンが展開した進化論の下では、種、動物、人類の進化は、遺伝子の変異によるものであった。世界が変化するときに、その環境により強く適合し、再生産が（容易に）でき、（環境を）占有できるタイプが生き残る。これが進化論の要諦だ。組織についても同じことがいえる。両利きの経営ができる組織こそが環境に適応し、より生き残りやすくなるのである」

まずは違う仕事のやり方を認める

●「両利きの経営」のイメージ

組織カルチャー
既存事業
新規事業
「米ネットフリックスや米マイクロソフトなどは両利きの経営ができている」(オライリー教授)

コロナ禍という未曽有の危機の中で、すべての企業は従来のようにあつれきを注意深く取り除きながら時間をかけて調整し、変化していくやり方ではなく、ほぼ強制的に、迅速な変化対応を求められた。だからこそ、改めて注目される両利きの経営。実現するうえで欠かせないのが、組織カルチャーという概念を理解することだ。

繰り返しになるが、組織カルチャーは、日本語でいう企業文化とは違う。組織カルチャーという言葉は、より幅広い。例えばこれを、(その会社における)ものごとのやり方と定義する人もいるし、業務上のタスクだけではなくて、社員や顧客、取引先が相互にコミュニケーションをするときの作法、やり方を指すこともある。その会社に特有のマインドセットも組織カルチャーに入る。

服装規定や上下関係のあり方なども組織カルチャーの一つだ。

組織カルチャーは、企業にとって二つの重要な意味がある。一つは、会社という社会のコントロールシステムであるという点だ。オフィスに出社して働くとしたら、その組織カルチャーになじまねばならない。既存の会社の構成員が「我々のやり方なんだ」と思っているようなやり方になじめなければ、新人は受け入れてもらえないだろう。これが、組織カルチャーが、会社のコントロールシステムであるという意味だ。

問題は、そのコントロールシステムをずっと維持し続けることが、果たして企業の成長に本当に役立っているのかという部分だ」

組織カルチャーと進化論

オライリー教授の主張をまとめれば、社員は慣れ親しんだ仕事のやり方、つまり組織カルチャーにこだわりがちで、それは両利きの経営を導入する際、大きな障害になる。つまり両利きの経営を成功させるには、例えば既存事業と新規事業で姿を変える変幻自在の組織カルチャーが必要になる。その様子をオライリー教授は、ダーウィンの進化論に重ね合わせて説明する。

「ダーウィンは、生物は環境に適応できる種こそが生き残ってきたとする進化論を提唱したことで知られる。つまり動物、人類の進化の過程では、環境により適応した遺伝子を持つタイプが、後世に種を残すことが許された。

これは組織についても同じことがいえるだろう。新規事業を手掛けるうえで別の組織にするやり方が非効率で時代に通用しなくなりつつある以上、生き残るには、両利きの経営ができなければならない。ならば、多くの動物や我々人類がそうであったように、企業もまた、両利きの経営ができる力（遺伝子）のある企業こそが生き残る。そのためには、組織カルチャーを進化させるしかない」

首の短いキリンになるな

環境適応に成功した首の長いキリンを見ながら淘汰されていったという、いわゆる「首の短いキリン」になってはならない、というわけだ。

さらに、オライリー教授は、産業界の破壊的イノベーションと、進化生物学の断続平衡説が、同じ事象を指しているともいう。断続平衡説とは次ページの図のように、生物などにはほとんど変化しない期間と急激に変化する期間があり、急激な進化は短期間に爆発的

生き残るため、環境変化に合わせていく

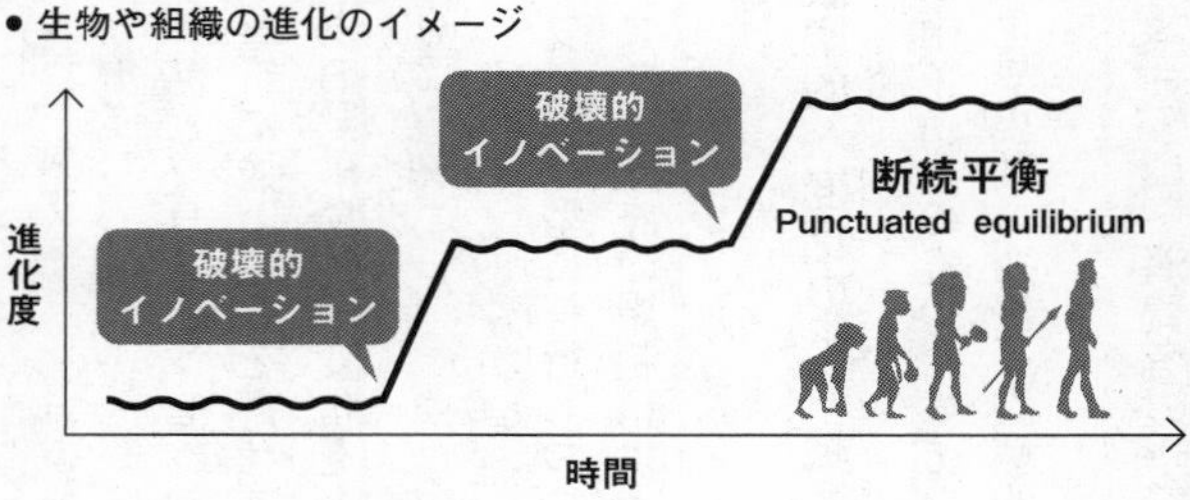

に進行するという説だ。

イノベーションのジレンマの提唱者である故クリステンセン教授は当初、新規事業は、既存事業と別に展開することを推奨した。だが、そんなクリステン教授もまた、破壊的イノベーションについて、ダーウィンの進化論にイメージが近いことを指摘していたという。

「（破壊的な変化と違って）ダーウィンは、生物の進化の過程には、環境に合わせて少しずつ適応していくような現象があると指摘していた（系統漸進説）。だが、生物であれ企業であれ、長く生き残るには、まずは、（爆発的な変化を伴う）断続平衡説の下で訪れる破壊的変化を乗り越えていかなければならない」

そして、断続平衡説のような爆発的な変化をもたらすのは、必ずしも技術革新だけではないとオライリー教授は指

摘する。

「私とクリステンセン教授とのもう一つの違いであるが、クリステンセン教授は技術革新に強い関心を寄せていた。だが技術革新は、破壊的イノベーションの源の一つである。破壊的な変化をもたらすものは、まだほかにもある。重要なのがビジネスモデルの変化だ。

例えば（リアル店舗からオンラインショップに移行した）小売業や、（サブスクリプション型に移行しつつある）ソフトウエアは、ビジネスモデルが変化してきた例だ。また、政府の規制によってもたらされる変化もある」

破壊的な変化の乗り越え方

技術革新そのものだけでなく、技術革新がもたらした業界構造の変化、ビジネスモデルの変化や規制の変化も破壊的な変化になり得るというわけだ。

「さらに、消費者の嗜好の変化も破壊的な革新をもたらし得る。クリステンセン教授の議論はすべて技術革新についてだった。しかし、現実に起こったのは、技術革新だけではなかったことは、今後も忘れてはならないだろう。

例えば米ゼネラル・モーターズ（ＧＭ）やトヨタ自動車といった自動車メーカーなら、ＥＶ（電気自動車）の登場による市場の〝破壊〟に直面しているが、それは技術面の変化だ。自動運転もそうだ。今後は、従来型のクルマに代わる新しい移動手段を使いたいという消費者の変化にも〝破壊〟されるかもしれない。時間単位でクルマを借りるビジネスモデルが支持されれば、それも〝破壊〟につながる。

技術革新だけでなく、はるかに幅広い要因によって、市場は〝破壊〟される。環境に適応するためには企業の素早い進化が待ったなしであり、変化の中心には、両利きの経営がある」

「両利きの経営」は、言うは易し、行うは難し。その実践には数多くの困難を伴う。オライリー教授は、実例を挙げながら説く。

「米国企業には、両利きの経営を成功させた企業がたくさんある。米ゼネラル・モーターズ（ＧＭ）もその一つだ。内燃エンジンから家電、そして自動運転へと一つの会社の中で多くの分野に挑戦し、様々な事業を成功させてきた。現在は、そうした多角化で蓄積した同社にしかない多様なデータを活用し、次なる新規事業を育て上げようとしている」

米国で現在目立っているのが、従来型のビジネスを維持しつつ、サブスクリプションモデルへの移行に成功した企業だ。

アドビは典型的成功例

「多くの企業が、本業とサブスクリプションモデルの両立に成功している。典型的なケースは米アドビだ。同社の商品であるアドビフォトショップはもともと、同社のソフトウエアを店舗などでユーザーが買い、自分のコンピューターに展開してインストールする従来型のビジネスモデルだった。しかし、今ではソフトウエアはほぼサブスクリプション型に移行しつつある。定期契約をしたら、常に最新版の利用が可能になるビジネスモデルだ。

米ネットフリックスも両利きの経営をうまくやってきた企業だ。最初はDVDレンタルのサービスを提供する企業だった。それがやがて、動画のストリーミング配信サービスに変わり、今はコンテンツを制作している。米マイクロソフトはオフィスのソフトウエア販売から、クラウドでのマイクロソフト365のサブスクリプションモデルに移行した」

ここまで見ると、ソフトウエア提供というビジネス自体は変わらないものの、「どのように継続的に提供するか」を変えてきた事例が多い。

オライリー教授は「アラインメント」という言葉を使い、変革の実行を成功に導いた構造を説明する。

まず、会社をコンピューターに見立てて考えてみる。すると会社は、制度や設備などといった「ハードウエア」と、人材やカルチャー（仕事のやり方）のような、社会的な「ソフトウエア」からできているという。

風呂敷モデルで組織を変革する

「次ページの図の上側を見てほしい。アラインメントとは、この図に示した、会社に存在する四つの概念の組み合わせだ。

まずはハードウエアとして、二つの要素がある。その『会社（固有の）制度』と、

戦略に合った「組み合わせ」を認識する

- 4つの要素の「風呂敷」(アラインメント)

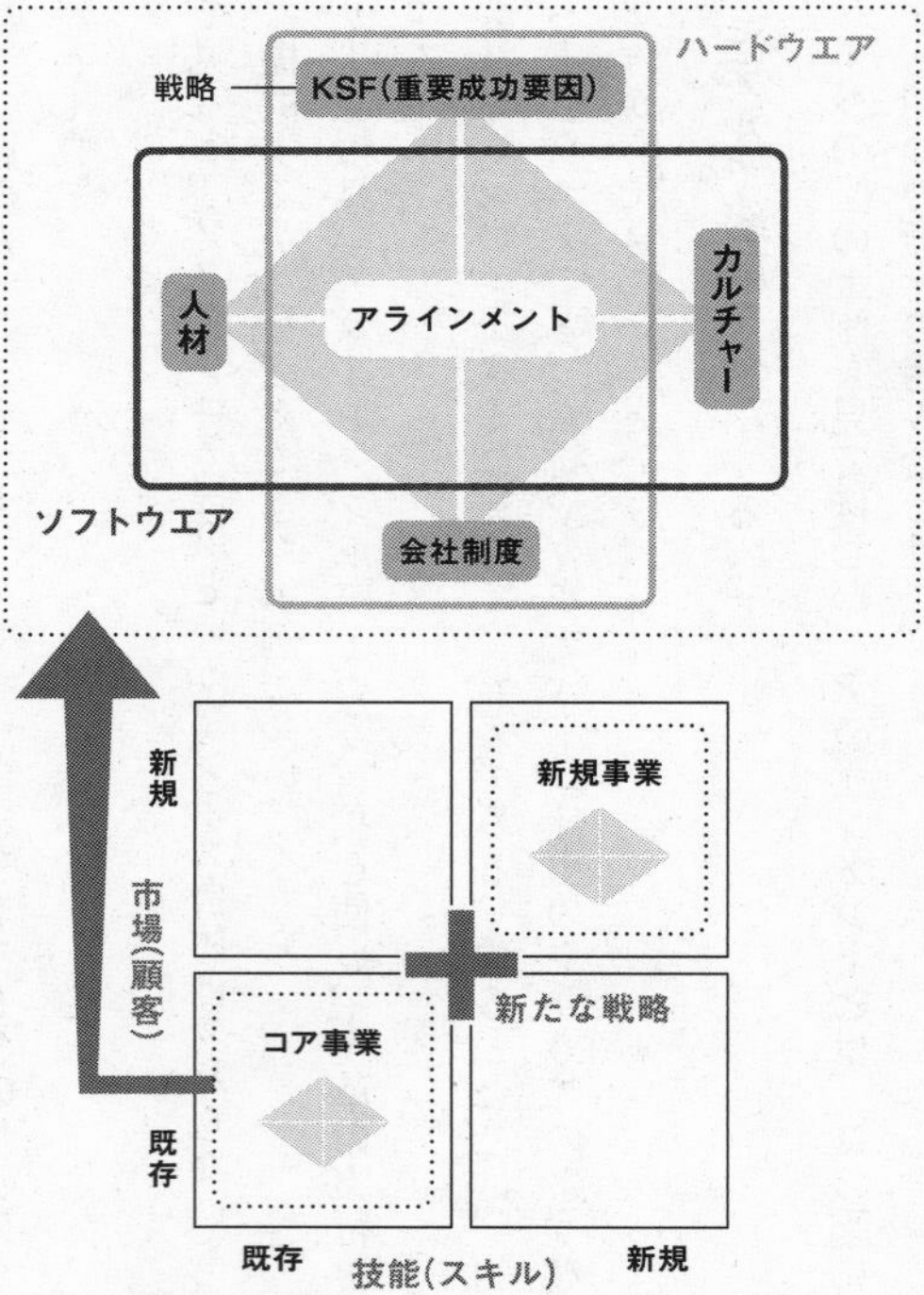

- コア事業+新規事業=両利きの経営

『キー・サクセス・ファクター（KSF：重要成功要因）』。

キー・サクセス・ファクターとは、既存事業の成功を通じて形成された、会社特有の暗黙のやり方のことだ。

さらにソフトウエアとして、また二つの要素がある。その会社が採用してきた『人材』と、さらにその人材がつくり上げた『カルチャー』だ。カルチャーは制度ではなく、行動様式だ。例えば部長や課長になるため社員が実際に『何をすればいいか』は、カルチャーが決める。

会社制度、キー・サクセス・ファクター、人材、カルチャー。この四つの組み合わせが既存の事業を動かし、成功に導いた。

アラインメントとは、これら事業の成功に必要な四つのアイテムの組み合わせを一つに包み込んだ『風呂敷』のようなものだ。この、日本文化に根ざした『風呂敷』という考え方は、日本企業や日本語に精通した共同研究者でもある妻のウリケ・シェーデ米カリフォルニア大学サンディエゴ校教授の発想によるものだ」

「新規事業はこの風呂敷の場所と中身を動かす作業」とオライリー教授は話す。

違う市場か、違う技術か？

「次に、前々ページ図の下側を見てほしい。縦横の2軸で、四つの象限に分かれている。

横軸は、ケイパビリティ、会社にある技能だ。技術であったり、（その会社に特有の）人材のスキルであったり、多様な技能を指す。左は既存技能、右は新規技能だ。

縦軸は市場、つまり顧客だ。下が既存顧客、上が新規顧客となる。

コア事業とは、既存技能を既存顧客に提供するビジネスだから、4象限の左下に位置する。四つの象限にはそれぞれ違う風呂敷が必要だ。

新規事業を成立させるとは、この風呂敷の中身を入れ替えながら、左下の象限にあるコア事業を左上、ないし右下、あるいは右上の象限に動かしていくことだ。

すなわち左上の象限への移動は『違う市場（顧客）に同じ技能を売る』、右下への移動は『同じ市場（顧客）に違う技能を売る』、そして、右上の象限への移動は『違う市場（顧客）に違う技能を売る』という作業になる。

例えば、タイヤメーカーを例にとってみよう。かつてラジアルタイヤが登場したときは、全く新しいタイヤの製造方法だったが、それを売りたい商売相手は同じだった。つまり、既存顧客（に違う技能を売るパターン）だった」

つまり左下から右下の象限へ、真横への移動。これが「新たな製品やサービスの投入」である。

「ではローコストキャリア（LCC）はどうだろうか。例えばシンガポール航空は、かなりハイエンドなエアラインだが、ローコストを好む顧客に訴求する必要性を感じた。（ハードウエアでいえば）使うのは既存事業と同じ技術で、使うのも同じ機体だが、完全に違うビジネスモデルだ」

つまり、ローコストキャリアは、左下から左上の象限へ、真上への移動になる。

オライリー教授は、次に、富士フイルムのケースを挙げる。

「富士フイルムの2000年時点における既存事業のアラインメントを、4象限の左下に置いてみよう。

写真事業で培った化学の優れた技能を生かしつつ、女性顧客（新たな市場）向けに、化粧品（新たな技能）を開発し、新規事業を成功させたアラインメントは、右上にある。

（左下の既存事業と右上の新規事業の象限にある）二つの風呂敷の中身は違うはずだ。

両利きの経営は、生き残るために左下と右上を同時にやることだ。大切なのは、四つの場所それぞれに最適な組み合わせ（アラインメント）が違うということだ。風呂敷を包むとき、巧みに中身を見直すことが大変重要なのである」

イノベーションと事業創造の3段階

オライリー教授は、両利きの経営には三つの段階があるという。着想、育成、規模拡大という3段階だ。これを、ほかの経営理論や進化論とともに議論している（291ページ図）。

だが、三つの比較の前に、オライリー教授は、イノベーションそのものを3段階に分けた「イノベーションストリーム」という概念を解説する。

「イノベーションストリームとは、イノベーションの3段階、すなわち『累進』『建設』『激変』の3段階のことだ。

このうち、最初の『累進』は、一つの技術を磨いていく段階で、進化ではあるが、本格的なイノベーションではない。

本格的なイノベーションは、2番目の『建設』で始まる。『建設的なイノベーション』は故クリステンセン教授が言い始めた言葉で、既存技術を従来と違った使い方で活用することだ。使うのは既存技術なのだが、使い方を変えることでイノベーションを生む。

ただ、建設的なイノベーションは、第3段階の『激変』まではいかない。『激変的イノベーション』は、これまでに全くない完全に新しい技術のことを指す。

建設的イノベーションの例としてディスクドライブについて考えてみよう。『イノベーションのジレンマ』で知られる故クリステンセン教授は、ディスクドライブ市場を研究した。既存の顧客は8インチのディスクドライブを使っていたが、より小型の新しいディスクドライブが発売されたとき、既存の企業は皆、衰退した。

新しいディスクドライブは新しい技術ではなかったが、サイズが小さかった。分断的な技術の変化ではなかったが、新しい市場を創出した。これが建設的イノベーションだ。

ここで言いたいのは、『激変的なもの』だけがイノベーションではない、ということだ。

『建設（的イノベーション）』『激変（的イノベーション）』はもちろん、『累進』も含め、イノベーションは、それぞれ違う形で新しいビジネスになり得る。

経営学におけるイノベーションの研究はそもそも技術から始まったから、技術変化が進めば、革新の度合いも高まると思われている。しかし過去10年の間に、各イノベーションの破壊力は、技術変化に限らず、ビジネスモデルや規制の変化などにも影響を受けると分かってきた。単なる技術の変化よりむしろ大きな問題だ」


オライリー教授は、組織行動論の専門家だ。だが、イノベーションが関連する分野ではイノベーションストリームのような3段階による整理を多用する。


「事業創造におけるイノベーションには3段階ある。『アイディエーション（着想）』『インキュベーション（育成）』、そして『スケーリング（規模拡大）』からなる。

『アイディエーション（着想）』とは、アイデアを考え出すことであり、新しいアイデアを開発するには何が必要なのかを練り上げる。ここで重要なのは、オープンイノベーションやCVC（コーポレート・ベンチャー・キャピタル）の使い方であり、（ユーザーの視点に立って製品やサービスを開発する）デザインシンキングだ。これらはすべて、新しいアイデアを生み出すための方法だからだ。

続いて『インキュベーション（育成）』は、アイデアが市場で受け入れられるかどうか検証すること。簡単に言えば、ビジネスモデルを描くことだ。

そして『スケーリング（規模拡大）』は、通常の事業展開だ」

事業を創造するうえで、理想的なのは組織の中にこの3段階の作業ができる体制をつくることだ。

「ただ、最近は三つの段階のうちいくつかを意図的に省いて、イノベーションのスピードを加速させるやり方も出てきている。例えば、（試作品を短期間でつくって投入し、市場の反応を得ながらビジネスを進める）リーンスタートアップというマネジメント手法をご存じの方も多いことだろう。リーンスタートアップでは、3段階中、『着想』や『規模拡大』には重きを置かない。ただ、アイデアが良いかどうかの見極め作業、つまり「育成」を迅速に繰り返すことを目的としたビジネスモデルだ」

さらに、事業創造で行き詰まった場合は「再構築」という段階も必要になる。

「『再構築』にはかなり広い意味があり、今ある資産を使って、何か別のことをやりましょうという意味も含んでいる。だが、スタートアップは大抵、単業であり、時に失敗してもゼロから路線変更すればいい。その意味で、スタートアップ企業は「再構築」の機能を持つ必然性がないようにも思える」

両利きの経営を分解する

こうして考えると、両利きの経営の何が難しいのかが見えてくる。既に一度事業化し、築いてきた会社の資産を活用するとはいえ、新たな事業を創造するには、事業のタネの数だけ、「着想」「育成」「規模拡大」「再構築」のラインが必要になる。

そしてここまでに述べたように、既存事業などでうまくいった組織のカルチャーをそのまま新事業に当てはめることはできない。成功体験が多い大企業ではそこが難所となる。

見つけて、実行して、やり直す

● オライリー教授の考える「進化のための発展段階」

ダイナミック・ケイパビリティ	両利きの経営	進化論	
センシング（察知）	アイディエーション（着想）	多様性	つかむ
シージング（獲得）	インキュベーション（育成）	選択	動かす
トランスフォーミング／シフティング（変容、再構築）	スケーリング（規模拡大）	リテンション（保持）	更新する

出所：オライリー教授の解説を基に作成

それでも「両利きの経営を難しくしているものは何か」を分解して考えていくこと自体が、問題を解決するというのがオライリー教授の考え方なのである。

経営学研究の世界では、多様なバックグラウンドの研究者がいる。米ハーバード大学のマイケル・ポーター教授は経済学者でもあるし、ダイナミック・ケイパビリティ提唱者のデビッド・ティース教授も博士号は経済学で取得している。

一方で、社会学や心理学などのバックグラウンドを持ち、研究活動を続ける研究者も多い。オライリー教授は「組織行動論」の研究者だ。

「組織行動論は、日本のアカデミア（学

問の世界)にはまだ一般的にはなじみのない概念だと思う。日本で常々語られる『組織論』は、言ってみれば組織表、組織図のようなもので表せる概念である」

組織行動論は、どのような組織をつくるかでなく、人や組織の行動に注目し、どう組織を動かすかを考察・分析する理論だ。そして「両利きの経営」はその中でも有力な理論の一つなのである。

第6講　オープンイノベーション

実例から読み解くオープンイノベーションの課題と解決策

ヘンリー・チェスブロウ　*Henry Chesbrough*　米カリフォルニア大学バークレー校経営大学院特任教授

１９５６年生まれ。米イェール大学経済学部を最優等で卒業、米スタンフォード大学でＭＢＡ（経営学修士号）取得（最優等）、米カリフォルニア大学バークレー校で経営と公共政策の博士号を取得（Ph.D.）。ベンチャー企業の役員やコンサルタントとしても活躍してきた。２００３年に出版された最初の著作『OPEN INNOVATION』で「オープンイノベーション」の概念を発表し、大きな反響を呼んだ。米ハーバード経営大学院助教授などを経て現職。同経営大学院ファカルティー・ディレクターとしてオープン・イノベーション・センターを率いている。

▼講義の前に —— オープンイノベーション提唱者の横顔

ヘンリー・チェスブロウ教授は、「オープンイノベーションの提唱者」として経営学界ではあまりにも著名な存在だ。

「オープンイノベーション」は、何らかの数理モデルを基に確立された理論というわけではないが、2003年、チェスブロウ教授が最初の著作『OPEN INNOVATION』(産業能率大学出版部)を出版するや、その概念はたちまち世界中の企業関係者や政策担当者に広まった。

チェスブロウ教授は米ハーバード経営大学院時代、「イノベーションのジレンマ」で名高い故クレイトン・クリステンセン教授と、約2年間共同で講義をした間柄である。前出のデビッド・ティース教授や一橋大学の野中郁次郎名誉教授らとともにバークレー閥とでも呼ぶべきグループを形成し、「知の共有」と、それを阻む構造について研究する経営学者の一人である。

チェスブロウ教授に初めて取材したのは2009年ごろ、初期のオープンイノベーション論について記事を書いた。今回のインタビューは、本書の構成を考える中で、これは絶対に再度、取材をしなければならないと考え、本人に「直撃」して実現した。覚えていていただいたのは幸いだった。2020年の著作『*Open Innovation Results*』の内容も扱った。実に10年以上ぶり、かつオンライン会議システムを通じての取材となったが、チェスブロウ教授は日本を深く理解し、日本に対する期待を捨てていなかった。日本の眠れるイノベーターたちに対して、オープンイノベーションをめぐる最新の知見を講義するとともに、実に愛情のこもった叱咤激励を展開してくれた。

オープンイノベーションを成功させるためには何をすべきか？

2003年に、社内外の知的協働によるイノベーションの重要性を説いた「オープンイノベーション」を提唱し、世界的な反響を呼んだ米カリフォルニア大学バークレー校経営大学院のヘンリー・チェスブロウ特任教授。以後20年、多くの試行錯誤を重ね、イノベーションのあり方を模索し続ける教授に、オープンイノベーションがつまずく理由とその克服法について聞く。

「シリコンバレーでは常に新技術が現れ、テクノロジーの世界はどんどん進化している。しかし、新技術の恩恵を受けるはずの企業や国の生産性の成長は全く芳しくない。G7（主要7カ国）のデータを見ても、どこも似たようなもので、すべての国で生産性の向上は伸び悩み、成長率は1950〜60年代から衰退の一途にある。高速通信技術の進歩は加速し、G7すべてにほぼ同時に行き渡っているにもかかわらず、だ。日本も例外ではない。1960年代の日本の生産性の伸びは驚異的だったが、今は米、英、フランスとほぼ変わらない」

シリコンバレーを挙げるまでもなく、一部の先進都市ではスタートアップによるイノベーションが次々と起こり、効率も劇的に高まっているように見える。しかし、それはあくまで局地的現象というわけだ。

ナンバーワンとそれ以外に格差

「この現象について経済学者は『正確に測れていないだけ』『より良い物差しができれば、技術の進化の恩恵も測れる』と言う。だが計測の巧拙の問題ではないと思う。詳細に見ると、全企業の生産性が伸びていないわけではなく、ナンバーワン企業は新技術を活用して更なる躍進を果たしている。それ以外との差が顕著なのだ。ナンバーワン企業が指数関数的に成長する一方、それ以外はどんどん後れを取っている。

良い例がAI（人工知能）だ。AIをうまく使って結果を出している企業はまだほんの一部だ。その他大勢の企業は、アルゴリズムを鍛えるためのデータすら持ち合わ

先進国で「勝者総取り」が加速している

● 業界上位企業とその他企業の生産性の伸び

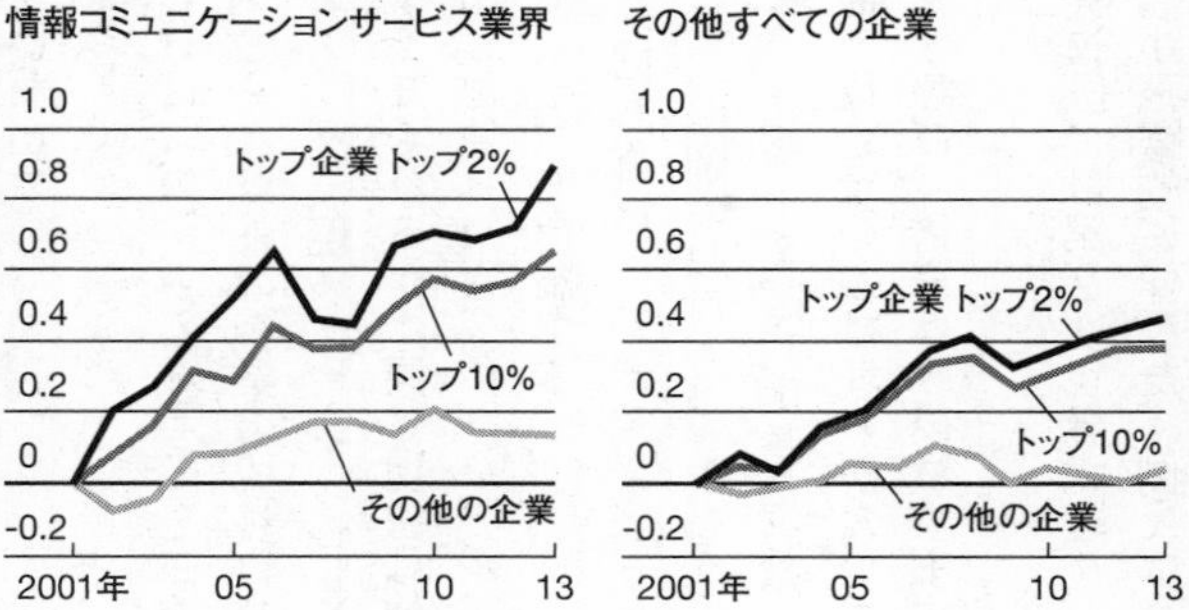

注：収益ベースの多様素生産性（MFP）成長率を上位企業2%、10%、その他企業でグラフ化。数値は前年からの変化率。

出所："The Best versus the Rest: The Global Productivity Slowdown, Divergence Across Firms and the Role of Public Policy",OECD Productivity Working Papers, No.5, OECD Publishing, Paris.

● 業界別、トップ企業と下位企業の生産性の伸びの差

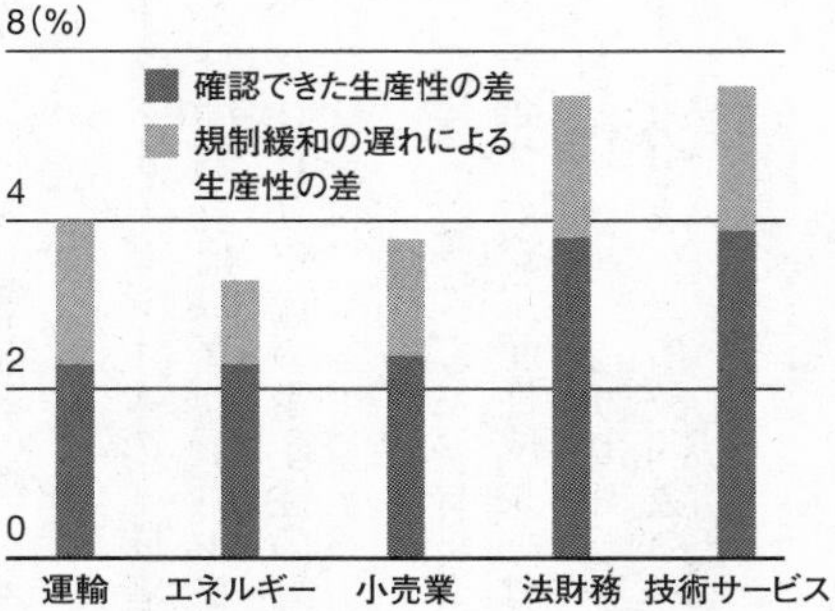

注：1998〜2013年に世界のトップ企業と下位企業の間に生じた生産性の差の年単位の増加率。薄いグレー部分は規制緩和が最速の企業との差

せていない」

OECDに「The Best versus the Rest（最高とそれ以外）」という調査がある。各分野のトップとそれ以外の企業の成長格差を調べたものだ。GAFA（グーグル・アップル・フェイスブック〈現メタ〉・アマゾン）のようなプラットフォームビジネスの「勝者総取り」はよく知られるが、同じ現象は他分野にもある。例えば同調査は「グローバルビジネスで成功した独BMW、仏ロレアル、スイスのネスレの、2000年代の生産性の高さは際立っている」と指摘する。

さらに同調査は、チェスブロウ教授の主張を裏付けるかのようにこう主張する。「OECD加盟国の数百万企業のデータを調べた結果、企業全体の総生産性成長率は停滞していた」。二極化を図式化したのが前ページのグラフだ。見ての通り、2％のトップ企業とその他下位企業の差は埋めがたい。チェスブロウ教授はこの現象を「指数関数のパラドックス」と呼び、格差は今後ますます拡大すると強調する。

「先進国では第2次世界大戦後、1950年代の初頭から1970年代にかけて、生産性が飛躍的に伸びた。例えば米国では、通称GI法案（復員兵援護法）の導入を通じ、帰還兵士や退役軍人を教育したことが労働者のスキルを劇的に高めた。また1950年代、国策的に高速道路システムを構築したことで、輸送と運送、旅行などのビジネスが可能になった。1958年には、現在の国防高等研究計画局（DARPA）が設立され、1960年代にはアポロ計画が始動。1940〜60年代はインフラ投資が盛んで、イノベーションの基盤をつくる多くの取り組みがあった。

シリコンバレー企業の初期の顧客は政府関係で、ほとんど米軍だ。だが1980年代にインフラ投資がなくなり、この40年の間に政府が研究費にかける支出割合は大幅に減った。

日本は、第2次世界大戦でインフラが破壊されたが、1950〜70年代の高度経済成長期に、国家主導の再建が進み、経済は目覚ましく強くなった。だが日本もその後、イノベーションを継続するためのインフラ投資を怠った。

我々は終戦後に整備されたインフラを、ずっと使い続けているのだ」

オープンイノベーションと外注は異なる

産業全体を後押しする国家のインフラ投資が不足すれば、成長は各企業に委ねられる。

良い企業は伸びるが、ダメな企業は誰も助けない。これが「指数関数のパラドックス」の原因というわけだ。

「フィンランドでは、国民は原則として誰もが高速インターネットに接続する権利がある。北方に人口が極めて少ない地域があるが、彼らにも同じ権利がある。これはほんの一例で、フィンランドでは、国のどこに住んでいようと新技術の恩恵を受けられる環境づくりが進んでいる。

日本はどうだろうか。例えば高齢者が多く農業に携わっているが、子供たちが後を継ぎたがらなかった理由の一つは、農業地域では都市に比べ、次々生まれる新技術を享受するためのインフラが行き渡っていないこともあるだろう。シリコンバレーでいかに画期的技術が生まれ続けようと、それを活用するのは都市部の有力ベンチャーだけに限られてしまうようなものだ」

そしてチェスブロウ教授は、国家的インフラ投資の欠如に加え、オープンイノベーションを多くの企業が誤解していることもイノベーション停滞の理由と考える。

「企業の多くが、オープンイノベーションを、イノベーションのためというよりも、社内インフラへの投資を減らすため使ってきたように見える。こうした発想でオープンイノベーションを進めると、やがて自社の開発能力を失っていく。

国家レベルのインフラ投資が重要であることを先に述べたのは、多くの企業が、オープンイノベーションを社内インフラへの投資を減らすために進めてきたと思うからだ。しかしアウトソーシング中心でオープンイノベーションを進めると、やがて自社の開発能力を失ってしまう。実際、それが多くの会社で見られた。国家レベルでインフラ投資をやめることの問題点を理解した後、今度はそれを個社レベルで考えてもらいたい。

オープンイノベーションが会社の業績を向上させ、生産性を高めるエビデンスはたくさんあるが、アウトソーシングを目的に使えば、完全に逆効果だ」

新規事業に待ち受ける「死の谷」

政府や企業のインフラに対する投資不足により、イノベーションの恩恵が国や業界全体に行き渡らない「指数関数のパラドックス」が引き起こされていると指摘したチェスブロウ教授。

次に、多くの企業で新規事業が失敗する理由を、自身が過去に企業を支援してきた経験などから考察する。

「大企業は既に稼ぎ頭の既存事業を抱えている。その状況で新規の収益事業を育てるのは容易ではない。特に難しいのが、育成のめどが付いた新規事業のタネを本格的にビジネスに移行させる段階だ。

新規事業のタネを探すイノベーション部門は、最新のトレンドを調べ、新たな事業機会を探す試行錯誤を繰り返している。それを収益にするには、ある時点でそのタネを事業部門に引き渡す必要がある。しかし、両者の意識があまりに違いすぎるのだ。ここが、イノベーションの『死の谷』になり得る」

「死の谷」とは、イノベーションを実行に移す時の関門を指す。乗り越えられないとプロジェクトが日の目を見ずに終わることから、「死の谷」と呼ばれる。

「イノベーショングループが将来有望なアイデアだと思っても、事業部門の人々がそ

う思わないことはしばしばある。

私が知る10年ほど前の日本の事例を紹介しよう。日本の経済産業省が関わったプロジェクトだった。シリコンバレーで日本企業15社ほどがラボを立ち上げて進めたもので、各社は何年も資金を投じ、約5年ごとの人事異動によって、現地の最新の知見を日本に持ち帰らせた。当時の参加企業の悩みは、シリコンバレーのラボで立ち上がったプロジェクトが、日本に帰るとことごとく『死んで』しまうことだった。日本の本社は価値を認めず、持ち帰ったタネを育てようとしなかった。やみくもにそう判断したわけでなく、本社サイドからすれば合理的な理由はたくさんあった。

イノベーションの最前線と、既存事業部門の足並みが揃わない典型的な例だ。これは、米スタンフォード大学経営大学院のチャールズ・オライリー教授が『両利きの経営』の概念で解決しようとしている問題でもある」

「両利きの経営」とは、第5講で見た通り、既存事業で稼ぎながら、新規事業も同じぐらい重視して育てるやり方だ。チェスブロウ教授は、さらに大企業の典型例として日本のある大手電機メーカーのケースを挙げる。

「大企業には大抵、強力な国内の主力事業があり、通常は事業計画を1～2年のスパンで考える。だが、例えばAI（人工知能）のようなものは、10年単位の長期的視点が必要だ。

日本のその大手電機メーカーにはAIに注目する人材が以前からいた。だが残念ながら基幹事業部門でなく、会社の『辺境』で大学やベンチャー、外資企業らと連携して研究する部門だった。社内プロセスのAI化に注目し、PoC（概念実証／Proof of Concept）を出したこともあったが、基幹事業部門からは『それは難しい』という反応を受けたという」

社内から新規事業が提案されても、既存事業は得てして消極的だ。

「AIは、コンピューターの性能向上などでアルゴリズム開発が可能になり、再び注目されている。しかし、米グーグルですら、コア技術は英ディープマインドの買収で獲得した。数百人にのぼる社内科学者やエンジニアが生み出したわけではない。つまり（新たな提案への）こうした反応は、大企業ならどこでも起こり得る。積み重ねでイノベーションを起こそうとする傾向が強く、一気に『破壊』しようとする動きは歓迎されない」

つまり、既存事業の部門が社内での協力に消極的であるために、イノベーションが起きない。しかし、社外とであれば助け合えるかもしれない。

「だからこそ、オープンイノベーションで、社外の組織とウィン・ウィンの関係とし、必要な情報を互いに提供し、協働し、それぞれが頑張る必要がある」

とはいえ、次ページのグラフでも分かるように、オープンイノベーションには普遍的な「難所」がある。

「例を挙げよう。米大手日用品メーカーP&Gのケースだ。

P&Gのオープンイノベーションプログラムの責任者が、8年程前に私の講義を聞きに来た。その時に彼が言うには、P&Gでは1100以上のパートナーと協働してきて、そのうち600以上のパートナーとは複数回の協働をした。これはP&Gのオープンイノベーションが互恵的であることを示す数字だという。

時間と共に課題も変化

• オープンイノベーションの課題

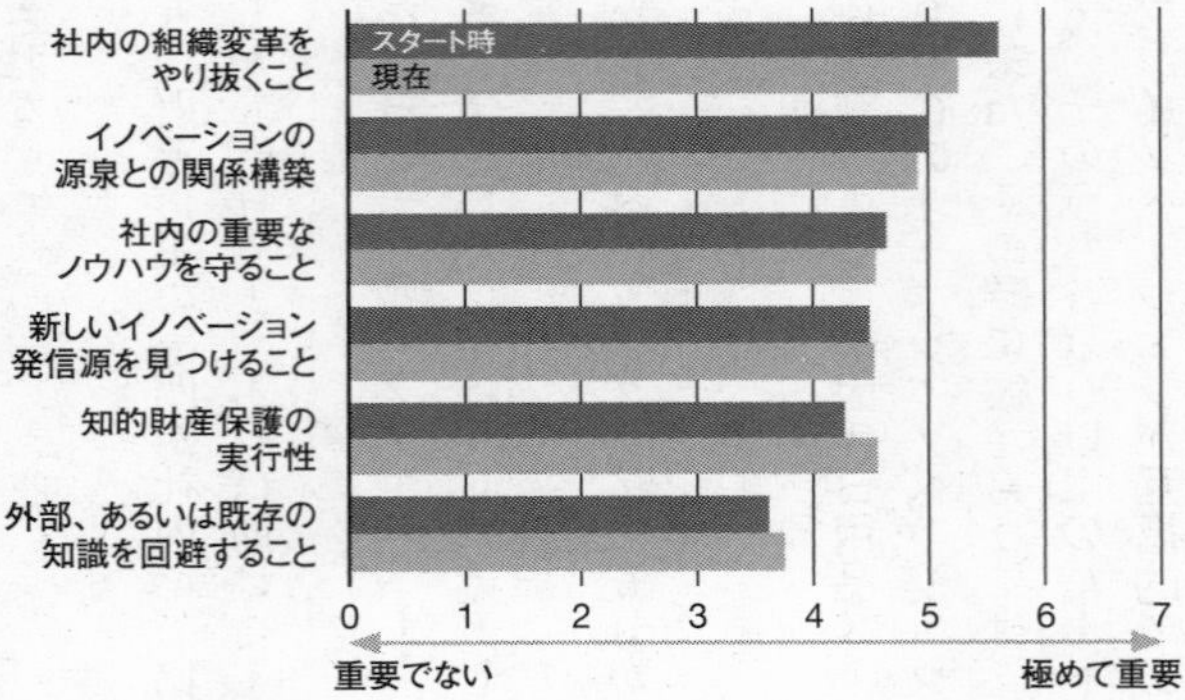

注：いずれも平均値
出所：ヘンリー・チェスブロウ著『Open Innovation Results:Going Beyond the Hype and Getting Down to Business』（2020年）

パートナー側は、協働がうまくいくか一度は試すかもしれないが、メリットがなければ2回目はない。逆に言えば、オープンイノベーションでつまずく企業の多くは、パートナーと互恵的な関係を築けていないということだ」

実際、日本の大企業は、外部のパートナーを一方的に利用することが多いとの指摘もよく聞かれる。

「一刻も早く変わるべきだ。大企業の視点から見れば、自分たちより規模の小さいパートナーは俊敏で、組めばやりたい実験が素早くできる。社内の人材を現在のポジションから異動させて新しいことを担当させるのに比べ、お金もあまりかからない。むろん既存事業部門からの横やりも入らない。だが、大企業と協働するスタートアップからすると懸念がある。大企業が自分たちからアイデアだけを盗もうとしているのではないかという懸念だ。

よくあるパターンは、こうだ。大企業と協働すると、大企業は『それは素晴らしい。早速同僚と話します』という。そして1〜2人のキーパーソンと次の会議。さらに次の会議で、幹部の決裁が必要と気づく。計画は進まない。そして、スタートアップはこう考える。『すべての情報を提供したが進捗がない。彼らは〝アイデア泥棒〟ではないか？』と。

こんな懸念を抱かせないためには信頼構築が大事だ。そして意思決定のスピードを速めねばならない。スタートアップは、新しい事業機会、新市場での可能性を模索している。そのスピードに合わせなければならないが、それができる大企業は少ない」

大企業によるオープンイノベーションが陥りがちな罠について、さらに考察しよう。

「協働したいスタートアップの調査は詳細に行い、時間をかけるとしても、パートナーにすると決めたら素早く始めるべきだ。大企業は、相手の株を所有するなどして、最初から相手を管理しようとするものだが、それでは相手の信頼を失いかねない。私があなたと協働しているとする。私は米P&Gであなたはスタートアップだとすれば、むしろこう呼びかけるべきだ。『私は、あなたの株を持っていないし、持つつもりもない。あなたは、私にビジネスを盗まれるという心配をする必要はない』と」

資本の力より「影響力」

「資本の論理で相手を支配するぐらいなら、信頼関係をしっかり築き、資本とは別の『影響力』を相手に与えたほうがいい。日ごろのビジネスを通じて、相手が『この会社との協働があってこそ自分たちは成長できる』と思うぐらいの影響力があれば、資本関係などなくとも自然と相手を引き込める。

相手を無理に監視しないことに加え、複数の企業と協働する場合は公平に扱う必要がある。オープンイノベーションでは数百ものスタートアップと協働したほうがよい場合もある。例えば、スタートアップに共通のエコシステムや基盤をつくるなら、全社を公平に扱い、全社にとって使いやすく、メリットがあるものでなければいけない」

とりわけ公平性は、重要だ。今の時代のオープンイノベーションは、1社に絞るべきではないことも多い。

「独SAPの例を挙げよう。SAPの新しいデータベースは、それ以前をはるかにしのぐ高速の技術を備えていた。しかし、SAPはこのスペックをどんな顧客にどう使えばいいのか、当初よく分からなかった。

高性能を気に入る顧客はいると思ったが、それはどこの誰か。そこで（オープンイノベーションの）エコシステムを構築し、多分野のスタートアップを募り、協働で新たな市場を探した。

その結果、見つけた市場の一つが、歯科クリニックだ。SAPにとっては小さすぎる市場で、スタートアップとの協働なしには見つからなかった。

データベースの応用先は、数百、数千の小さな市場に広がる場合が多い。無数の市場に対し、SAPが自らアプリをテストすることは当然できない。

複数の企業と協働するオープンイノベーションで、特定の企業だけ、株式を買ったり、金銭的支援をしたりすれば、残りの企業のモチベーションは失われる。逆に、すべてのスタートアップに公平で魅力的なエコシステムが完成すれば、そこにはどんどん新しい知恵や技術が集まってくる」

日本にも成功例がある。任天堂だ。

「任天堂もエコシステムづくりに成功している。すべてのゲーム開発会社を資本的に所有しているわけではない。しかしゲーム開発会社に自社のツールを与え、知識や情報を公平に共有することで、開発者が任天堂と仕事をしたくなる環境を整備した。任天堂が多くのゲーム開発会社から参加してもらうことに成功したのは、このためだ」

ここまでに挙げた典型的な失敗パターンは、「過剰に管理する」「公平に対応しない」。だが、それだけではない。

「失敗にはパターンがある。まずパートナー選びを間違えると失敗する。大企業の意思決定が極めて遅く、物事が進まないパターンもよくある。

首尾よく開発が軌道に乗りかけても、社内の既存部門と折り合いがつかず、事業化に進まない場合もある。またオープンイノベーションで新事業ができたため、社内の

オープンイノベーションの3局面を乗り切れ

● オープンイノベーションの3局面

● オープンイノベーションへの満足度

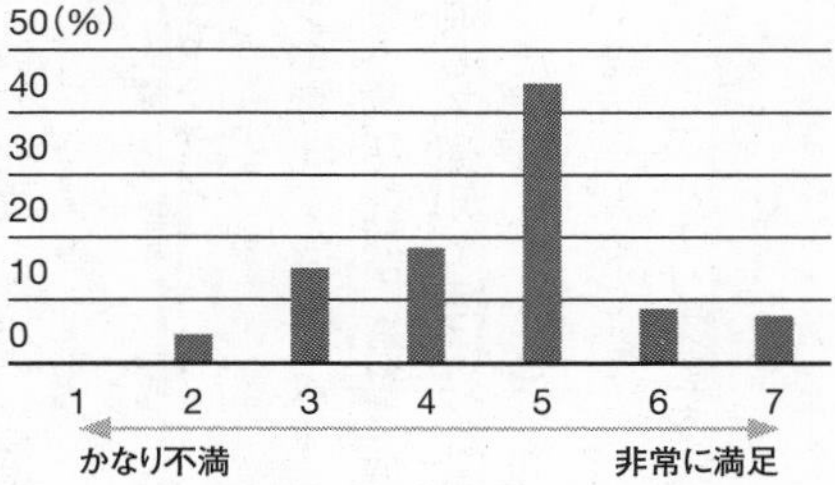

注：2008年から2011年までの活動について、欧米の上場大企業65社の本社幹部が回答

出所：ヘンリー・チェスブロウ、サビン・ブランズウィッカー共著『*Managing Open Innovation in Large Firms*』（2013年）

法務、調達、ブランド、マーケティング部門などが人材不足に陥る失敗もある」

最も危険なのは、イノベーティブな外部スタッフの活躍に対し、プロパー社員が覚える羨望と落胆だ。

オープンイノベーションがプロパーを気落ちさせる

「NASA（米航空宇宙局）は、オンラインのオープンイノベーションで、太陽のフレアを予測する技術を探索した。フレアとは太陽から放出される放射線などのことで、NASAはフレアの起こるタイミングを予測して通知できる技術を必要としていた。

解決法を見つけたのは、気象の専門家だった。NASAのデータを見て、降雨予測をするときの天候データのパターンと似ていることに気づいた。NASAは、降雨予測の技術を活用し、フレアを予測する、より良いアルゴリズムを考えることができた。だが、話はここで終わらない」

このNASA研究開発部門のデジタル改革について、米ニューヨーク大学経営大学院助教授のヒラ・アサフ氏が調査した。すると、NASAのテクニカルスタッフが、この問題解決に喜ぶどころか、落ち込んでいることが分かった。

「テクニカルスタッフは宇宙関連の研究で修士号や博士号を持つ。しかし画期的な問題解決をしたのは専門外の人。『自分たちの役割は何？』と意気消沈したのだ。当事者たちは『アイデンティティ・クライシス』とさえ表現した。

オープンイノベーションにはこうした心のひだに触れる部分があることを、NASAのケースは教えてくれた。画期的な問題解決であっても、組織内のモチベーションが下がるようでは、便益よりコストが上回りかねない」

NASAにおけるオープンイノベーションが専門家集団の人々の意識にもたらした影響などを詳細に調べたアサフ氏の論文は、欧米の経営学会で多くの賞を受賞した。

当然だが、人はモデル通りには動かない。チェスブロウ教授の気づきは、経営改革における個人の尊重にあった。

「2003年にオープンイノベーションの著作を初めて出して以来、このNASAのケースが一番大きな学びだった。当初は、成功事例を挙げてモデルをうまく描けば、

多くの企業が使い、成功すると思っていた。それは、正しくもあり、間違ってもいた。成功事例とモデルを示したことで、オープンイノベーションは話題になり、たちまち多くの企業に広がった。しかし、現実の組織において実践するのは、考えていたほど簡単なことではなかった」

次に、中国のオープンイノベーションについて、当時の研究に基づく考察を紹介しよう。

ソ連と毛沢東からの教訓

「中国のイノベーションについて、過去を振り返りながら考えたい。毛沢東が知識層を追放し、文化大革命で国中を破壊された中国だが、鄧小平の登場で流れが変わった。世界貿易機関（WTO）に加盟した2001年から経済成長が本格化。国策として膨大な物量のインフラが整備されたことにより、中国企業の生産性が一気に高まった。インフラ整備は当初、非常に低い水準だったものの、数十年にわたり持続されたことが大きかった。その結果、例えば中国の空港は現在、米国の空港より近代的で洗練されている」

インフラ投資の長期継続が可能だったのは、中国の、一党支配という統治体制のためだという。

「中国には、他国にはないものがある。中国共産党という仕組みだ。一党支配国家という意味である。共産党と政府は公式には分離しているが、実際には党が政府を強力に管理し支配する。このような例は他の国にはない。

だが一方でイノベーションの部分では、中国は非常に自由で開放的でもあるのだ。インフラ整備などは細かく長期的に管理するが、産業政策、とりわけ先端分野に関しては比較的自由に民間にやらせる。

そんな二面性にこそ、この国の特徴がある。

確かに、高速鉄道の建設などの分野では、党が指導的役割を果たしている。中国は世界のどの国よりも多く高速鉄道を建設しており、中核となる中国中車（CRRC）は国有企業で、政府と共産党の影響を強く受ける。

しかし、他のセクターでは必ずしもそうではない。旧ソビエト連邦や毛沢東時代の中国では政府が産業政策に強く関与した結果、経済的には立ちゆかなかった。そうした失敗から得た教訓により、中国共産党は、産業政策における意思決定の多くを市場に委ねるようになった。時折、自分たちのため決定を覆すことはあるが、それは例外的な措置だ」

具体例として、チェスブロウ教授は、半導体産業と自動車を挙げていた。

「数千社ある半導体メーカーを見ると、二つの違うセグメントが存在する。

まず国営企業や、国営から民営化した企業のセグメントだ。巨大で政府と良好な関係にあり、銀行とも親密だ。だが、想像通り、あまりイノベーティブではない。

なぜ中国の半導体産業が力をつけてきたかといえば、民間スタートアップや外資系企業の中国現地法人などに、〝好き勝手〟にさせているからだ。余計な管理も規制もかけず、その結果、ここから大量の新技術とイノベーションがもたらされる。

一つ目の、国が管理するセグメントは国内向けにビジネスを展開し、二つ目は日本、韓国、欧米のグローバルサプライチェーンの一部に対してビジネスを展開する。

高速鉄道業界とは、全く違った風景だ。

さらに販売台数が年間約2500万台と世界一の規模になった自動車産業。ここでも半導体産業と似たパターンが見られる。国営企業はイノベーティブではなく、あまり輸出せず、販売のほとんどは国内向けだ。だが、やはり外資系企業のスタートアップと中国企業との合弁会社をはじめとする非国営のセグメントが、新技術とイノベーションのインキュベーターだ」

半導体に比べると自動車は、国内向け内需企業が中心で革新性で劣るため、伸び悩んでいるように見えてきた。米中対立が深まる中、風景は変わっていくだろう。チェスブロウ教授は、米国人のみならず、世界の人々が抱く一般的な中国観は、実態と異なると指摘する。

中国の教育投資を侮るなかれ

「米国人は、とかく中国は巨大な一枚岩だと考える。しかし13億人の多民族が数十もの省・地域に分かれる国が一枚岩であるなどあり得ない。

産業面も同様で、すべての国営企業が非革新的なわけではない。既に紹介したCRRCなどは、中国政府をバックに技術力を磨き、海外市場にどんどん攻勢をかけている。今では世界最大の、最も競争力の高い技術力を持つ鉄道車両メーカーの一つだ。

米国は40年前、技術で日本が自分たちからリーダーの座を奪うと懸念した。だが日本経済が最強と言われたときでさえ、社会も経済も、米国よりはるかに規模が小さかった。

一方、中国は米国より人口が多く、経済成長も速い。購買力は米国を抜いた。今後は、イノベーションでも脅威だ。国策によるインフラ投資と最先端分野での自由さに加え、米国よりはるかに多額の資金を教育に投じているとの指摘もある。

米国は旧ソ連に脅かされたときも、日本に脅かされたときも、より多く教育にお金をかけて競争力を維持してきた歴史がある。中国の教育システムにはまだ改善の余地があるが、もし教育への投資総額で米国を抜いているなら、これまで米国が経験したことのない事態だ。

それだけに米中関係は今後、世界経済にとって想像以上に重要となる。中国と信頼や協働といった関係が構築できればよい。しかし卓越した知識を持つ国が、急速に軍隊を育成し、成功と繁栄を重ねるに従い、過激に振る舞うようになったら、これほど危険なことはない」

不吉な兆候として、チェスブロウ教授は、中印の国境対立を挙げた。

中国は自動車販売が鈍化、米国は研究開発が鈍化

● 中国の自動車販売台数の推移

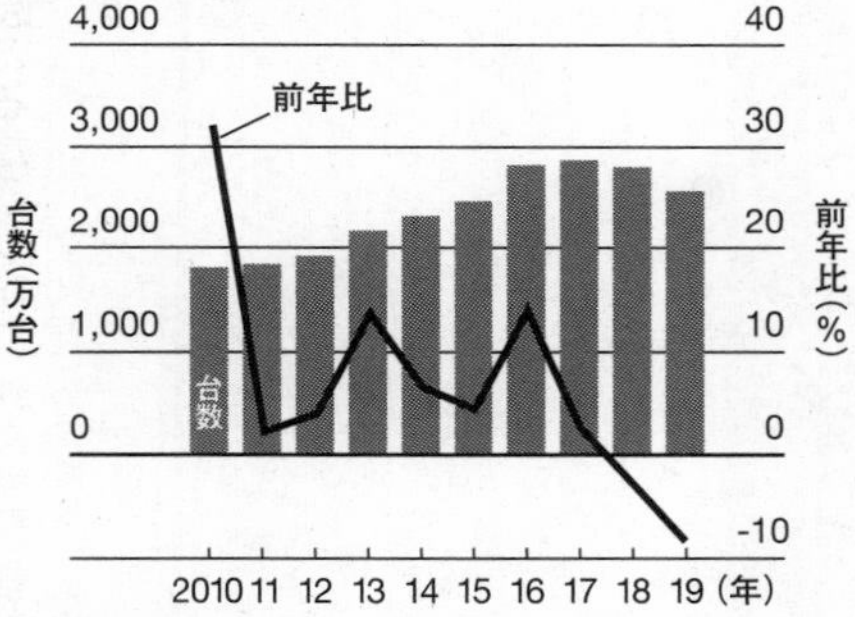

出所：中国汽車工業協会

● 米国における研究開発費の国内総生産（GDP）比

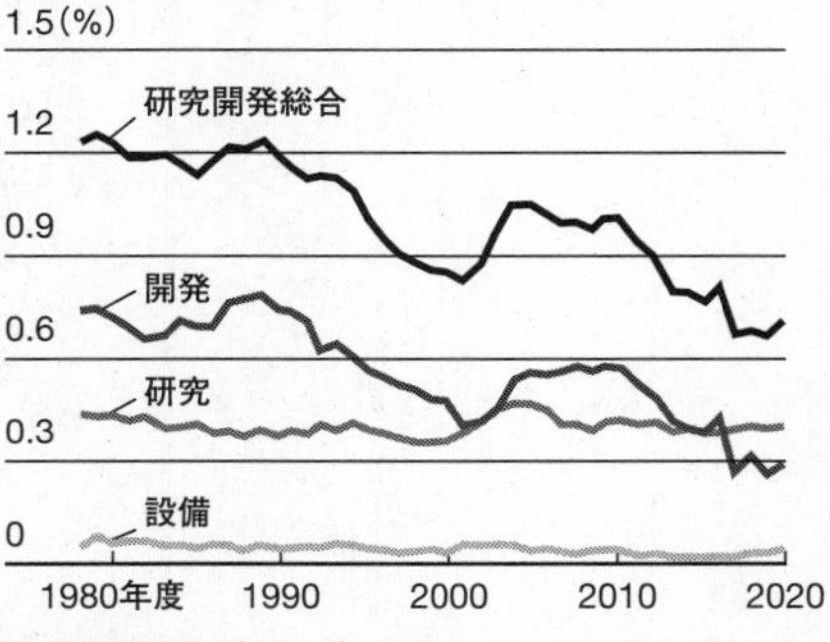

出所：米国科学振興協会（AAAS）R&Dレポートシリーズ

「ヒマラヤ山脈における中国・インドの国境争いをご存じだろうか。中国は、係争中の地域を（武力で）占拠した。そうした国が、より優れた知識と教育を備えたら、何が起こるだろうか。多くの緊張がもたらされるのは間違いない」

第4章 経営の目的とは何か?

第7講 社会的インパクト投資

ジャスジット・シン *Jasjit Singh*
仏インシアード経営大学院戦略教授

第8講 ステークホルダー理論

ロバート・ポーゼン *Robert Pozen*
米マサチューセッツ工科大学(MIT)経営大学院上級講師

第9講 パーパス経営

コリン・メイヤー *Colin Mayer*
英オックスフォード大学サイード経営大学院教授

米国を中心とする株主第一主義（株主至上主義とも呼ばれる）の行き詰まりが鮮明だ。世界の経営学者たちが抱く危機意識の深さは、最終講義のミンツバーグ教授に譲りたいが、具体的な解決策として、CSR（企業の社会的責任）やCSV（共有価値の創造）、国連のSDGs（持続可能な開発目標）を背景にしたESG（環境・社会・統治）投資など、新しいコンセプトが続々と生まれて広がってきた。ROE（自己資本利益率）を高め、配当性向を高めれば投資家から評価されていた経営者の立ち位置が大きく変化している。

第7講　社会的インパクト投資

寄付も植林もＥＳＧではない

ジャズジット・シン　*Jasjit Singh*　仏インシアード経営大学院戦略教授

1991年、インド工科大学デリー校卒業。米ジョージア工科大学で経営科学とコンピューターサイエンスの両修士号を取得、2004年に米ハーバード大学で経済学修士、同経営大学院でビジネス経済学の博士号を取得（Ph. D.）。戦略、イノベーション、持続可能な開発、社会的インパクト投資が専門。欧州とインドのアクセンチュアの経営コンサルタントなどを経て2004年から現職。

▼講義の前に――社会課題とビジネスの関係を追究する教授の横顔

ジャズジット・シン教授はインド出身の経営学者である。米マサチューセッツ工科大学（ＭＩＴ）よりも難関と言われることもあるインドの名門、インド工科大学を卒業し、最終的に米ハーバード経営大学院でビジネス経済学の博士号を取っている。

現在は、仏インシアード経営大学院のアジアキャンパスに在籍し、社会課題とビジネスの関係をテーマとする研究活動における中心的な存在となっている。マイクロファイナンスをはじめ、途上国におけるビジネスのケーススタディを数多く執筆し、社会的インパクト投資の研究に並々ならぬ情熱を注いでいる。その熱量は、シン教授がインド出身であることと無関係ではないはずだ。

本講の取材は電話で実施したので、その人柄に深く接することはできなかったが、対応が常に迅速で、終始フレンドリーに応じてくださったのが印象的だった。

取材をしたのは2019年9月だったが、電話を切った後、シン教授の問題意識は日本の読者には先進的すぎて、一般的にはまだ受け入れられないのではないかと感じた。ゆえに、雑誌への掲載は2020年2月まで待った。筆者の体感でいえば、2019年の夏から秋、冬を経て、日本でも社会インパクト投資やESG投資への認知がかなり浸透したのではないだろうか。

2023年の時点から見ると、今や主流と見なせるほどの分野になりつつある印象だ。

シン教授が所属するインシアード経営大学院は、フランス・フォンテンブローとシンガポール、アブダビに拠点を置く国際的なビジネススクールである。

米国のハーバードやスタンフォードのように幅広い学問分野をカバーする伝統的な大学とは違い、経営大学院（ビジネススクール）に特化し、エグゼクティブ（経営幹部）向けのプログラムなど、ビジネス界への教育研修活動でも知られている。

特化型の経営大学院とはいえ、ＭＢＡ（経営修士）コースだけでなく博士課程もあり、有力な研究者の招聘や育成にも力を注ぎ、近年は研究活動でも実績を上げている。また、学部生のマネジメント教育にも乗り出している。筆者にとっては、最新の知見を得たり、米国以外の地域のトレンドを知ったりするために、定期的に教授や関係者に取材し意見交換させていただくことも多い。直近でもシンガポールで、退任間近のイリアン・ミホフ学長にインタビューをさせていただいた。ミホフ学長が２０１４年に打ち出した理念「Business as a force for good」は、まさに今、欧米圏全体がめざしている理念のように思う。取材先として親近感と先見性を兼ね備えた、尊敬するビジネススクールの一つである。

社会的インパクト投資とは？

国連が提唱するＳＤＧｓ（持続可能な開発目標）の浸透などを通じて、社会課題の解決を主目的とするビジネスが本格的に脚光を浴びつつある。例えば、清潔な水を貧困地域に安価に提供するといった事業を手がける「社会的企業」。あるいはマイクロファイナンス、ＣＳＲ（企業の社会的責任）、ＣＳＶ（共有価値の創造）、ＥＳＧ（環境・社会・統治）など、様々なコンセプトが登場してきた。近年注目されているのが「社会的インパクト投資」である。では、ジャスジット・シン教授に話を聞いていこう。

「ＥＳＧは、環境、社会、ガバナンス（統治）を意味する。会社が社会にどう影響を与えているかを見極めるうえで重要な三つの側面だ。伝統的な経済取引では、お金を稼げている限り顧客の役に立っているから、既に社会に対して価値を創出できていると考えてきた。だが世界は、企業の財務データの数字を測るだけでは不十分だと考えるようになっている。

ESGのE（Environment）は環境で、環境にどう影響を与えているかだ。

2番目のS（Society）は、社会のステークホルダーに与える影響に対して、どのような実績を出しているのかだ。『S』は従業員であり、取引先であり、コミュニティーでもある。

そしてG（Governance）はガバナンス、つまり企業統治であり、企業経営そのものだ。適切に会社を経営することである」

つまり、企業が数字だけでなくE、S、Gという三つの分野でどう成功を収めているかが重要なのである。例えば、企業に関係の深いGはこうだ。

「G、すなわちガバナンス（統治）とは、例えば、適切な経営プロセスが取られているかどうか、（意思決定の）透明性、取締役会の多様性、報酬は適切か、株主の権利を守り、会社が（社内の権力を持つ者に）だまされることのないような（外部の）株主が存在しているか――などである。この定義から考えれば、ガバナンスが重要になりつつある昨今のトレンドから読み取れるのは、市場メカニズムに依存するだけでは企業経営にはいつでもおかしなことが起こり得ると、世間が気づき始めたということだ。
資本主義のもと、我々は市場で商品を売買でき、仕事を得て富を生み出し、自分や家族の生活水準を向上させることができる。その意味で、企業の目標の一つは市場で高く評価されることだ。高く評価されればされるほど、手に入れる富や社員の生活水準は上がっていく。だが、市場で高く評価される振る舞いが必ずしも社会にプラスの影響を与えるとは限らない。現在は、その影響に対する企業の認識や対応が恐らくまだ不十分で、しっかり考えられていない状況だ」

Gが適正でない企業は、往々にして、EやSでも投資家を納得させられない。

「気候変動が激しくなり、昨今、最も関心が高まっているのが最初のE、環境対応だ。過去20年のデータでも、気候変動の現象がより多く見られるようになった。地球温暖化や資源破壊などが見られていることに、人々の関心が高まっている。そんな中、いくら収益を上げていても、環境に負荷を与える企業活動をしていては、投資家の賛同は得られない」

Sに注目すると、さらにハードルが高くなる。

「今、問題になりつつあるのは、一般的には世界で貧困が緩和されているとしても、格差が必ずしも緩和されていない点だ。富める者は、貧困から裕福になるよりはるかに速いスピードでさらに豊かになる。言い換えれば、貧困層の生活が徐々に改善していても、その改善スピードより速いスピードで、富裕層にさらに多くのお金が流れ込んでいる。世界経済が市場メカニズムと資本主義に頼りすぎた結果だが、企業が格差を是正する活動をしてほしいと、政府や市民が期待している。企業は、これまでになくESGを重視する方向で活動する必要がある」

CSRとESGの違い

CSR部署を創設したり、植林活動をしたり、学校をつくったりするなどで社会貢献をしてきた企業は多い。そうした活動は今後も評価されるのか。

「これまで、社会貢献に熱心な企業がやってきたのは、儲かったときにCSR部署を創設したり、慈善事業専門の部署をつくり社会に還元したり、寄付したり、貧しい人々に寄贈したり、学校や公園、運動場をつくったりするようなことだった。しかし次第に、単にビジネスの利益を社会に還元するのでなく、社会に不利益を起こさないやり方でビジネスをしていくことこそが社会貢献との認識が広まりつつある」

つまりESGは、従来の社会貢献とは似て非なるものといえる。いずれにせよこれからは、投資家の目線から見てESGの取り組みに積極的でない企業の立場は、確実に悪くなっていきそうだ。投資家も変化している。

「歴史的に見れば、30~50年前まで環境は大きな問題ではなかった。だからEへの注目はなかった。一方、社会的な貢献への期待はずっとあったが、かつては単なる利益の還元が期待された。それに対し、今は格差そのものの是正に貢献することが求められる。ガバナンスは、企業倫理は言うまでもなくルールに従うこと。これも以前から重要だったが、優先順位は財務データの数字より低かった側面がある。さらに今、財務面と社会面の双方で目標利益を達成するため、社会に改善をもたらす社会的企業などを投資対象に組み込む『社会的インパクト投資』に世界的な注目が集まる」

ポーター教授が転換点

ＥＳＧをはじめ、社会課題に意識を向けた経営が企業に求められている。社会的インパクト投資は、新たな企業評価基準にも影響しそうである。米ハーバード大学のマイケル・ポーター教授が２０１１年に提唱したＣＳＶ（Creating Shared Value）は、社会を改善する価値の創造を企業戦略に組み込み、収益を高めるというコンセプトだった（第３講）。シン教授は、「ＣＳＶの登場は、社会課題解決を目指すビジネスにおいて転換点になった」と話す。

「ＣＳＶは、ポーター教授が生み出したコンセプトである。社会課題解決ビジネスに関わる多くの人は、『ポーター教授のＣＳＶが登場したおかげで（企業による社会課題の解決に対して）世間の関心が高まってとても良かった』と言っている。

しかし、企業と社会課題の解決をリンクさせることを最初に提唱したのがポーター教授かというとそうではない。以前から同じことは提唱されてきたが、ポーター教授がＣＳＶという新しい言葉を生み出すことにより、世に広めた。ポーター教授の企業経営トップ層における影響力が大きいからだ。

CSVの登場は、この分野における転換点になった。つまり出発点ではなく、CSVをきっかけに（企業の社会貢献的な活動スタイルが）より関心を集めるようになったということだ。CSVの登場以来、単なるCSR活動だけでは不十分である、と人々が言い始めた。ESGや持続可能性について、そしてCSVについて、事業と別ではなくビジネスの一部として考えなければならなくなった」

ポーター教授はもともと、マーケティングの基本戦略をフレームワーク化し、ビジネス界に大きな影響を与えた研究者だ。CSVではさらに、社会課題解決ビジネスにおける戦略的な考え方を提示した。社会課題解決ビジネスのフレームワーク化に成功した、という言い方もできるかもしれない。

「広い意味でいう社会課題の解決のための投資には、長い歴史がある。徐々に企業を巻き込んで、今や一般市民も巻き込みつつある。だが投資家サイドと戦略サイドでは少し位置づけが違う。企業の間では投資家サイドに比べ、自社の戦略の一環として、かなり以前から社会課題の解決に対して問題意識があった。

例えば、インドのタタ・グループが150年余り前に登場したとき、創業者は労働者階層のためにかなり投資し、そのコミュニティーを充実させようとした。インドにはそのような会社がほかにもたくさんある。英蘭ユニリーバが100年以上前に英国で誕生した時代に戻ったら、同社の経営者が、労働者に投資する必要がある、労働者とその家族の面倒を十分に見なければならない、と言っている姿を見るだろう。いずれもESGのSパートの活動だ。こうした戦略としての社会課題解決は、一部の企業にとっては長年してきたことだ」

タタやユニリーバがかつて労働者階層への投資を重視したのは、巡り巡って自社の経営基盤の強化につながると考えたからだ。さらに最近、かつてはNGO（非政府組織）やNPO（非営利組織）の持ち場だった「社会課題解決」分野が脚光を浴びていることで、ここに新たに取り組む企業が増えている。これは、投資家の変化が大きく影響している。

「企業は長年ESG的な活動をしてきたが、投資家がESG的な活動により注目するようになったのは最近だ。企業は、事業拡大・安定戦略の一部として社会課題解決を考えてきた。一方投資家は今、（ESGに積極的な企業は）かなりの部分、リスク管理のレベルが高いと位置づけている。

今日、もし企業がESGを管理できなければ、投資家は大きなリスクと見なす。トラブルやスキャンダルに巻き込まれたり、政府から巨額の罰金を科せられたりしやすいと見なす。しかし企業がESGに適切に取り組めば、そうしたリスクが低減されると期待する。私は、リスク削減の意識が高い企業こそESGを大きく推進していると考える。あるいは、ESGに取り組んでもうまくいかない企業があれば、内部に何らかの対立やトレードオフが生じているはずだ。こうした企業は早晩問題を起こす可能性が高い」

問題防止から問題解消へ

近年は投資家が、ESGの概念をさらに高めた「社会的インパクト投資」を実施する企業に注目しているという。どのような活動か。

「ESGの考え方は、世界をなるべく傷つけないようにするというものだ。格差を拡大しない、二酸化炭素排出を増やさない、などというものだ。社会的インパクト投資はそれを一歩進め、世界を修復しようとする。ESG全般に取り組むのは言うまでも

「社会課題解決」への投資は急成長

● 国・地域別「サステナブル投資」の伸び（現地通貨ベース）

単位：1000億	2014年	2016年	2018年	2020年	年平均成長率(2014~20年)
欧州(ユーロ)	98.85	110.45	123.06	107.30	1%
米国(ドル)	65.72	87.23	119.95	170.81	17%
カナダ(カナダドル)	10.11	15.05	21.32	31.66	21%
オーストラリア／ニュージーランド(オーストラリアドル)	2.03	7.07	10.33	12.95	36%
日本(円)	8.4	570.56	2319.52	3100.39	168%

注：サステナブル投資＝ESG（環境・社会・統治）の要素を選別に組み込んだ投資の総称。
出所：*Global Sustainable Investment Review 2020*から作成

なく、事業により社会課題の解決を試みる。

例えばメーカーがＥＳＧに取り組むとする。ソフトドリンクメーカーなら、使う砂糖や水の量を減らし、工場の公害を減らそうとするだろう。それに対して社会的インパクト投資は、健康改善につながる飲料を開発したり、飲料製造技術を活用し水質浄化に取り組んだりする。解決を狙う社会課題は様々だ。社会の格差、気候変動、生物多様性の問題……。貧困国での教育問題に事業で関与することも含まれるかもしれない。世界に前向きなインパクトを起こすビジネスを創るのだ。

最初から『何をインパクトと呼ぶ

総投資額に対するサステナブル投資の割合

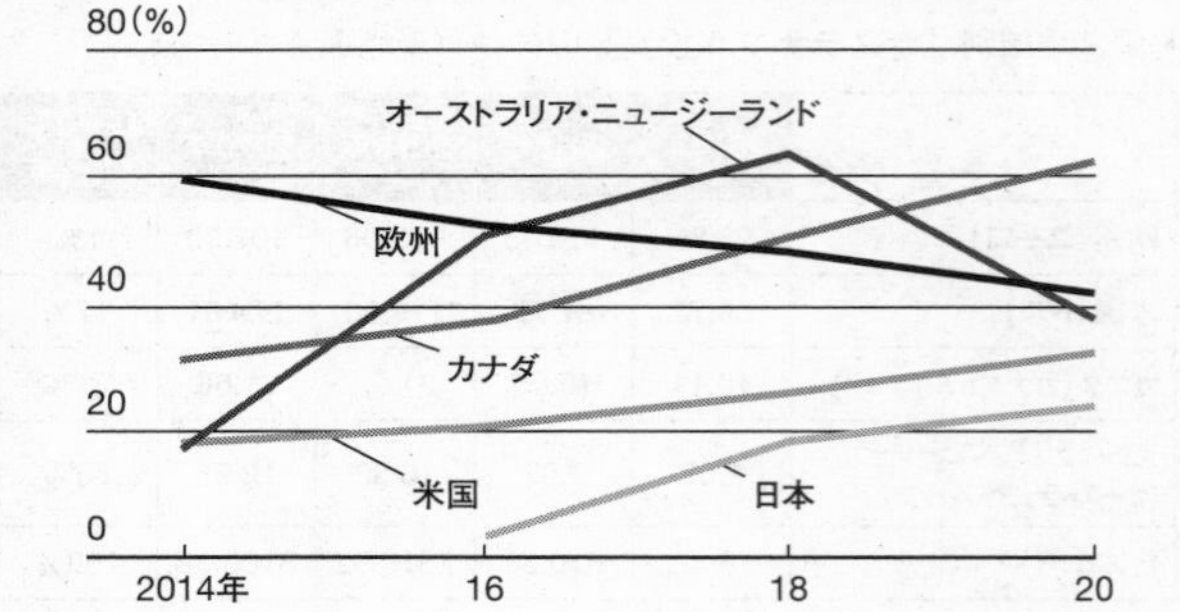

注：日本の2014年のデータはアジア全体に含まれていたため個別に存在せず
出所：*Global Sustainable Investment Review 2020*

か』を定義するのが、社会的インパクト投資で最も重要だ。解決しようとしている社会課題は何か。明確な戦略も必要で、改善できているかどうか進捗を測る指標も必要。実際に課題を解決することが重要なのだ」

世界の企業がESGに本腰を入れるようになったのは、「TCFD（気候関連財務情報開示タスクフォース）」が、2017年に出した報告書がきっかけとされる。TCFDは、主要国の金融当局からなる金融安定理事会（FSB）が、G20（20カ国・地域）の要請を受け2015年に設置した国際的な組織だ。この報告書が、企業や投資家、金融機関などに対し、財務に影響がある気候関連情報の自発的な開示を推奨した

ことで、投資家の視点が大きく変化した。

気候変動が企業の長期的な業績を決定する要因の一つならば、環境保護や温暖化防止に積極的な企業は経済全体の発展にも貢献することになる。実際、米投資ファンドのブラックロックのラリー・フィンクCEO（最高経営責任者）が２０２０年1月14日、ESGを重視する企業への投資を軸にした運用を強化すると表明した。

逆に言えば、ESGに無関心な企業は、本業がどうであれ、投資が集まりにくくなるだろう。金融関係者によれば、欧州の投資家の間では化石燃料を扱う企業から資金を引き揚げようとする動きも目立つという。シン教授は「これからの企業はESGに対応しながら稼がねばならない」と語る。

「企業サイドはESGを二つの視点で見ている。一つは、ESGに力を入れないと、社会や市民から評価されないという視点。もう一つがESGに消極的だと取引先として評価されないという視点だ」

つまり企業から見れば、BtoB、BtoCの双方でESGに対するプレッシャーが高まってきたということだろう。

「我々は、消費者も従業員も企業のESGを大変気にかけているという調査結果を手に入れている。従業員を雇う時、とりわけ2000年以降に社会に進出するいわゆるミレニアル世代を雇う時、ESGで実績がないと、優秀な人材を採用するのが大変難しい。また過去それほど社会課題の解決に関心がなかった会社までが、よい製品をつくるだけで満足すべきでない、従業員を大切にし環境に負荷を与えるべきでない、と取引先に期待するようになった」

そしてここでいうESGには、寄付をはじめとする経営者の個人プレーは含まれない。

ベゾス氏が尊敬されない理由

「象徴的な例が、米ネット通販大手アマゾン・ドット・コムだ。創業者でCEOのジェフ・ベゾス氏は、米フォーブス誌の世界長者番付で、2018年から2年連続で世界1位になった資産家だ。2018年、ベゾス氏が個人的資産から慈善事業に寄付したと報道されたとき、評価されるどころか数多くの批判にさらされた。世間は『寄付より、アマゾンの労働環境を何とかするのが先』と反応した。アマゾンには従業員を大切にしていないという評判が付きまとい、それをまず改善すべしというわけだ」

つまり大企業や、ベゾス氏に代表されるような裕福な企業家は、個別に慈善的な行為をするだけでは評価されず、自らの経営の中できちんと社会課題の改善に取り組むことが求められる。従業員をフェアに処遇し、環境に配慮して事業を展開しなければ厳しい批判を浴びる。そうした批判は社外だけでなく、会社の内側からも寄せられる時代になりつつある。

「2019年秋、アマゾン本社で1000人近くの従業員が、会社に対し気候へのポリシーを改善するように抗議したと報じられた。そのころ、アマゾンは2040年までに達成する二酸化炭素排出量の努力目標を発表していたが、従業員らは、環境対応をもっと積極的に速く進めるべきだとしたのだ。企業のCEOや管理職は今後、従業員や雇いたいと思う優秀な人からも、こうした期待を日常的に突きつけられる」

一連の動きも受け、ベゾス氏は2020年2月17日、地球温暖化対策の個人的な基金を設立すると発表した。まず同年夏に100億ドル（約1兆1000億円）を投じるとした。

ESGがもたらす価値観の転換

ESGの広がりを加速させたTCFDは、次ページの図のような形で統治、戦略、リスクマネジメント、指標と目標といった内容を企業経営に盛り込むことを推奨する。耳を貸さなければ国際社会の評価はじわじわと下がるだろう。

「G、つまり統治面の不備で社会的評価を落とした点では、米フェイスブック（現メタ）が良い例だ。人々のプライバシーを十分に守っていないと厳しい批判を浴びてきた。ESG評価に基づき、フェイスブックについて、プライバシーをめぐる統治を整えるまで格付けを低くすると判断した格付け会社もある。

企業活動の日々の問題点は、インターネットやソーシャルメディアで容易に見つかる。30年前であれば、会社が遠いどこかの国で従業員を手荒く扱っても表に出にくかった。今は局地的な振る舞いも、ソーシャルメディアで世界中に広がる」

スイスのネスレも痛い思いをした企業の一つだ。

多岐にわたる項目の開示を推奨

- 気候関連財務情報開示タスクフォース（TCFD）の推奨内容

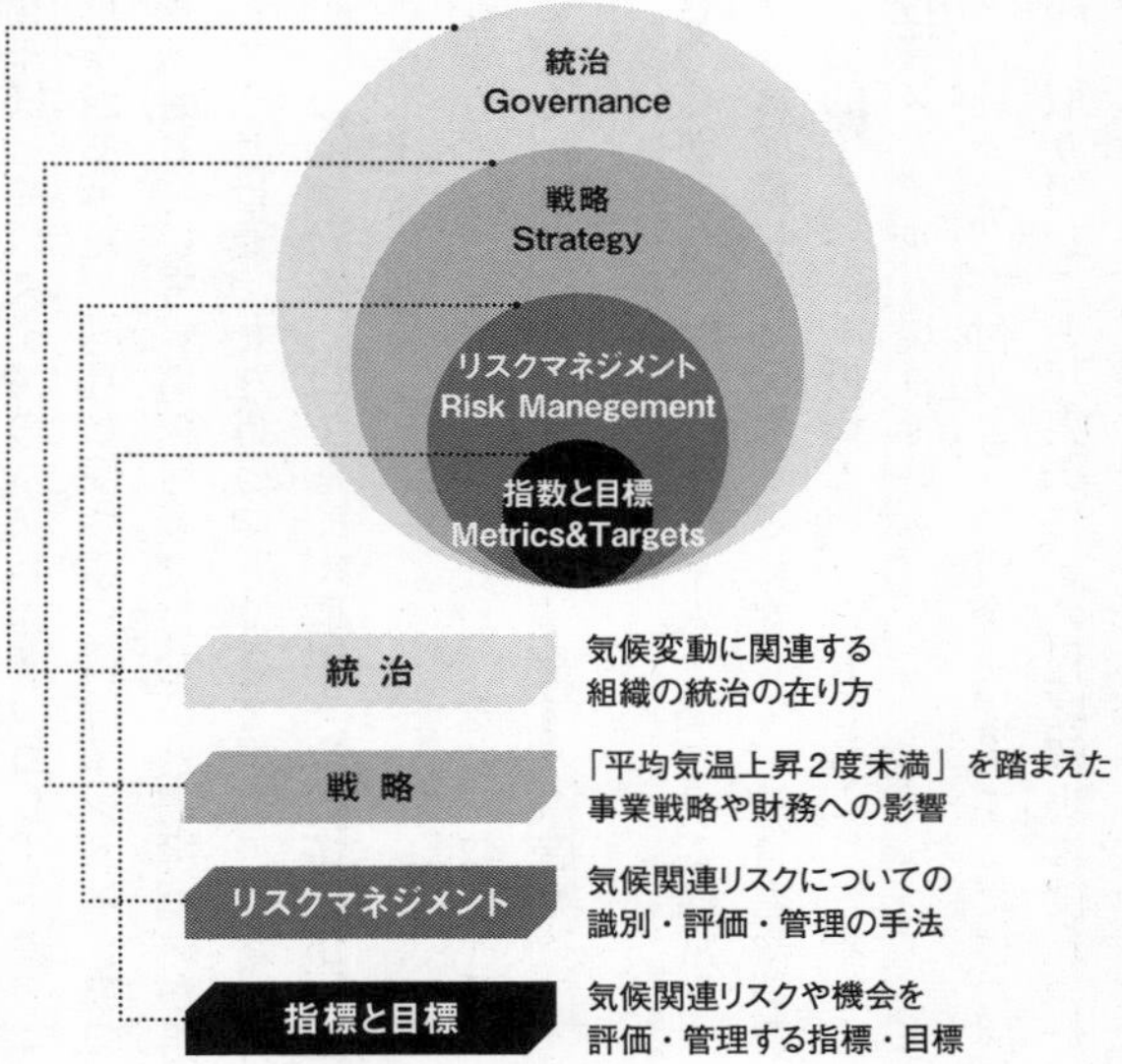

出所：TCFDのウェブサイトやサステナビリティ日本フォーラムの資料などから作成

「10年ほど前、スイスのネスレのチョコレート菓子『キットカット』に対して大規模な抗議があった。同社が使う原材料はインドネシアの森林を伐採して開発した農園から採取されていて、持続可能ではないと環境団体が訴えたのだ。昔なら取引先がしたことで当社は買っただけと申し開きできた。だが世界は、大企業自身が間違いを犯さないよう心がけるだけでなく、取引先や提携先が間違いを犯さぬよう目配りすることを期待している。

企業が透明性を高め、自社だけでなくサプライチェーンの中で何が起こっているのか注意し、全体がクリーンだと立証する負荷が高まっている」

ESGの広がりで、企業が環境や人を傷つける経営をすることや、その基盤となるコンプライアンス整備に消極的なことに対して、投資家や消費者の目が厳しくなってきた。さらに、社会的インパクト投資という、ESGより一歩進んだ、社会課題の解決が第一目的である投資スタイルも現れている。

従来との違いは、寄付のように資金を提供するだけに終わらず、投資や事業活動として社会課題に取り組むこと。実際にどの程度解決に役立ったか、投じた資金からどのような収益が得られるかの立証にも規律が求められる。

「社会的インパクト投資には、二つのセグメントがある。一つはインパクト・ファースト・インパクト投資だ。つまり収益より社会に与えるインパクトを優先する投資である。こうしたインパクト投資を本業にする組織としては、発展途上国の貧困問題に取り組む米国のＮＰＯ（非営利組織）アキュメンや、米イーベイの創業者が米国で設立した、社会課題解決を目指す国際的な投資会社オミダイアネットワークがある。

インパクト・ファーストの人々は、重要な課題の解決を志す社会的企業に投資する。お金が戻ることを期待するが、それが一番重要なわけではない。最も重要なのは、社会課題の解決。そして多少の見返りを期待する。もう一つは、ファイナンス・ファースト・インパクト投資だ。インパクト・ファーストとは逆に、投資の見返りを最重要視しつつ、投資先の企業活動を通じ社会課題の解決も狙う」

いずれにしても今の時代、ＥＳＧ投資に積極的であることが、資金調達面で有利に働く環境になりつつあることは間違いない。

インパクト投資は急成長

「ＥＳＧ投資の市場規模は、大体10兆ドル（約１１００兆円）以上あるとされるのに対し、社会的インパクト投資の市場規模はまだ5000億ドル（約50兆円）程度とみられていた（2020年現在）。が、小さいとはいえ急成長している。スイスにある世界で最も大きな銀行の一つ、クレディ・スイスが好例だ。同行には社会的インパクト投資の部署がある（2020年現在）」

社会的インパクト投資部門の具体的な活動内容を聞いていこう。

「クレディ・スイスは例えば、中国の貧しい農家にブルーベリー栽培で成功する手助けをしている企業に投資した。この会社は、農家が育てたブルーベリーを、世界中に輸出できる仕組みを構築している。高品質のブルーベリーに対する世界的ニーズは高まっており、仲介する企業には、大きなビジネスチャンスだ。一方、農家が貧困から脱する貴重な機会となり、社会格差の解消に結び付く。過去に別の穀物を栽培していたときは農家の多くはもうけを得られなかったからだ。

このブルーベリーの例は、投資の見返りでも、社会課題の解決でもともに相応の成果を得られた理想的な社会的インパクト投資といえるが、実際にはここまでうまくいかない時もある。インパクト・ファーストの投資家なら、インパクト優先で低収益で

社会課題の「解決力」に注目して投資

● 様々な投資スタイルと慈善活動との違い

<table>
<tr><td>一般的な投資</td><td colspan="3">リターンを得るための投資</td><td rowspan="4">収益が期待できる</td></tr>
<tr><td>責任投資</td><td colspan="3">特定分野を排除した投資
（武器、たばこ、アルコールなど）</td></tr>
<tr><td>サステナブル投資</td><td colspan="3">ESG（環境・社会・統治）関連で
先進的な企業や部門などに投資</td></tr>
<tr><td rowspan="2">インパクト投資</td><td>ファイナンスファースト</td><td rowspan="2">計測可能な社会インパクトの創出と、投資収益の二兎を追う</td><td>トレードオフなし</td></tr>
<tr><td>インパクトファースト</td><td>トレードオフやリスクが存在</td><td>普通並みか低い収益</td></tr>
<tr><td>一般的な慈善活動</td><td colspan="3">給付と投資の組み合わせなどで、
社会課題解決が目的の活動を支援</td><td rowspan="2">資金の拠出</td></tr>
<tr><td>ベンチャー的慈善活動</td><td colspan="3">社会課題解決が目的の企業を、
給付型のファンドや投資などを通じて支援</td></tr>
</table>

出所：Julia Balandina Jaquier著『Catalyzing Wealth For Change: Guide to Impact Investing』（2016年）から作成

妥協するかもしれないが、ファイナンス・ファーストの投資家は、インパクトがあっても収益がなければ投資はしない。これまで紹介してきたCSVの議論に似て、ESG投資で資金調達を狙う企業もやはり、インパクトと収益を同時に満たす必要があるが、意外にも、両方を満たせる機会はかなりある」

そうはいっても、どう工夫しても収益を出しにくいケースもある。年金基金のように、善管注意義務があり収益で妥協できないファンドもある。もうからないかもしれない場合、投資先として対象から外れてしまう。

「その場合も、インパクト・ファースト投資家からであれば資金調達は可能だろう。資産を潤沢に持つ個人投資家や篤志家などがそうだ。もうからなくても、困難な課題に取り組む企業の手助けができればいいからだ」

では、インパクト・ファースト・インパクト投資と、慈善活動の違いとは何か。

「慈善活動は、最初からお金を失う前提だ。一方、社会的インパクト投資は、少なくとも投資した分は回収することを期待する。緊急でビジネスモデルさえつくれない時、例えば、サイクロンで村の多くの貧しい人々が犠牲になったときなどは、資金支援が第一だ。こうした場合は慈善活動が必要だ」

近年はさらに、インパクト投資を志向する起業「インパクト起業（Impact Entrepreneurship）」という言葉も生まれた。ここでは崇高な志や物語より、社会ニーズの掌握と進捗の測定、実用的なビジネスモデルの追求が成功のカギである。

グリーンウォッシングは認めない

注意したいのは、環境配慮を表面的に標榜するのは危険ということだ。

「社会的インパクト投資では、高いインパクトがあると明確に証明しなければいけない。確固たる戦略と方法論が必要だ。美談だけでは単なる『グリーンウォッシング』だ」

グリーンウォッシングとは、うわべだけ環境に配慮していることを装う活動のこと。企業がCSR報告書で無関係な森林の写真を多用し「環境配慮」の誤解を与えることも含まれるという。

「(ビジネスを通じた社会課題の解決には）真剣な戦略と測定方法をつくり、良いインパクトを起こさなければいけない。バングラデシュでグラミン銀行を設立し、マイクロファイナンスを普及させ、ノーベル平和賞を受賞したムハマド・ユヌス博士をご存じだろう。ユヌス博士は、お金持ちになるため起業したのではない。貧しい女性の人生に前向きな影響をもたらすためであり、明確な戦略と方法論があった」

会社が真剣さに欠け、社会貢献の「感動ストーリー」を宣伝に使っていると社会に受け止められれば、大きなダメージを受けかねない。信頼感こそが企業価値。ますますそんな時代になっていくだろう。

第8講　ステークホルダー理論

米国企業は本当に株主第一主義を捨てるのか？

ロバート・ポーゼン *Robert Pozen*　米マサチューセッツ工科大学（MIT）経営大学院上級講師
1946年生まれ。米ハーバード・カレッジを最優等で卒業、米イェール大学で法学博士号取得。米証券取引委員会顧問、フィデリティ投信社長、MFSインベストメント・マネジメント会長など歴任。米ブルッキングス研究所上級フェロー。

▼講義の前に――「株主至上主義」を問い直す論客の横顔

米国のマサチューセッツ工科大学（MIT）といえば、先端技術、情報技術のイメージが強いのではないか。日本では特に、日本人（伊藤穰一氏）が長年トップを務めたMITメディアラボが有名だろう。

ロバート・ポーゼン氏が所属するMITのスローン経営大学院も、著名教授を多く擁する。例えば、2011年に米国で自費出版された共著『機械との競争』（日本では、日経

BPから2013年刊行）で、「機械（コンピューター）との競争に人間が負け、雇用が失われていく」との主張を展開したエリック・ブリニョルフソン教授とアンドリュー・マカフィー教授も、スローン所属だ。また、『ハーバード・ビジネス・レビュー』誌に次ぐ影響力を誇るマネジメント学術誌『MITスローン・マネジメント・レビュー』誌を発行している。

スローンをほかのトップスクールと比べると、テクノロジーとイノベーションに力点を置いたマネジメント教育に早くから力を入れてきたことが際立つ。技術系ベンチャーを育成するのはもちろん、これらベンチャーによる技術の社会実装がもたらすインパクトにも目を向けてきた。

そんなスローンにあって、株主至上主義の功罪について一家言ある論客が、ポーゼン氏である。公共政策に強い関心を持ち、経営幹部層向けのコーチングに携わるかたわら、MITのMBA（経営学修士）コースで教壇に立つ。と同時に、米国初のミューチュアルファンドであるMFSインベストメント・マネジメントの元会長で、米証券取引委員会（SEC）の顧問や米フィデリティ投信社長などを歴任した金融業界の大ベテランでもある。

テクノロジーのイメージが強いMITだが、経済学や経営学でも実績ある研究者が多数所属しており、スタンスを鮮明にし、学界をリードしているトップ大学の一つである。経済学部には、２０１９年にノーベル経済学賞を共同受賞した、エスター・デュフロ、アビジット・バナジー教授夫妻がいるし、将来ノーベル経済学賞を受賞するに違いないとささやかれ続けているダロン・アセモグル教授も所属している。

ちなみに、デュフロ教授とバナジー教授によるノーベル経済学賞は、途上国における貧困政策に関するランダム化比較実験（ＲＣＴ／Randomized Controlled Trial）に対して贈られた。貧困削減に貢献した実践的な研究として高く評価されている。また、アセモグル教授は制度の経済学や政治経済学などマクロ経済の研究や、ＡＩと雇用に関する研究などで知られ、政策にも影響を及ぼしている。

本講は、２０１９年８月19日、米国のビジネス・ラウンドテーブルが株主第一主義（Shareholder Primacy／株主至上主義とも訳される）の見直しを発表したのを受けて、ポーゼン氏に取材した内容をまとめた。そのため他の講に比べて一部、時事的ではあるが、ステークホルダー理論や株主至上主義の歴史的背景を踏まえた論考は、現在進行形の議論の本質を整理する助けになるだろう。

「株主至上主義」脱却の動きをどう理解すべきか？

米主要企業の経営者団体、ビジネス・ラウンドテーブルが2019年8月19日、株主第一主義を見直す声明文を発表した。1997年以来の原則を転換し、世間を驚かせた。格差拡大や環境に対する関心の高まりもあり、「株主第一主義」に基づく米国型経営が転機を迎えつつある。

米証券取引委員会（SEC）の顧問や米フィデリティ投信社長などを歴任した米マサチューセッツ工科大学（MIT）上級講師のロバート・ポーゼン氏に、米国型企業経営論の「今」を聞く。

「米国企業のトップは昨今、政治家や一部の株主から、株主価値増大よりも幅広い視野で会社を経営すべきとの強いプレッシャーにさらされてきた。企業は株主以外のステークホルダー（利害関係者）、すなわち労働者、顧客、取引先や地域社会にも目を配るべき、と宣言したビジネス・ラウンドテーブルの声明文が発表されたのは、

ESG投資の広がりも背景にある。

ただ、私はこれが本当に大きな変化をもたらすのか、単なる広報努力なのかが分からずにいる。声明文にはどの関係者を優先すべきかについて優先順位が書かれず、ステークホルダーの間で対立が生じたら誰を優先すべきかについての指針がない。役に立たないと酷評する人も多い」

捨て去られた「ステークホルダー理論」

「背景には（株主第一主義と対立する概念である）従業員や顧客を、長期的に株主価値をもたらす方法で支えようとする理論（筆者注：ステークホルダー理論）の広がりがあるのは間違いない」

「株主第一主義経営」の起源は、本書でも何度か触れたようにノーベル経済学賞受賞の経済学者ミルトン・フリードマンが1970年に米誌『*New York Times Magazine*』に発表した「A Friedman Doctrine（フリードマン・ドクトリン）」に基づいている。当時、米国株価が低迷していた中で、「企業の社会的責任は、利益を増やすこと」と大々的に提唱

1970～90年代、株主第一主義が定着

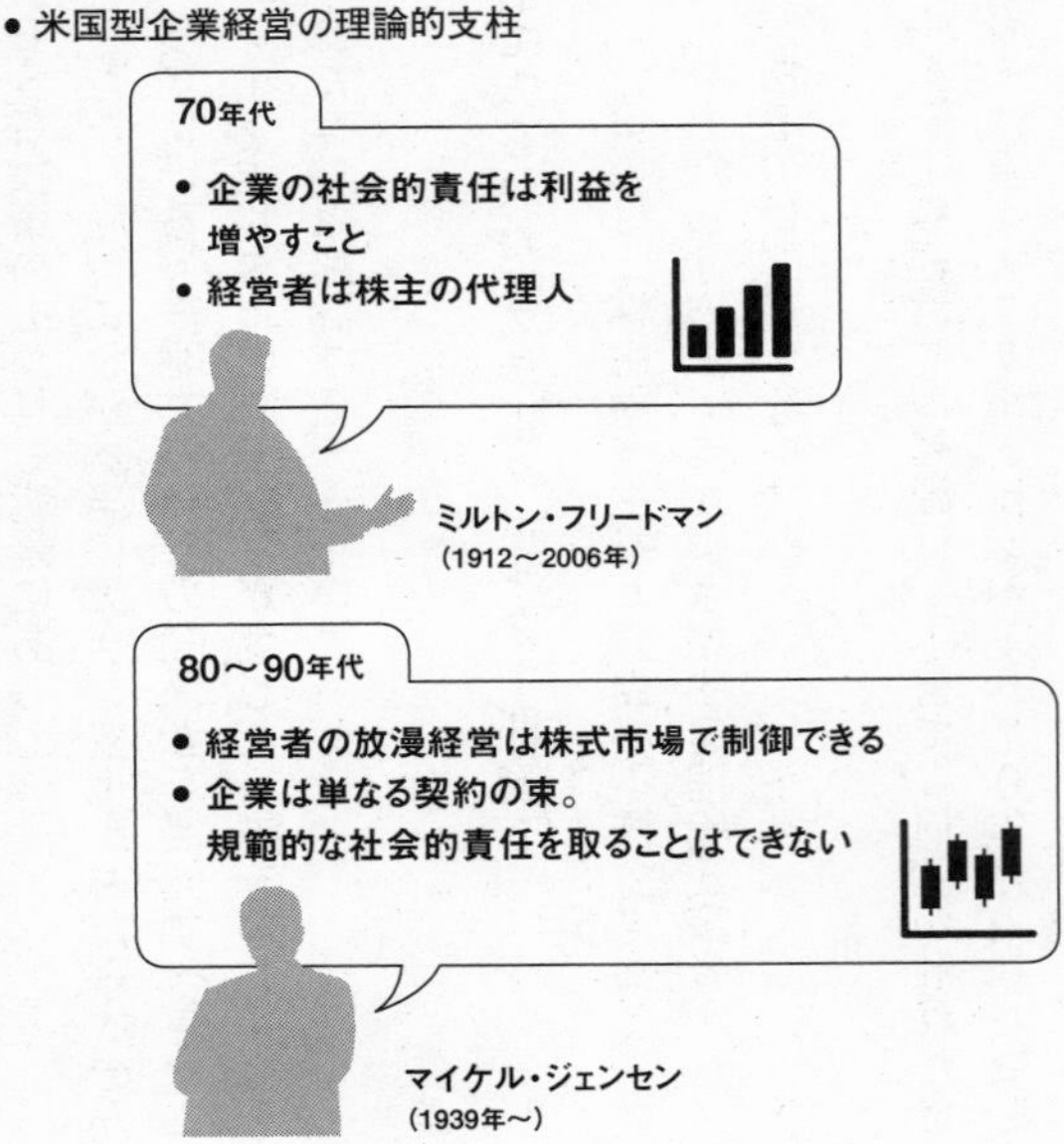

• 米国型企業経営の理論的支柱
70年代
• 企業の社会的責任は利益を増やすこと
• 経営者は株主の代理人
ミルトン・フリードマン
(1912～2006年)
80～90年代
• 経営者の放漫経営は株式市場で制御できる
• 企業は単なる契約の束。規範的な社会的責任を取ることはできない
マイケル・ジェンセン
(1939年～)

したものだ。

「ミルトン・フリードマンは1970年代、企業の主要な義務は利益を出すことという考え方を打ち出した。その後、米ハーバード経営大学院のマイケル・ジェンセン名誉教授が、利益最大化のため、株主価値の最大化を企業経営の中で優先事項にするための理論を提示し、経済界をリードしていった」

ジェンセン教授は、現代ポートフォリオ理論において、リスク資産に対する投資家の期待収益率と資本資産価格モデル（CAPM）による理論上の期待収益率からみた超過収益率を指す「アルファ」を、初めて統計的に検証したことで知られる。そのため、アルファは「ジェンセンのα」と呼ばれることもある。株式市場に多大な影響を及ぼした金融理論家だ。ちなみに、CAPMは2023年7月に亡くなったノーベル賞経済学者、ハリー・マーコウィッツ氏が1950年代に生み出した理論である。投資リスクを低減する分散投資のメリットを実証したこうした理論の発展を背景に、リスクテイクの心理的なハードルが低くなっていったのは想像に難くない。

株主第一主義によってステークホルダー理論が否定された背景には、そうした理論的な発展の影響もあるだろう。

ステークホルダー理論は、最近になって生まれた新しい理論ではない。1980年代から米国で提唱され始めた、従業員や取引先など幅広い関係者に配慮する「ステークホルダー理論」を、ジェンセン教授は、「旧共産主義圏で失敗したモデルだ」などと真っ向から否定した。いわば、「教祖」フリードマンが提唱した株主第一主義の考え方を広めた「伝道師」である。

1990年には、CEO（最高経営責任者）の報酬としてストックオプションを与えることが株主価値の最大化につながるとする論文を発表。FASB（米財務会計基準審議会）が1995年、経営者へのストックオプション付与に有利な会計基準を認め、株主第一主義経営が一気に広まった。そして1991年から、米国景気は長期的な拡大を始め、株価は上昇していった。

単なるポーズではないのか？

「ビジネス・ラウンドテーブルの声明文には、当初三つの受け止め方があった。

一つ目は、単なるポーズで、企業に説明責任がないし、結局は何も変わらない、というもの。株主第一主義が今後も変わらないまま強まるとすれば、製品需要が減少したりすると、企業が株主利益を優先して従業員をすぐに解雇するような世界になる。

二つ目は、これを機に、従業員に配慮しようとする企業経営者がもっと現れるだろう、という前向きな受け止め方だ。さすがに株主の関心を考慮しない経営は考えにくいが、株主を第一にしますとは積極的に言わなくなるかもしれない。

三つ目は、企業の役割はただ利益を出すだけでよいとはいえ、従業員や顧客などステークホルダーをサポートする必要を感じるなら、それは企業自身でなく政府の規制などほかの施策によって実現すべきとする意見だ」

三つのシナリオのどこへ向かうか。鍵を握るのは、本当に「従業員や顧客に配慮すれば、長期的な利益につながる」のかどうかの検証だ。本当であれば、株主第一主義の旗を降ろし、ステークホルダー理論を再び掲げる企業が増えてもおかしくはない。

「株主とそれ以外の関係者に利害面で対立があっても、長期的になら解決できるという人がいる。従業員と顧客を大切に扱えば企業は成長し、株主も利益を得るだろうと。ただ現実にはそういう時もあるとしかいえない。

確かに、長期的には解決し得る程度の短期的な対立はある。しかし、長期的にも解決しないような対立もあるし、長期的には解決しても短期的には利益を失う事態も考えられる。

ビジネス・ラウンドテーブルは、株主以外のステークホルダーへの目配りが長期的な株主価値につながる、とだけ言う。

また、株主第一主義からの転換に批判的な人々は、企業が結局、株主への説明責任を避けたいだけだとも主張している。例えば、業績で株主の要求を満たせなければ、ステークホルダーに配慮した、と言えば済むようになるかもしれない」

株主とそれ以外のステークホルダーの利益は複雑に絡み合っており、どんな経営が短期的、中期的に誰の利益を増やすかというのは、理論的に裏付けしづらい。結局、株主第一主義とステークホルダー理論のいずれを重視するかは、各社の自律的な判断、規範意識に委ねられることになる。そのようなこともあってか、近年の経済学では、この「規範」に注目する研究が注目を浴びている。

株主より従業員を優先するCEOはいない

「暗黙の常識として、企業が株主に恩恵を与える場面には、それ以外のステークホルダーとの間に、利害関係の対立が必ずある。米国企業が、対立のある場面で必ず顧客や従業員を重視するというなら、個人的には大変な驚きだ。だからビジネス・ラウンドテーブルの宣言を、株主より顧客や従業員側に立つ企業が増える、と単純に解釈すべきではない。

だが一歩前進したのも確かだ。米国企業も、株主以外の価値について少しは考えるだろうし、意思決定に時間をかけるようになるだろう。例えば、労働者の解雇を考える前に、何年かかけて問題を解決できないか検討し、従業員や顧客への影響を緩和する方法がないか考えるようになるだろう」

米国企業は、格差拡大による世論の激しい反発と、政治家、活動家、さらには投資家の圧力にさらされ続けている。そうした状況を受け、ビジネス・ラウンドテーブルは株主第一主義の転換に言及したわけだ。

「株主第一主義を転換するとしたビジネス・ラウンドテーブルの声明文に対するフェアな解釈は、これからの企業活動は、株主価値だけでなく、ほかの価値も考慮しますとの表明と受け取るべきだと思う。そのため、実際に株主価値とそれ以外の要素の利害の対立が生じたときに、どちらを優先すべきかはその都度、見極める必要が出てくるだろう。

声明文について、もし利害の対立があったときにも株主より従業員や顧客の利益を優先する、とまでは解釈すべきでない。声明文に署名したCEOたちが、そんなことをするとは到底思えないし、米国の企業が日本企業みたいになりたいのだと解釈するのは間違いだ。

日本では、ほかのステークホルダーの価値に比べ、株主価値のほうが支配的なわけではない。むしろ、アクティビストが『もっと株主価値を尊重するように』と主張しているような状態だ」

米国と日本は「両極端」

米国と日本の特徴は両極端ともいえる。日本でイメージする「ステークホルダーも重視」といったときの内容と、米国でイメージする内容は、かなり深さや強度が異なるとポーゼン氏は話す。

「そうはいっても、米国の大企業が日本企業の立つ方向に一歩進もうとしているのは事実だ。ただ、日本企業のようにまでは決してならない点に注意が必要だ。日本企業は何年もかけて、顧客やサプライヤー、従業員の利益を株主よりもサポートし、株主価値をどうすべきかについて考え始めている段階だ。米国企業がそこまで進むことはない。日本も米国も、以前より広範囲な立場の人々の利益を考慮するようになってきた、ということはいえる」

ポーゼン氏は、ビジネス・ラウンドテーブルの声明文の背景には、ESG（環境・社会・統治）を重視する投資の広まりが大きく関係しているとみる。そして、米国企業における株主第一主義からの転換と同様、ESGの普及も単純には進まないと指摘する。

「環境問題に注視したいとアピールする企業があるとする。石炭を扱う企業が、二酸化炭素削減のため石炭の取り扱いをやめ他のエネルギーにシフトする、あるいは自動車メーカーが、EV（電気自動車）をつくることにするという場合だ。これらは、環境に配慮した『正しい』決断で、世間からも支持されると思うが、いずれも、あくまで長期的な企業の利益にもなる選択だ。EVを増やしてガソリン車を減らす戦略は、将来の会社の利益になる」

しかし中には、環境対応と会社の利益が対立するケースも出てくる。その場合、正しさを優先すべきか、利益を優先すべきか。ポーゼン氏は、「正しいこと」であるからと、やみくもに「環境重視」「社会政策重視」に突き進むことの危険性を指摘する。長期的な企業戦略とのすり合わせが欠かせない。

「米国のビジネス界は現在、（株主価値やステークホルダーの価値同様に）ESGを考慮して経営するのが原則だ。それでも、当然ながら利益と相反するほどまでESGを高めるところまではいかない。アクティビスト集団や政治家はそこまでさせたいのだろうが、それはすべきでない」

ESGは今後、企業経営にどのような形で影響を及ぼしていくのだろうか。ポーゼン氏は、ESGをそれぞれ分解して理解すべきと強調する。

自社株買いは、株主と経営者の利害が一致

「基本的に『E』は、環境問題を憂慮する人たちが先導している。活動家は、たとえ高収益につながらなくても企業に環境政策に従ってほしいと考える。その観点でESG投資を優先すべきと最も主張しているのが、環境アクティビストだ。

『S』、すなわち社会は極めてあいまいだが、企業が定義さえしっかりすれば収益につながるとの研究がある。社会全体の価値を高めることを目標にする意味で、多くの日本企業にとっては当たり前の考え方に思える。Sの部分に関しては、日本は（米国に比べて）かなりうまく対応できているのではないか。

ESGの中で、とりわけEと『G』は分けて考えなければいけない。特に日本では一般的にG、すなわちガバナンス（統治）が全く機能していない。改革したと聞くが、完全に独立した社外取締役がいまだに一人もいない企業がたくさんあるようだ。

社外取締役は長期的な収益性を高め、企業風土をより良くすることに役立つため、米国では広く受け入れられている。だが日本企業は導入に消極的だ」

日本企業はガバナンスが課題

● ポーゼン氏が考える、ESGをめぐる論点

Environment
- 環境保護活動家の影響がある
- 収益を出せる範囲内の環境保護
- 必ずしも高収益につながらない

Society
- 定義があいまい
- 短期か長期かで意味が違う
- 定義次第で収益につながる

Governance
- 日本はガバナンスが弱すぎる
- 社外取締役の選定は基本
- 「損失回避」につながる

２０１８年度の生命保険協会のアンケート調査によると、社外取締役の独立性確保や役員報酬決定の仕組みの整備を期待する投資家は多く、年々、増加傾向にあった。投資家の期待に比して、経営者の意識が低い傾向も見てとれる。日本ではＥＳＧ関連の投融資先としてエネルギー・環境分野が目立つが、企業に必要なのはポーゼン氏の指摘通りＧ、ガバナンスの向上だろう。

「ＥＳＧをフォローすることで投資家や企業に高い利益が得られるのなら、とっくにそうしてきた。ＥＳＧを企業が定義して従えば、より高い株主還元が得られるとの研究も確かにある。だが推進者の中には、利益につながらなくても環境政策に取り組むべきと言う人もいる。彼らは時に、ＥＳＧ投資に取り組めばすべての人が

今より幸せになるとさえ言う。社会の仕組みが自動的に社会を良くすると誰も信じなくなった以上、頼るべき『何か』が必要になったのだろう」

批判高まる「自社株買い」

ここまで、米国の主要企業のCEOが名を連ねる経済団体、ビジネス・ラウンドテーブルが「株主第一主義」を転換した歴史的背景や本気度を、ポーゼン氏とともに考察してきた。米国におけるステークホルダー重視の考え方の復活や、企業による社会課題解決に対する関心の高まり、格差拡大や社会システムに対する信頼の喪失などが相まって、「株主第一」に対する逆風となっている。

その流れの中で、米国で主流の株主還元策「自社株買い」に対して鋭い批判が目立つようになった。背景を考察する。

「既に論じたが、企業は今、株主第一主義をめぐり、当局や世間からの攻撃にさらされている。不正会計を端緒に2001年に米エンロン、翌年米ワールドコムが破綻、2008年にはリーマン・ショック、拡大する一方の所得格差……。一連の出来事を

米国では近年、自社株買いが急増

● 米国の株式消却および自社株買い

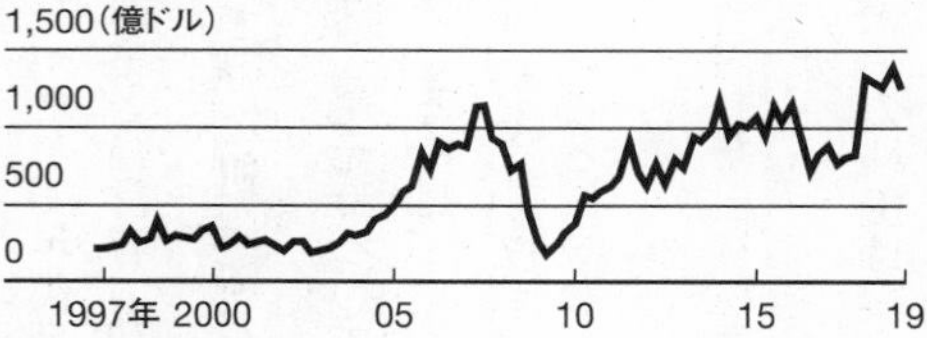

出所：米連邦準備理事会

日本の自社株買いは少なめ

● 日米の自己株式取得額の推移（対純利益比）

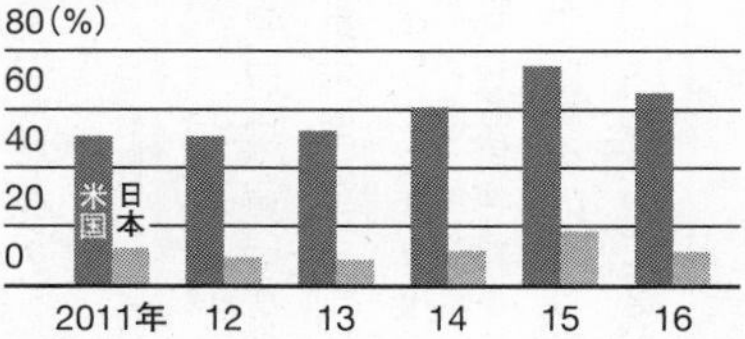

出所：生命保険協会調べ。日本のデータはTOPIX構成企業、米国はS&P500構成企業（暦年ベース）、いずれも赤字企業含む

通じて現代の米国社会の経済システムが、人々に等しく奉仕するなどとはもはや誰も全く思わなくなった。もう別のシステムに頼らなければいけない。米国人はそのように感じ始めた」

格差が拡大する中で、批判の対象となってきたものの一つが、米国企業による自己株式の取得、すなわち「自社株買い」だったのだ。株主第一主義を主導したジェンセン教授が「企業は株主のもの」と明確に打ち出して以来、定着したとされる。1980年代までは、米国企業が買収防衛以外の目的で自社株買いをすることはほとんどなかった。だが90年代半ば以降、ストックオプションの導入などとともにじわじわと広まった。株主と経営者の利害が一致したからだろう。

減税で得た利益はどこへ？

「株主還元策として一般的である自社株買いが加速していることに米国で批判が高まっているのは、（システムに対する不信の）よい例だ。

米国において税制改革が論議されたとき、推進派は『法人税率を下げれば、利益が高まることにつながり、その利益は設備投資や投資、採用増につながる』とアピールした。ところが、ふたを開けてみたらそのようなことは起こらなかった。余った利益を活用した自社株買いばかりが増え、株主にばかり偏って資金を還元していくことになった。

米国の株主は、全人口のたかだか上位10％の層。減税しても企業の投資は増えず、ただ彼らを潤しただけだった。これまでここで述べてきたステークホルダーへの配慮、ESGへの目配りに関心が高まる中、こうした行動が批判の対象となったのは、当然だといえる」

自社株買いをすれば、ROE（自己資本利益率）の分母である自己資本を減らすため、ROEが良くなり、EPS（1株当たり利益）を高める。ROEの向上は経営者に、EPSの向上は株主にそれぞれメリットがある。それゆえ、自社株買いは、株主と、その代理人たる経営者の利益相反を抑制できるものとして奨励された。さらに、投資への刺激を狙った2017年税制改革による大型減税後、当局の意図に反して自社株買いが過去最大規模となり、またしても株式にマネーが還流した。

「減税により実現した高収益は、これまでを見る限り、ほかの目的、あるいは株主以外のステークホルダーのためにはほとんど使われていないといっていい。ほんのちょっぴり、賃上げなどに使われたぐらいだ。私が見るところ、全体として、大量のマネーが全部とはいわないまでもほとんどが株主に還元された」

自社株買いを批判する論調の中には、自社株買いこそが格差を拡大させてきたとするものもある。ポーゼン氏は、株主以外にとっての自社株買いの効果は、その会社の経営が必ずしもうまくいっていないことを外部に示すシグナルになる程度しかない、と見る。

「自社株買いが企業収益そのものを変えるわけではない。ただ、（ROEの分母の）株式数を変えるだけだ。ただ、ある研究によれば、大規模な自社株買いをする企業は、しない企業よりも経営状況が芳しくないという。経験豊富で洗練された投資家は、そのからくりを見抜き、会社に何が起こっているのか、探ることができる。

私自身も米フィデリティ投信の社長を経験し、過去には大規模な機関投資家の運用責任者でもあったから、そのあたりの事情はよく分かる。つまり、株主以外にとっての自社株買いのメリットは、その程度しかない」

経営者はなぜ、無駄遣いをするのか？

批判派の中には、そもそも自社株買いよりも株主の利益により強く結びつく方法はほかにあるとの声もある。

「法人税率が下がることにより増えた収益を使って自社株買いをすると、株高になることが多いのは事実だ。一方で、その利益を事業へ再投資すると、それが株主の利益に確実につながるとは言い切れない。

実際のところ、企業にとって魅力的な投資機会などそうそうあるものではない。そのために経営者が大きな記念碑を建てたり、工場を建てたり、事業を大きく見せるために買収したり、ある意味での無駄遣いをすることがある。

そのように、貴重なマネーで決して妥当とはいえない巨額投資をされるぐらいならば、自社株買いがより株主の利益につながるという見方は一理ある。

しかしそれ以上に、確実に株主に利益を還元する方法もある。それは配当を増やすことである。

株主還元策として、自社株買いと配当の２択のうち、なぜ米国企業が自社株買いが好きなのか。理由は簡単だ。配当をいったん増やしたら、その水準を保たなければならず、来年減らす、というわけにはいかなくなるからだ。いずれにせよ、自社株買いが株主の利益を高めるのに最もふさわしいという考え方があるなら、それは適切とはいえないだろう」

株主と、その代理人である経営者の利益相反を抑制する意味でも奨励されてきた自社株買い。だが、株主至上主義を見直す機運が高まり、株主以外のステークホルダーへの企業の貢献が求められる中、その仕組みに今後さらに逆風が吹くことは間違いなさそうだ。

第9講　パーパス経営

企業の目的とは、社会課題を解決しながら稼ぐこと

コリン・メイヤー　*Colin Mayer*　英オックスフォード大学サイード経営大学院教授

1958年生まれ。81年英オックスフォード大学卒業、同大学経済学博士（Ph.D.）。米ハーバード大学フェロー、英ロンドンシティ大学教授などを経て、94年から現職。2006～11年にはオックスフォード大学サイード経営大学院学院長を務めた。金融論のトップジャーナルの編集委員を務める一方、欧州経済政策研究センター（CEPR）、欧州コーポレートガバナンス研究所（ECGI）フェローなどを歴任。

▼講義の前に――企業統治論の権威の横顔

英オックスフォード大学経営大学院のコリン・メイヤー教授は、欧州におけるコーポレートガバナンス（企業統治）の権威である。後に日本でも取り入れられることになったコーポレートガバナンスコード（企業統治指針）などのコンセプト形成において、大きな役割を果たしてきた。

早稲田大学商学部の宮島英昭教授、早稲田大学ビジネススクールの鈴木一功教授とともに、ビデオ会議システムを使ってメイヤー教授にインタビューをしたのは、2020年5月上旬。ちょうど新型コロナウイルス感染拡大が進む中で、メイヤー教授も在宅で研究活動をしていた。

メイヤー教授と宮島教授は同世代で、長年にわたって共同研究に取り組んでいる。インタビューからは、メイヤー教授が日本の企業法制やガバナンスについて広く深く、そして偏ることなく理解されていることが伝わり、宮島教授のインプットが綿密なのだと感じた。

宮島教授、鈴木教授を前に、穏やかな物腰のメイヤー教授が「企業の目的とは、利益を出しながら社会課題を解決することだ」と何度も繰り返し力説する姿には、圧倒されるような熱意を感じた。メイヤー教授は、きっと本気でそう思っているに違いない。

宮島教授と鈴木教授には、メイヤー教授へのインタビューに先立ち、ここ数年のコーポレートガバナンスに関する欧米の動向について論点をご教示いただいた。また、このインタビューは、序文でも協力いただいている早稲田大学ビジネススクールの入山章栄教授の提案で実現した。貴重な場の実現に尽力いただいた早稲田大学の関係者の皆様に、大きな感謝を申し上げたい。

企業の存在意義を問う意味は何か？

企業は何のためにあるのか。この古くて新しいテーマを長年、研究してきたのが、英オックスフォード大学サイード経営大学院のコリン・メイヤー教授だ。2019年は米国発で株主第一主義に対する疑義が唱えられ、大きなうねりとなった。新型コロナウイルスの「災禍」が世界中の人々を襲い、経営のあり方やそこで働くことの意味、企業と社会との関係を見つめ直すことへの機運も高まり、「コロナ前」「コロナ後」の風景は全く変わってしまった。改めて、「会社は何のためにあるのか」を、メイヤー教授とともに考える。

「1983年以降、英国の市場調査会社イプソス・モリが毎年、約1000人の英国人を対象に続けてきた調査がある。どの職業の人に対し、真実を話していると信じるかを聞いたものだ。トップが看護師、医師、そして幸いなことに大学教授も上位に入った。一方で下位にいる人たちは誰かというとビジネスリーダーなのだ。最低のところにいるのが政治家である（次ページ図）。

ビジネスリーダーの信頼度は低い

● 英国における2022年の「信憑性指数（Veracity Index）」

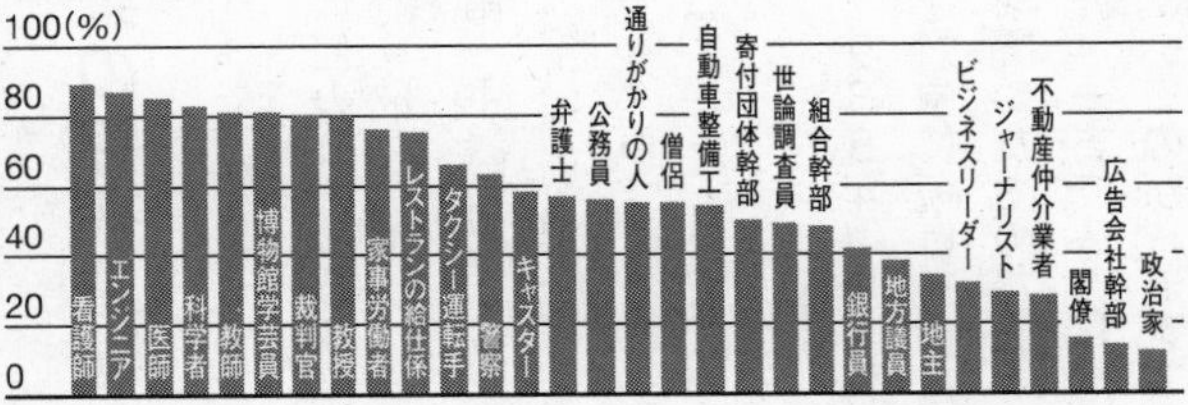

注：2022年10月19日から26日（1,005人）と10月26日から11月1日（1,004人）に16歳以上の英国人に電話インタビューをした
出所：英イプソス・モリ

政治家は、調査開始以来ずっと銀行員や労働組合幹部などより下位であり、驚くに値しない。それよりもビジネスリーダー、つまり企業に対する信頼感のなさにショックを受けた人は少なくないのではないだろうか。この傾向は少なくとも英国では根深いもので、長期的に続いている現象である。

なぜか。理由は、ビジネススクールや大学など、世界各地で教えられてきた企業論のせいだと私は考える。それが『フリードマン・ドクトリン』である」

ミルトン・フリードマンの罪

同調査の2022年版でも、多少の順位の変動はあったが政治家は相変わらず最下位、ビジネスリーダーも下から6番目のままであった。そして、ここでもまたフリードマンの登場である。ロバート・ポーゼン氏の講義でも触れた1976年にノーベル経済学賞を受賞した経済学者、ミルトン・フリードマンのことである。メイヤー教授は何が問題だと考えるのだろうか。

「企業は約2000年前、ローマ帝国時代に最初につくられた。当時の企業は『公的な機能を果たさなければならない』とされた。実際、ローマ時代の企業の役割は、徴税し、貨幣を造り、公的な建物を維持管理することだった。

だが、企業の唯一の目的は『利益を生み出すこと』だとする新たな概念が1962年、いわゆる『フリードマン・ドクトリン』として生み出された。フリードマンは『ビジネスの唯一の目的は、ルールを守りながら利益を増やすことにある』と言った。これは企業経営者が、株主やオーナーに対する説明責任を欠いていたことから出た考え方だ。株主は投資先の企業に権力を行使したり、監督したりすることができない。どうすれば株主の権利を守れるか。フリードマンの考えは、企業の存在意義を利益の創出と定義することだった」

当時の米国では、経済学でいういわゆる「エージェンシー問題」が社会問題になっていた。経営者は株主の代理人（エージェント）として企業を経営するが、経営者が株主利益に反して私腹を肥やす懸念が広がっていた。同時に、政府の公的介入こそを是とする「リベラル」な思想が主流であった。利益の最大化こそ企業価値を最大にする——。こう定義しておけば、経営者だけが得をして株主が損をするということはなくなるはずだ。ただこうしたフリードマンの主張は、公的な存在として位置づけられていた企業が、特定の利害関係者のための存在に変容するきっかけともなった。

「この考え方は、1960年代以降に株式市場で取引が続けられていく中、ますます重視されるようになった。株主からの強い支持もあって、経営者は株価だけに注目するようになっていった」

一方で、株主第一主義の価値観は、企業経営の歴史の中でもごく短いものともいえる。言い換えれば、決して変えられないものではないし、変わらないものでもないということだ。

日本企業は「世間」を向いている

「日本企業の経営理念では、投資家だけでなく、従業員や社会全般の利益も促進する役割が重視されてきた。その価値観はとりわけ終身雇用の慣行に表れてきた。変わったのは、安倍政権が成立し、コーポレートガバナンス改革の積極的な取り組みが始まった2013年以降だと私は思う。（経営者の）株主に対する責任をより重視することが、健全な理念として根づいた。だが、本来なら改革の過程で、英国や米国で、株主利益に注目し過ぎたため起こった問題をつくらぬよう、慎重に事を進める必要があった。

近年は、企業が社会を積極的に支える役割、すなわち多くの国が直面するような危機を乗り越え、経済と社会を再建する役割に重きを置かれる状況になった。株主第一主義の限界である」

ではメイヤー教授が考える新しい企業像とは、どのようなものだろうか。

「これから企業経営にはバランスが重要になる。つまり社会、従業員、そして地球環境に対して役割を果たすことと、もうけて利益を生むことのバランスだ。私が考える『企業の目的（purpose）』とは、地球上の人類が抱える課題に対して、『利益を生み出せる解決策』を提示することだ。慈善活動や寄付とも違う。社会的起業とも違う。社会や環境にある課題の解決策を提供することで利益を生み出す。これこそが企業の役目だ」

この「パーパス経営」を提唱するメイヤー教授の話から考えると、フリードマン・ドクトリンから転換するにあたり、日本企業は米国や英国の企業より有利に思える。例えば日本では、不祥事や不正が起こったとき、経営者が「世間」に説明する。だが欧米では、株主への説明責任が最も重視されてきた。

「これから英国や米国が新たに目指すべき経営モデルは、日本的なやり方に近づいていくことかもしれない。一方の日本モデルはここ数十年、アングロサクソンモデルを取り入れ、今までより株主の影響力を高めようとしてきたが、もともと従業員や『世間』と呼ばれる社会を意識してきた。英米企業は、会社が株主だけでなく社会にも貢献しなければならない存在だという新しい価値観を、もっと取り入れていかねばならない」

本インタビュー後、とりわけこの3年で日本でもパーパス経営が広まり、社会への貢献を理念とすべし、という空気も生まれつつある。だが、メイヤー教授が言う新しい企業像とは、まだ距離があるように思える。英米がたどった「株主偏重主義」と同じ轍《てつ》を踏まないために、日本はどうすればよいのか。

「コーポレートガバナンス（企業統治）をめぐる日本の政策は、ここ5〜6年で様変わりした。スチュワードシップ・コードと呼ばれる、機関投資家の行動指針ができたため、機関投資家は投資先の企業で、より監督者としての役割を果たすことになった。とはいえ、これはまだお題目だけで、実効性は高くないと私は見ている。それでも、2013年から14年にかけての日本におけるコーポレートガバナンス改革で定められた指針、コーポレートガバナンスコード（企業統治指針）は、英国のそれととても似通っていると思う」

英国をはじめとする欧米を手本に、経営監視のためのより強い権限を株主に持たせようとしてきた日本。ところがその欧米ではここへきて、行き過ぎた株主第一主義の見直しが進んでいる。従業員や社会、取引先といったステークホルダー（利害関係者）がより経営に深く関与する方向に向かっている様子だ。メイヤー教授は、どちらが適切だと考えているのだろうか。

株式持ち合いは悪くない

「まず、過去の日本における株主の経営への関わりを振り返ってみよう。日本における株主による経営監視の方法として、かねて存在してきたのが株式の持ち合い制度だ。投資先が積極的かつ効率的に株主利益を追求しているか、それを目指すための経営陣と従業員の円満な関係ができているかなどを互いにチェックし合う。この持ち合い制度は本来、自社株買いと株式持ち合いに関する規制が緩められた2000年以降、一段と普及する可能性があった。

だが実際には、『大企業同士が株式を持ち合うのはよくない。それより機関投資家や一般株主の影響力を行使できることのほうが重要』とする声が主に海外投資家から高まった。こうして出てきた次の選択肢が、機関投資家に投資先の会社のお目付け役をしてもらうことだった。彼らは株式を長期的に保有しており、かつ投資先の経営に

外国法人や信託銀行が増加

● 主要投資部門別株式保有比率の推移

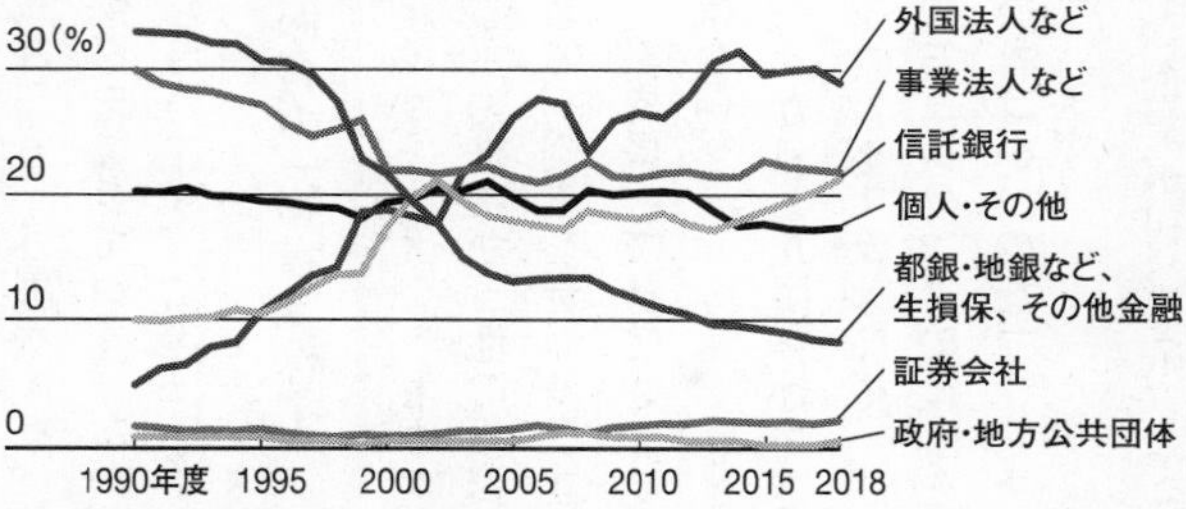

注：調査対象は2019年3月末現在、東京、名古屋、福岡、札幌の4証券取引所に上場していた内国上場会社のうち株主の状況が把握できた3735社。2004年度から2009年度まではジャスダック証券取引所上場会社分を含み、2010年度以降は大阪証券取引所または東京証券取引所におけるジャスダック市場分を含む
出所：2018年度株式分布状況調査（東京証券取引所など）

も積極的に関わっている。会社のモニター役を果たす外部の株主として、もっと主導的な役割を果たすべきだとなったのだ」

以前の日本にも、経営の監視役を果たすだけの影響力を持った主力株主はいた。例えば、主力取引銀行制度が機能していたころの銀行がそうだ。上のグラフを見ても、１９９０年代には銀行による株式保有が主流だったことがよく分かる。

ただ、この銀行による株式保有も、企業と主力取引銀行との関係が薄まっていく中で徐々に姿を消した。近年は、都市銀行や地方銀行による企業の株式保有が大幅に減る一方、外国法人や、機関投資家に委託されて運用する信託銀行の株式保有率が目立って増えてきている。だが、メイヤー教授は、ここまでに紹介した、「大企業同士の株式の持ち合い」も、「銀行による株式保有」もその構造自体が悪いわけではない、と話す。

長期保有の「物言う株主」

「結論からいえば、私が考える企業監視の最も適切で現実的な形は、株式を長期保有する主力株主が、他の投資家や従業員、社会、取引先といったステークホルダーを代表して、経営をチェックするという仕組みだ。だから代表者となる主力株主がしっかり企業を監視できてさえいれば、その主力株主が銀行であろうと大企業であろうと問題はない。

しっかりした監視ができていなければ、たとえ主力株主が年金基金、保険会社、公的ファンドであっても、企業監視はうまくいかない。主力株主が銀行であっても、企業のモニタリングの役割を果たし、他の投資家の代わりにその企業の行動を監視できていればいいのだ」

逆に、「企業が利益を出して利息を払っていれば、基本的に経営自体には深くタッチしない」といった「物言わぬ株主」の姿勢では、銀行による経営監視は機能しないというわけだ。

「世界中の株式市場では、例えば年金基金に監視役を任せようという動きが観察され始めている。カナダ年金制度投資委員会（ＣＰＰＩＢ）やオンタリオ州教職員年金基金（ＯＴＰＰ）のような年金基金がよい例だ。この二つの基金は、企業の株式を大量に、かつ長期的に保有しつつ、投資先の企業の経営に深く関与している」

だが年金基金だからといって監視がうまくいくわけではない。彼らが大量に企業の株式を保有したうえで、経営にしっかり口を出す――。これができて初めて、企業統治が成立するというのがメイヤー教授の考え方だ。

「現在の日本では、最大の機関投資家は、ＧＰＩＦ（年金積立金管理運用独立行政法人）だ。現実問題として、大企業間の株式持ち合いが減り、金融機関による株式保有がかなり解消されてしまった以上、ガバナンスで主導的役割を果たすべき立場にあるのは、彼らしかない。

日本では、GPIFが投資先の経営の監視役をすべきだ。GPIFならば投資を委託する条件として、機関投資家に対し、『長期的に相互の信頼関係を持て』と義務付けることができるはずだ。これができれば、現在進行中の日本のコーポレートガバナンス改革の実効性が高まるだろう。

幅広く信頼を得られる企業は、ビジネスでも成功を収めるものだ。そして、一国の競争力は、国内企業の信頼性にかかっている。GPIFは国民の年金を運用している重要な機関である。現在だけでなく、子孫の繁栄も、企業の信頼性にかかっているといえる」

パーパスは「稼ぎながら社会課題を解決すること」で、そのためには、株主である機関投資家が経営を監視することが必要と説くメイヤー教授。

次に、コロナ禍で見られた企業の行動変容などを例に、「稼ぎながら社会課題を解決する」経営について考える。

コロナ禍でトレードオフに直面

「企業の目的、パーパスを、現在の新型コロナウイルスがもたらした危機と結びつけて考えてみよう。企業は「社会課題を解決」しなければならないから、当然、新型コロナウイルスとの戦いに参加し貢献しなければならない。ただ『稼ぎながら』となると可能な企業は限られる。

例えば、自動車会社が製造ラインの一部を切り替えて、病院向けの人工呼吸器の生産に使うとか、医療用マスクのような医療器具をつくるというのは、提供した医療用具が利益を生めば、まさに『稼ぎながら社会課題を解決』する理想的なケースになる。製薬会社が、治療方法とワクチンの開発を目指し、完成後に迅速にワクチンを大量生産できるよう準備するのももちろん、稼ぎながらコロナと戦うことになる。

パンデミックに関連し、自社の活動が直接的な解決手段につながる企業は、どう行動すべきか比較的簡単に決まる。

しかし自社の活動がコロナとの戦いとあまり関わりを持たない企業はどうすればいいのか。その場合、トレードオフという考え方が重要になる」

トレードオフとはすなわち、一つの目的を優先するために、結果として別の目的の達成を犠牲にすることだ。

「食品メーカーで考えてみよう。コロナ禍ではエアラインをはじめ様々な市場が崩壊し、経済的に弱い立場の人が大量に現れた。ここで、パーパスに照らし合わせ、この会社が実施すべき行動を考えると、例えば、経済的弱者のために自社の食品価格を切り下げる手がある。間接的だが、稼ぎながらコロナと戦う社会に貢献しているといえる。

しかし医療器具などと異なり、食品のような商品は普段からエンドユーザーが価格に敏感で、もともと利幅が少ない。価格を下げるには、従業員を大量解雇するなどして特別なコストダウンを実施する必要が出てくる可能性がある。価格を下げるか、従業員を守るかのトレードオフになる。

こうした例は、自社の活動が直接コロナとの戦いに結び付きやすい医療関係企業でも起こり得る。医療崩壊を食い止めるために関連用品を製造しても、採算を度外視した価格にしなければ現場に普及しない場合などだ。実現するには年金生活者にとって重要な、投資家への配当を諦めるしかないとなれば、重大なトレードオフとなる。

正解はないが、企業は日ごろから、社会の課題に自社が向き合ったとき、何ができるか思考訓練しておくべきだ。自分たちが提供できる解決手段は何か、その手段を選択した際、どんなトレードオフを迫られるか……。それを考えていく中で、自分たちはどんな会社で、長期的にどのようなバリュープロポジション（提供価値）を生み出せるかが明確になる。私が考える『パーパス』は、その行動指針となる」

製薬会社ノボノルディスクのパーパス経営

メイヤー教授が定義する「企業のパーパス」に照らして自社を見つめ直し、行動を変容させた企業が、デンマークの製薬会社ノボノルディスクだ。

「彼らはインスリンという2型糖尿病の治療薬を製造してきたが、数年前に『自分たちは稼いではいるが、大事な市場を見落としている』と気づいた。2型の糖尿病は85%が中低所得国、つまり新興国で発生していたのだ。こうした国々の多くは、国民がインスリンを購入するお金がない。市場参入には、単にインスリンを製造・販売するだけでは難しい。熟慮の末、新興国の2型糖尿病の患者の治療に寄与することが重要なパーパスと認識し、医療従事者、病院、大学と協議した。

その結果、単に2型糖尿病患者向けに治療薬を作るのではなく、予防法の開発と普及に貢献すべきとの結論になった。予防できれば先進国、新興国を問わず、糖尿病に苦しむ人はいなくなる。同社は地域や、医療従事者、各国の政府と対話し動き始めた」

これは一見トレードオフだ。予防法が普及すれば、治療薬であるインスリンが売れなくなる。社会の課題を解決できても、「稼ぎながら」でなくなるのではないか、と。

「ノボノルディスクの行動は、パーパスに沿っている。尊い活動かもしれない。だが、収益にはつながらないのではないか。そう思う読者もいるだろう。

だが、結果はそんな予想をいい意味で裏切った。予防法を普及させることで顧客に信頼されるようになり、販路はむしろ拡大した。その結果、インスリン販売への影響を打ち消し、同社は一段の成長を果たしたのだ。

今のノボノルディスクは、2型糖尿病を世界中で撲滅すること自体を、自社のパーパスにしている。医者、病院、政府、地域、医療従事者はノボノルディスクをとても信頼し、同社はインスリンに限らずあらゆる薬品やサービスを顧客に提供している。パーパスから発想した行動が、利益増大に結果としてつながったのである」

企業は、ノボノルディスクのまねはできなくても、危機下で利益を確保しながら従業員を雇用し続けることで最低限のパーパスを実現できるのではないか。

「契約の束」でなく「信頼の束」

「その通りだ。目下多くの企業が、従業員こそ重要な資産だと感じている。もちろん危機下でも製品を市場に大量供給し続けると確約することも必要だ。パーパスを実現するための行動に正解はない」

企業が世界全体の課題解決に果たす役割の大きさに注目するメイヤー教授。「フリードマン型」の株主至上主義経済が行き詰まったように見える昨今、資本主義そのものについてはどうみているのか。

「資本主義について、今後最も変革を迫られる部分は企業の定義だ。資本主義の伝統的な企業の定義は、生産手段の所有と支配に重きを置かれている。オーナーと取締役が契約に基づき会社の経営に対し強い権限を持ち、従業員や取引先、サプライヤーなどいろいろな人と契約を結び、株主のため会社を運営する。この伝統的な位置づけで

「パーパス」は大義名分ではない

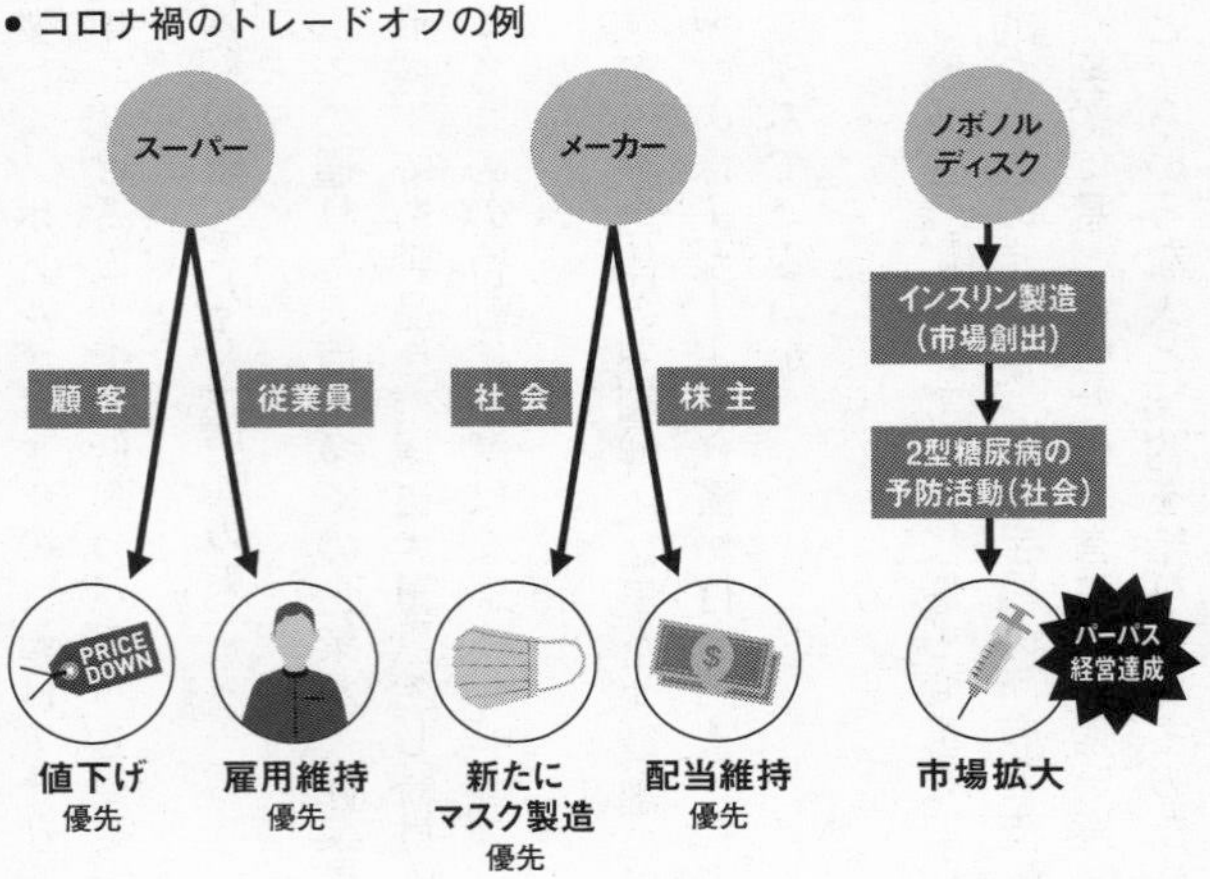

は、企業というものは、すなわち『契約の束』と定義されることになる。

だが繰り返しになるが私は、会社のパーパス（目的）は『稼ぎながら社会のために課題解決をすること』だと考える。このパーパスの履行を確かなものにするには、会社は従業員や取引先などとの間に結ばれた『契約の束』ではなく『信頼の束』でなければならない。信頼は、契約よりはるかに厳密だ。

実際に世界中の企業で過去数年、信頼の欠如が数多く見られた。あちこちで互いの信頼が深く損なわれた事実が観察され、それが企業のパーパス履行に重大な影響を及ぼしていると私は考えている。会社が、単に株主利益と利益の最大化にだけ没頭していると、企業は信頼の束にはなり得ない。利益拡大のみに注力する会社のことを、従業員や取引先、社会は決して信頼しない」

ではどう行動すれば、企業を信頼の束に変え、多くの会社がパーパス経営を実現できる土壌を整備できるか。2019年に米国の経済界で巻き起こった「株主第一主義の見直し」論は、パーパス経営へのはじめの一歩にも見えるが、メイヤー教授はどうみただろうか。

「2019年の議論を鑑みると、我々はリバランス（バランスを取り直す）の過程にあると感じた。企業経営では株主側に力点が置かれすぎていたが、ステークホルダーのことも考えるようになった。ステークホルダーは従業員や取引先、そして社会全体だ。

株主利益を促進するためにも、ステークホルダーが重要な存在だと考えることを『ステークホルダー資本主義』と呼ぶこともある。議論の焦点は、ステークホルダーのために行動することは株主のためにもなり、私が言うところの会社のパーパスの達成

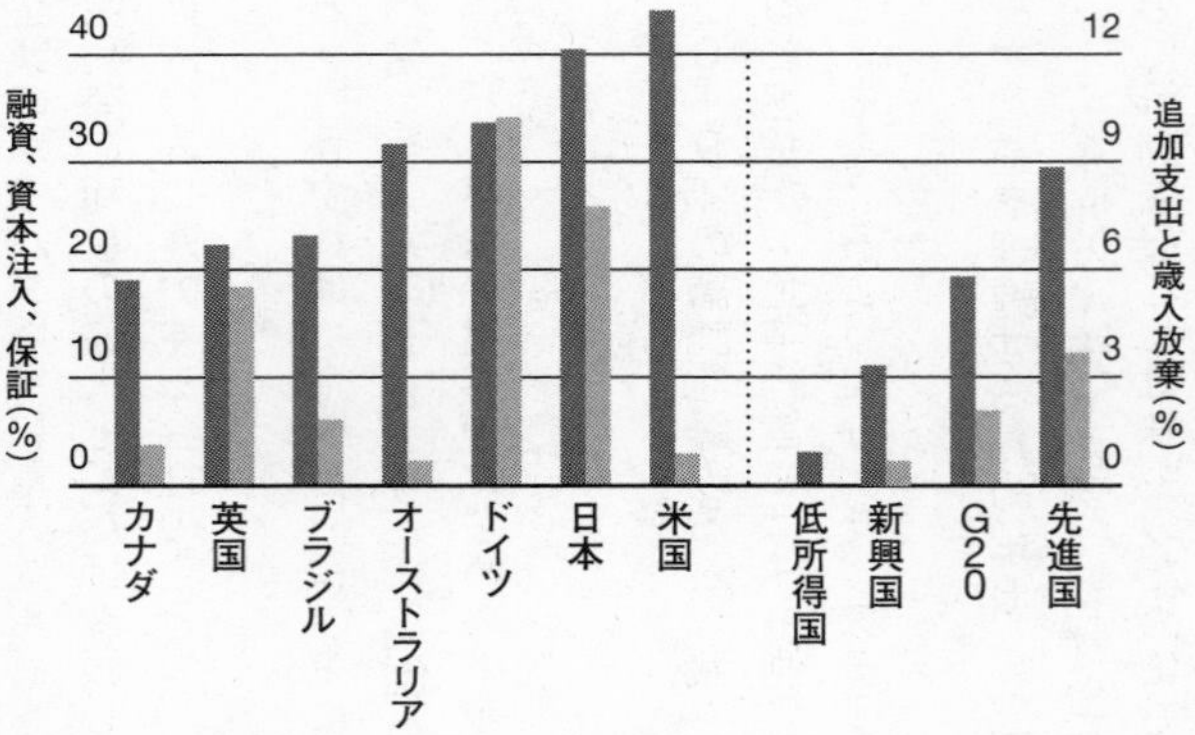

出所：「Fiscal Monitor: Database of Country Fiscal Measures in Response to the COVID-19 Pandemic」（IMF）を基に作成

にもつながることにある。その意味で株主第一主義の見直し論は前進だ。

ここでも重要なのは、あくまで『利益を出しながら』課題解決を成功させることだ。ステークホルダーが直面する課題、すなわち人類が直面する課題をどう解決するかが会社のパーパスだが、同時にどのステークホルダーも会社に経済的に依存しているからだ」

取材時には、コロナ危機という、企業がパーパスとして解決す

G20で大規模な財政支援

● 対新型コロナウイルス対策の各国財政措置（GDP比、予算外含む）

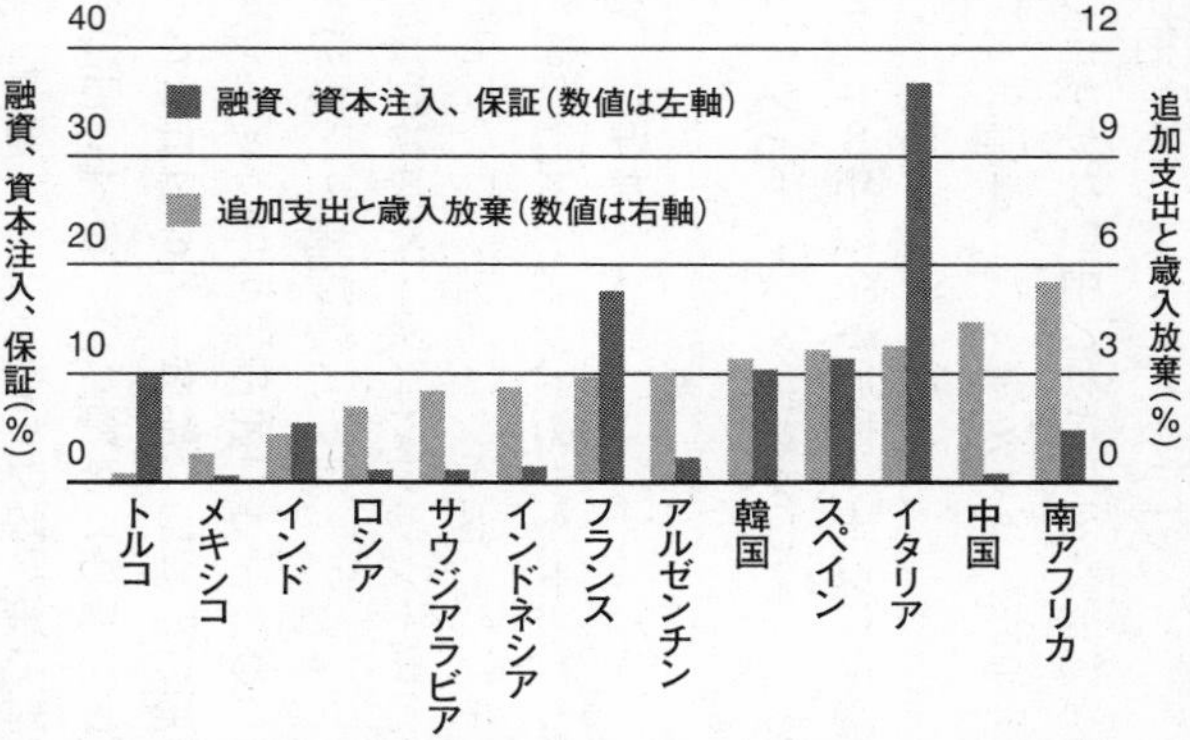

注：2020年6月12日時点。国グループの数値は購買力平価で調整したレートの米ドルでの国内総生産（GDP）で加重平均。
歳入・支出措置には繰り延べ税と前払いを含まない。G20＝主要20カ国・地域

べき強烈な社会課題が世界を覆っていた。最後にメイヤー教授のアフターコロナ観を聞こう。

「英イングランド銀行は2020年5月、「大規模な金融政策にもかかわらず、英国は1709年の大寒波以来の約300年で最大の落ち込みを経験する瀬戸際にある」とする予測を発した。なぜこれほど劇的なのか。それは猛烈な供給ショックと、猛烈な需要ショックが同時に起きたからだ。

一般的に景気後退という

とき、需要ショックなら財政政策で対処することが多い。しかし今回は、たとえ需要を維持できても、従業員を（職場から）隔離する必要がある。すぐに従業員が仕事に戻ることはできず、供給が自動的に戻るわけではない。こうした形で供給ショックと需要ショックが同時に起こったため、過去の危機より乗り切ることが困難になる。

不況がどの程度続くかは、デフォルト（債務不履行）が金融システムの中で起こるかどうか次第だ。英イングランド銀行が金融システムの外で起こることを掌握できるわけではない。例えばシャドーバンキングは掌握しきれず、予期せぬ金融危機の引き金になり得る。インドのシャドーバンキングはコロナ危機以前から懸念されており、危ない状況だ」

ちなみにシャドーバンキングはノンバンクやマネー・マーケット・ファンド（ＭＭＦ）など、２００８年の金融危機で主役になった信用仲介の総称だ。

「経済再開は、パンデミック（世界的大流行）の長期化がもたらす深刻なリスクだ。打つ手が少ない中どれだけ早く危機から回復するかで、数年後の各国の相対的な競争力が相当違ってくるだろう」

国家勢力のリバランスへ

前掲のグラフのようにコロナ禍で、多くの国は財政支出などで大規模な危機対応を繰り広げた。新型コロナ禍は一段落したが、２０２２年以降、欧米をはじめとして経済への政府の介入を強める「新しい産業政策」がホットな話題となっている。米国では「ＩＲＡ（インフレ抑制法）」や半導体などの国内製造を支える「ＣＨＩＰＳ・科学法」による産業のテコ入れが進む。

「最近まで、各国の景気循環には相関関係が観察された。しかし、パンデミックが与える影響は国ごとに異なるので、今後数年は、マクロ経済における各国の景気変動における相関関係はやや低くなっていくのではないかと私はみている。
　数年前から、米中対立が深まることによる世界経済のデカップリング（分断）が指摘されてきた。世界の分断を乗り越えることも、今後は企業がパーパスとして解決を図るべき重要な社会課題の一つになるだろう」

本書は、２０２０年10月に日経ＢＰから発行した『世界最高峰の経営教室』を改題、増補改訂し2巻本として文庫化したもので、1巻目の「1　理論編」に当たります。

日経ビジネス人文庫

世界《せかい》最高峰《さいこうほう》の経営学《けいえいがく》教室《きょうしつ》
〈1 理論編《りろんへん》〉

2023年10月2日 第1刷発行

編著者
広野彩子
ひろの・あやこ

発行者
國分正哉

発行
株式会社日経BP
日本経済新聞出版

発売
株式会社日経BPマーケティング
〒105-8308 東京都港区虎ノ門4-3-12

ブックデザイン
鈴木成一デザイン室
ニマユマ

本文DTP
マーリンクレイン

印刷・製本
中央精版印刷

Printed in Japan ISBN978-4-296-11854-0

nbb 好評既刊

人生がラクになる 脳の練習

加藤俊徳

「ラクに生きられない人」は脳の使い方が偏っている可能性大！ そこで大事なのが「脳の練習」。脳内科医が元気な脳を作る行動術を伝授。

大戦略の思想家たち

石津朋之

大戦略とは国家の命運を左右する最も次元が高い戦略。そのエッセンスをマッキンダー、ハワード、ブロディ、キッシンジャーらの思想から学ぶ。

室内生活 スローで過剰な読書論

楠木 建

原書を読むよりも面白いと評される楠木建氏の書評が、ほぼすべて網羅された珠玉の書籍解説集。著者の読書術を体験できる読書論の決定版。

嫌われ者リーダーの栄光

鹿島 茂

リーダーは時に嫌われ者になるが歴史が正しさを証明する。ド・ゴール、オスマン、徳川慶喜ら5人の物語からリーダーシップの本質に迫る。

酒好き医師が教える最高の飲み方

葉石かおり

酒は毒なのか薬なのか？ どうすれば健康なまま飲み続けられるのか。25人の医師や専門家に徹底取材した「体にいい飲み方」。